科學新視野45

天性與教養

先天基因與後天環境的交互作用

Nature via Nurture:

genes, experience and what makes us human

馬特・瑞德利（Matt Ridley）／著

洪　蘭／譯

〈出版緣起〉

開創科學新視野

何飛鵬

有人說，是聯考制度，把台灣讀者的讀書胃口搞壞了。

這話只對了一半；弄壞讀書胃口的，是教科書，不是聯考制度。

如果聯考內容不限在教科書內，還包含課堂之外所有的知識環境，那麼，還有學生不看報紙、家長不准小孩看課外讀物的情況出現嗎？如果聯考內容是教科書佔百分之五十，基礎常識佔百分之五十，台灣的教育能不活起來、補習制度的怪現象能不消除嗎？況且，教育是百年大計，是終身學習，又豈是封閉式的聯考、十幾年內的數百本教科書，可囊括而盡？

「科學新視野系列」正是企圖破除閱讀教育的迷思，爲台灣的學子提供一些體制外的智識性課外讀物；「科學新視野系列」自許成爲一個前導，提供科學與人文之間的對話，開闊讀者的新視野，也讓離開學校之後的讀者，能眞正體驗閱讀樂趣，讓這股追求新知欣喜的感動，流盪心頭。

其實，自然科學閱讀並不是理工科系學生的專利，因爲科學是文明的一環，是人類理解人生、接觸自然、探究生命的一個途徑；科學不僅僅是知識，更是一種生活方式與生活態度，能養成面對周遭環境一種嚴謹、清明、宏觀的態度。

千百年來的文明智慧結晶，在無垠的星空下閃閃發亮、向讀者招手；但是這有如銀河系，只是宇宙的一角，「科學新視野系列」不但要和讀者一起共享，大師們在科學與科技所有領域中的智慧之光；「科學新視野系列」更強調未來性，將有如宇宙般深邃的人類創造力與想像力，跨過時空，一一呈現出來，這些豐富的資產，將是人類未來之所倚。

我們有個夢想：

在波光粼粼的岸邊，亞里斯多德、伽利略、祖沖之、張衡、牛頓、佛洛依德、愛因斯坦、普朗克、霍金、沙根、祖賓、平克……，他們或交談，或端詳撿拾的貝殼。我們也置身其中，仔細聆聽人類文明中最動人的篇章……。

（本文作者為城邦文化商周出版事業部發行人）

〈譯者序〉

先天和後天的交互作用

這是一本重要的書，觀念上革命性的書，所以雖然在接了中央大學認知神經所的所長職務，知道自己會很忙，我還是答應了這個翻譯工作。除了這本書很重要，應該趕快把它介紹進台灣之外，我也喜歡這本書，一個人做自己喜歡的事就不會覺得辛苦，會很期待每天坐下來動筆的時間到臨，所以我變得跟小孩子一樣期待放假，因爲只有放假才能給我一段不受打擾的時光來做我喜歡的事。當然我沒有料到今年過年如此的冷，在攝氏八、九度的天氣離開溫暖的被窩起來翻譯是需要一番天人交戰的，這本書就是今年春節年假的產物。鹿橋出版社的鄧維禎老友來我家拜年，進來一看說：「有夠亂！」當然，假如女主人一天十六小時在書桌前，屋子焉能不亂？

這本書的重要性在它舉了非常多實驗的例子說服了你二千年來先天和後天對抗的觀念是錯誤的，先天和後天是個交互作用，彼此互相影響。二千年的觀念不是一夕一旦可以推翻得了，所以作者煞費苦心，他從一張虛擬的照片開始：十二個大鬍子的人在參加一九〇三年國際會議後留影；這十二個人絕大多數不曾碰過面，但是他們的人類本質理論主宰了二十世紀的科學。他們的名字對一百年後的我們來說，如雷貫耳，而且影響力到現在還隨處可見。這種寫法眞是很吸引人，圖片中的第一名是達爾文（Charles Darwin），他的進化論在經過一百年的浪淘沙後，仍屹立不搖，但是與進化論同期的幾個大理論，如馬克斯的社會主義理論已經煙消雲散了。第二個是達爾文的表弟——高頓（Francis Galton），他的名字對心理學家尤其不陌生，他極力主張遺傳論，是先天派的代表；第三個是威廉·詹姆士（William James），他奠定二十世紀的美國心理學，是極少數美國本土所出的哲學家，他有個同樣有名的弟弟，小說家亨利·詹姆士（Henry James），他們兄弟倆被人說「一個把小說當哲學寫，一個把哲學當小說寫」，我們會看到槍桿子雖然出政權，但是哲學家對後人的影響卻是在富貴榮華都消失殆盡後，仍然在人類兩耳之間盤旋。

第四個是荷蘭人德弗里斯（Hugo De Vries），他是重新發現孟德爾遺傳定律的人，孟德爾絕對沒有想到他在莫拉維亞修道院所做那些碗豆實驗會革命性的改變人類生活，基因工程甚至改變了人類倫理。生物科技已成爲新世紀的顯學，生命已經走到可以被設計的地步了，這一切都拜孟德爾之賜，人的功過不但要蓋棺才能論定，更要經得起時代的考驗，在歷史上，還沒有多少人能跟孟德爾平起平坐的。

第五個是俄國的巴夫洛夫（Ivan Pavlov），他雖然因發現胃的消化酶拿到諾貝爾獎，但是他被後人傳誦的卻是他的古典制約理論。這個理論傳到美國去後，造就了圖片中的第六人，約翰・華森（John Broadus Watson），他的「行爲主義」理論壟斷美國心理學界整整五十年，而且對教育政策有決定性的影響，它的後遺症到今天都還看得到。昨天的收音機還有父母叩應問小孩哭該不該抱起來，抱起來是否增強他的哭行爲；小孩是否一出生就得自己單獨睡以增加他的獨立性。華森的傳人史金納（Burrhus Skinner）甚至替他的親生女兒黛比蓋了一間「史金納箱」，以他養老鼠、鴿子的方式去教養黛比。黛比一切作息是按照回饋理論來安排，她只有在固定時間可以出來玩。歷史沒有記載黛比・史金納後來怎麼樣，我估計不會很好，她是一個被他父親違反人性的偏激理論所犧牲的孩子。一個錯誤政策眞的是比貪污還可怕，只是人似乎不能從歷史中取得教訓，台灣目前仍然持續在上演錯誤政策比貪污更可怕的例子。我很高興史金納並不在十二人之中，我不能想像一個會以「史金納箱」來教養女兒的人側身在偉人之中，雖然我不能否認他對美國心理學界的影響力。

第七個人是德國人克里卜林（Emil Kraepelin），他可以說是精神醫學之父，我很欣賞他的墓碑：「雖然他的名字會被遺忘，他的研究會流傳下去。」（Though his name will be forgotten, his work will live on.）從這碑文中多少可以推測出他的行事風格，而風格決定成就。他旁邊的是佛洛以德（Sigmund Freud），兩個人都對精神醫學有重大影響，尤其佛洛以德的心理分析理論更是主宰美國精神醫學一百年。到現在因爲腦功能造影的技術發明，可以直接在大腦中看到神經活動的情形，同時也對前扣帶迴、海馬迴、杏仁核的功能有比較多的了解，他的光環才逐漸褪去，他對強迫性、同性戀的看法現在都知道是不對的，它們有生理上的原因，不再是罪惡感的轉型表現。

第九人是法國人涂爾幹（Emile Durkheim），現代社會學之父，第十人是鮑亞士（Franz Boas），也是社會學家，人類文化學開山始祖，他們的研究都左右了社會福利政策的決定。第十一人是瑞士人皮亞傑（Jean Piaget），他的發展理論對教育體系影響最大，雖然很多人在重做他的階段理論實驗後，發現他低估了孩子的能力，但是任何一本教科書在講兒童發展時還是會從他開始。最後一個人是奧國的勞倫茲（Konrad Lorenz），因爲他在動物生態學上的貢獻，拿過諾貝爾獎，是這張圖片中第二位拿到諾貝爾獎的人。銘印現象雖然很多人很早都有看到，但是他是第一個用系統化的研究，形成理論的人。明末清初時，台灣的朱一貴便是以雞鴨跟著他到處走而宣稱他是受天旨來反清復明的。

這本書把這十二個人的理論和貢獻，尤其對後世的影響，有嚴厲的批判，這是這本書最有價値的地方。因爲作者是從整體來看這十二個人對現代文明的貢獻，不像以前是從各行各業各個角度的眼光來看，給人「以管窺天」的感覺。現代的科學，尤其是腦科學，逐漸讓我們了解可塑性的意義。一個演化來的有機體是隨時隨地因外界環境的改變而不停的改變大腦功能的分配，大腦並沒有在青春期以後就定型，相反的，它是終其一生不斷的在改變，它改變的機制就是皮亞傑兒童發展的兩個主要機制：調適（accommodation）和同化（assimilation）。大腦會依外界需求而調整內部功能的分配：大腦結構影響有機體對外界的反應，外界需求也會改變大腦結構，這是一個交互作用，也是本書的精髓。九二一地震後，受災戶曾經來榮總作創傷後治療，當時榮總已有 3-T 的核磁共振儀，精神科的蘇東平主任就請他們先照一張大腦當時情況的片子，經過一年不斷的治療後，再掃瞄一次，將兩張大腦圖對照起來比較時，發現憂鬱症會改變大腦的結構，使神經核萎縮。最近也發現產後憂鬱症的母親要把孩子抱給別人帶，因爲憂鬱症的母親無法對嬰兒作情緒上的回饋，雖然才十二個月大，嬰兒左腦前區的發展就已經不正常了。也就是說，大腦很多的結構是要外界適當的刺激才會正常的發展，就像人天生有語言的機制，但是它還是要有語言刺激才能啓動這個機制。

一個行爲不是先天決定或是後天決定，它是先天和後天的交互作用，共同決定，它的機制就是調適和同化。這種例子在我們生活中常常看到，以前我們班上有位韓國僑生，他的舉止一切都像韓國人，甚至沒有開口講話，也被認出是韓國人，但是來台四年以後就失去了韓國味。因爲從演化中，有機體學會如果不儘量變得跟環境一樣，可能會減少基因傳下去的機會。他生長在韓國，他的眼睛所看到的外在環境會促使他不知不覺發展出韓國味，好使他跟居停國人一模一樣。最近的大腦造影研究也發現，一個大學生如果在勤奮練習接球（練到同時接三個球一分鐘不落地）時掃瞄一次大腦，再休息三個月後進入實驗室來掃瞄，發現大腦頂葉掌管空間運動的地方在大量練習時活化區域變大，三個月不練後又縮小，因此，這個實驗非常清楚顯示大腦會因需求而改變。

腦跟教育有很大的關係，我們常因「天生如此」而放棄努力，雖然一個觀念定型了很難改變，而且人習慣從他的偏見出發去看事情，我還是很希望這本書能從實徵的證據上說服人們，尤其是老師和父母，不要輕易放棄一個孩子，不要因爲他先天有所缺陷而放棄他，這本書告訴你，先天和後天是個交互作用，好好教，好好學，會有進步。人只要活著就有希望，有希望就能改進自己。

天性與教養　目錄

十二個大鬍子（想像中的照片）。

OUT

緒　論

十二個大鬍子

可悲啊！凡人總是歸咎於我們眾神，說是我們給了他們災禍，其實並不是這樣。

——荷馬（Homer）的《奧德賽》（*Odyssey*）[1]

二〇〇一年二月十一日，英國週日報《觀察者》（*Observer*）刊出斗大的標題：「人類行爲的秘密已揭曉，決定我們行爲的主因是環境而非基因。」這個消息的來源是克萊格·文特（Craig Venter），他自力創設了一家私人公司來解出人類基因體的全部序列（用他自己的基因爲樣本），他的競爭對手是由稅金和私人捐款支持的國際組織。他宣布將在一週內發表人類基因體序列——由四個字母所組成的三億序列——初步發現人類的基因體只有三萬個基因，而不是原先以爲的十萬個。

在這宣布之前，記者就已經拿到一些資料了，只是禁止發表。文特在二月九日里昂的公開會議上透露了訊息，《觀察者》的記者羅伯特・麥基（Robert Makie）坐在聽衆席上，立刻了解三萬這個數字是打破禁載，成爲公衆財產了。他去採訪文特，問他是否了解當他宣布人類只有三萬個基因時，違反了不事先公布的協定。他說他知道，但因爲雙方競爭激烈，這已不是第一次文特想辦法讓他自己變成頭條新聞，贏過對方。他告訴麥基說：「人類根本沒有足夠的基因來支持『生物決定論』（biological determinism）的說法，人類所展現的多樣化、多元性並不是儲存在基因中，我們的環境扮演了重要的角色。」[2]

看到《觀察者》的獨家新聞，其他報紙也立刻跟進。「基因體的發現震驚了科學家：基因藍圖包含的基因遠比想像中的少——DNA的重要性被削弱了。」這是《舊金山記事報》（*San Francisco Chronical*）[3] 在那個星期天的標題。科學期刊取消了禁令，所以這個消息在全世界的報紙都刊載了。《紐約時報》隔天登載：「人類基因體分析發現，基因數目遠比想像中的少很多。」[4] 麥基不但挖到了獨家新聞，文特還搶足了鋒頭。

這是在創造新迷思，事實上，人類的基因數目並沒有改變任何事情。文特的話有兩個不合理的推論，或是說錯誤的結論。第一，比較少的基因就隱含比較多的環境影響；第二，三萬個基因「太少」，不足以解釋人類的本性，十萬個才夠。就像人類基因體計畫（Human Genome Project）的其中一位主持人約翰・蘇頓爵士（Sir

John Sulton）在幾週後告訴我，只要三十三個基因，每個有兩種可能性（開或關），就足以使全世界每一個人都是獨特的。如果投擲一個銅板三十三次，就會有超過一百億種排列組合，所以三萬實在不是個小數字。二的三萬次方已超過宇宙粒子的總數。此外，假如比較少的基因代表比較多的自由意志，那麼果蠅就比人類有更多的自由選擇，細菌又比果蠅多，而病毒就是生物學上的約翰・米爾（John Stuart Mill，譯注：一八〇六～一八七三，英國的經驗學派大師，著有《論自由》）了。

幸運的是，我們不需要這種精密的計算來使人類安心。我們並沒有看到人們在街角哭泣，因爲他們聽到自己的基因只比線蟲多兩倍。十萬只是個粗略的猜測，並沒有什麼好堅持的。在一百年來對環境與遺傳的反覆爭論之後，公布人類的基因體序列恰好可以打破「後天對抗先天」（nurture-versus-nature）中牽強附會的一些想法。這是上一個世紀最持續不變的學術爭論，它區分了法西斯主義者和共產主義者。這項爭論在發現了染色體、DNA及百憂解（Prozac，譯注：一種治療憂鬱症的普遍藥物）後，仍然持續僵持。在二〇〇三年，這項辯論的激烈性與一九五三年（發現基因結構的那一年）或一九〇〇年（現代遺傳學開始的那一年）都一樣。甚至在人類基因體計畫開始時，就被認爲是「後天對抗先天」的戰爭。

有五十多年的時光，理智的學者一直呼籲終止這個無意義的辯論。他們宣稱「後天對抗先天」是錯誤的二分法，是一個已經死亡、結束、無益的題目。任何人只要有一點普通常識，就知道人是這兩股力量交相影響的產物，但是沒有人可以終止這種辯論。在宣稱這種辯論是無益的之後，主事人卻又立刻衝進戰場，開始控訴對方太偏向哪一邊。這個爭論的兩端是：先天派，我有時稱之爲遺傳學家或基因學家；與後天派，我有時稱之爲經驗學家或環境學家。

讓我現在就亮出我的底牌，我認爲人類行爲必須從先天和後天兩者來解釋，我並不偏向任何一方，但是這不代表我妥協，走「中間路線」，就像德州的政治家金‧海淘爾（Jin Hishtower）的名言：「沒有什麼叫中間路線，在中間的只是黃線和一隻死的穿山甲。」我想要說的是，基因體的確改變了所有的事情，它不是終結辯論，宣布哪一邊贏，而是提供非常多的資料讓雙方的差距縮小，最後在中線碰頭。現在對於基因如何影響行爲，以及人類行爲如何影響基因，將會重新打開爭論，但是它不再是先天與後天的對立，而是先天與後天的交互影響（nature-via-narture）。基因是依據後天的線索而設計的。要能體會到這點，你必須先放棄原有的立場，打開你的心胸。你必須進入一個世界，在那裡，基因並不是木偶的主人，扯著控制行爲的繩子，反而是行爲主宰著木偶的命運。你要進入一個世界，在那裡，本能不是與學習對立的；在那裡，環境的影響有時比基因的影響更不能反轉它的效應；在那裡，先天是爲後天而設計的。這些看似空調的句子是第一次在科學上出現。我要從基因體的最深處來說這個奇怪的故事，讓你看到人類的大腦是爲後天而設立的。我的論點如下：我們越打開基因體的蓋子，基因越受到經驗的影響。

我想像一張在一九○三年所拍攝的照片，這是一組參加國際會議的男士留影。我說「男士」並不很正確，雖然這裡面並沒有女士，但是有一個小男孩、一個嬰兒和一個鬼魂；其餘都是中年以上的男人，大部分是有錢的白人。這十二個人都留著大鬍子：兩個是美國人、兩個奧地利人、兩個英國人、兩個德國人、一個荷蘭人、一個法國人、一個俄國人、一個瑞士人。

唉，這是一張想像的照片，因爲他們絕大多數不曾碰過面。但是，就像一九二七年在薩爾未（Solvay）拍攝的著名物理學家照片，裡面包括愛因斯坦、波爾、居里夫人、普朗克、薛丁格、海森堡和戴瑞克，[5] 我的十二個人也是一時之選，他們的人類本質理論主宰了二十世紀的科學。

這裡面的鬼魂是查理斯·達爾文（Charles Darwin），當時他已死去二十一年，也是團體中鬍子最長的一位。達爾文認爲可以從猿類的行爲中去了解人類的特質，人類行爲是有普遍性的，例如微笑。坐在最左邊、背挺得很直的老者是他的表弟法蘭西斯·高頓（Francis Galton），他當時已經八十一歲，仍然精力充沛，他的兩片八字鬍從臉上掛下來，好像兩隻白老鼠。高頓是極力主張遺傳論的人。他旁邊坐的是美國人威廉·詹姆士（William James），六十一歲，留著四方型、亂七八糟的鬍子。他主張本能，認爲人類的本能比動物更多。高頓的右邊是一位植物學家，在這個關心人類本質的團體中顯得格格不入，在他零亂鬍子的臉上，深鎖著眉頭，他是雨果·德弗里斯（Hugo De Vries），五十五歲，荷蘭人。他發現了遺傳定律，但是有人卻比他更早一步，三十年前就做出來了，這個人便是莫拉維亞的修道士孟德爾（Gregor Mendel）。

在德弗里斯旁邊的是俄國人巴夫洛夫（Ivan Pavlov），五十四歲，留著長而灰的鬍子。他是經驗論者（empiricism），認爲開啓人類心智之鑰在於制約反射（conditioned reflex）。坐在他腳旁的，是唯一沒有留鬍子的約翰·華森（John Broadus Watson），他把巴夫洛夫的想法變成了「行爲主義」（behaviourism），宣稱只要加以訓練，就可以改變任何人格。巴夫洛夫的右邊站著胖胖的、戴著眼鏡、留著鬍鬚的德國人克里卜林（Emil Kraepelin），以及蓄著整齊鬍子的維也納人佛洛伊德（Sigmund Freud），兩人皆四十歲，都對以後的精神醫學有重大的影響，將精神醫學從生物層面的解釋導向兩個截然不同的個人歷史觀點。在他旁邊的是社會學先驅，法國人涂爾幹（Emile Durkheim），四十五歲，留著茂密的鬍子，他堅持社會事實在實際上多於部件加起來的總和。跟他意見一致的是德裔美國人（他在一八八五年移民）法蘭斯·鮑亞士（Franz Boas），四十五歲，鬍鬚下垂，臉上有決鬥時留下的疤痕。他堅持文化塑造人類本性，而不是被其所塑造。在前排的小男孩是瑞士的皮亞傑（Jean Piaget），他的模仿和學習理論在二十世紀中葉盛行。在嬰兒車中的是奧地利人勞倫茲（Konrad Lorenz），他使本能的研究再度復活，而且在一九三〇年代提出重要的「銘印」（imprinting）理論，他後來留了白色的山羊鬍。

我並不是說，這些就是研究人類本質最偉大的人，他們也不是都一樣的卓越。有很多人都應該出現在這照片中，如休姆（David Hume）及康德（Immanuel Kant），但是他們已經去世太久了；現代的理論家如喬治·威廉斯（George Williams）、威廉·漢米爾頓（William Hamiltom）和喬姆斯基（Noam Chomsky）也應該包括在內，但是當時他們還沒有出生；珍古德（Jane Goodall）也應該包括在內，她發現了猿類的個別特質。還有一些具有洞察力的小說家和劇作家也應該包含在內。

但是我要說，這十二個人有個共同性，就是他們都是對的。這並不是說他們說的全都是對的，也不是說他們一直都是對的。我這裡指的不是道德上的對錯，他們每一個人幾乎都衝得太過頭，堅持自己的理論，批評別人的立場，甚至有一、兩個人有意或無意地製造了惡劣的科學政策，使自己的名譽蒙羞。但是他們「對」的地方在於，他們在科學上有原創性的貢獻，他們在科學的牆上都砌上了一塊磚。

人類本質的確結合了達爾文的普遍論、高頓的遺傳論、詹姆士的本能論、德弗里斯的基因論、巴夫洛夫的反射論、華森的聯結論、克里卜林的個案歷史論、佛洛伊德的發展經驗論、鮑亞士的文化論、涂爾幹的勞力分工論、皮亞傑的發展論以及勞倫茲的銘印論。在人類的心智中，你可以找到上述所有的部分。如果沒有包含上述全部，沒有任何的人性是完整的。

這就是我開始走的新路線，但是如果把這些現象放在從先天（基因）到後天（環境）的頻譜中，就完全是一種誤導。事實上，要了解上面的每一種現象，你必須先了解基因。基因讓人類的心智可以學習、記憶、模仿、銘印、吸收文化、表達本能。基因並非木偶的主人，也不是藍圖。基因也不只是遺傳指令的傳遞者，它們在人活著時具有主動性；它們可以彼此開或關，並對環境產生反應。基因在子宮裡就開始指揮身體和大腦的建構，但在任務完成後便依照環境的經驗拆解並重新建構身體和大腦。基因是我們行爲的原因，也是行爲的結果。也許支持環境論者被基因的強大力量和不可避免性嚇到了，竟然沒有察覺到基因其實是站在他們那一邊的。

第一章

動物的典範

人不過如此嗎？仔細看看他吧：你不曾借蠶的絲、獸的皮、羊的毛、麝貓的香。哈！我們這三個人都受過教養，只有你還是原來的樣子：沒穿沒戴的人原來就是像你這麼可憐、赤裸的兩腳動物。

——《李爾王》[1]

相似其實是相異的影子。兩個東西是相似的，因爲它們彼此不同；或是說，兩個東西是不同的，但是都與第三個東西相似。人類也是一樣。矮個子男人跟高個子男人不同，但是跟女人比起來，這兩個男人的相似點比較多。男人和女人非常不同，但是跟黑猩猩（chimpanzee）比起來，這兩個人一看就比較相似——皮膚都沒有毛，都是直立行走，都有高挺的鼻子。同樣的，黑猩猩又比狗跟人相似，狗又比魚跟人相似。所以說，相異是相似的影子。

達爾文的火地島之旅

那麼，現在來想像一下，一個天眞的年輕人在一八三二年十二月十八日踏上火地島（Tierra del Fuego）時的感覺，這是他第一次遇到採集狩獵民族，他把他們稱爲「在自然狀態下的人」，我用他自己的話來說：

> 無疑地，這是我所見過最有趣、最令人好奇的景象。我簡直不能相信文明人和野蠻人之間會有這麼大的差異。這比家畜和野獸之間的差異還大，……我相信找遍全世界，也找不到比他們更低等的人類了。[2]

這帶給達爾文前所未有的震撼，因爲這並不是他第一次看到火地島人。他一路都與三個火地島人同船，這三個人被送到英國，他們穿著西式禮服去見國王。對達爾文而言，他們就跟其他人一樣。然而，他們的族人突然之間看起來那麼不像人類，使他想起……嗯，動物。一個月以後，在更荒涼的地方，他看到一個火地島獵人的營地，他在日記中寫道：「我們找到了他睡覺的地方，比野兔的窩好不了多少。他的習性又比動物高明多少呢？」[3] 突然之間，他不再寫差異（文明人和野蠻人之間的差異），而開始講相似性——這個人和一隻動物的相似性。火地島人與劍橋畢業生有這麼大的差異，使他開始在動物身上看到相似性。

在這次經驗的六年之後，達爾文在一八三八年的春天參觀了倫敦動物園，在那裡他第一次看到大猿。那是一隻叫作珍妮的紅毛猩猩（orangutan），她是第二隻送到動物園來的猿類。在這之前，有隻黑猩猩叫做湯米，曾經在一八三五年展覽過幾個月，不幸得到肺結核死亡。珍妮是一八三七年進動物園的，就像湯米一樣，她在倫敦社會引起一陣騷動。她是非常像人類的動物，還是像動物的人？猿類帶來了令人不快的問題：人跟獸有什麼區別？理性和本能之間有什麼區別？珍妮上了當時《實用知識傳播協會雜誌》（*Penny Magazine of the Society for the Diffusion of Useful Knowledge*）的封面，編輯向讀者保證，「這隻紅毛猩猩雖然跟其他的野獸比起來非常特殊，但是牠與人類的道德和心智能力比起來還差遠了。」一八四二年時，維多利亞女王在倫敦動物園看過另一隻紅毛猩猩，她的看法恰好相反，她形容這隻動物是「很可怕、很痛苦、很不討人喜歡的人類」。[4]

在一八三八年，達爾文第一次看見珍妮後幾個月，他又再回到動物園兩次。他帶了口琴、一些薄荷糖及一枝馬鞭草，珍妮似乎很喜歡這三樣東西。她對鏡子中的自己「極度驚訝」，達爾文在筆記本中寫道：「讓人們來參觀豢養的紅毛猩猩……看牠的智慧……然後讓他吹捧他的祖先……高傲的人認爲自己是個偉大的作品，值得神的眷顧。我比較謙卑，我認爲他是從動物而來的。」達爾文把他學到的地理學知識應用到動物身上：塑造今日地貌的力量，就是造成遠古地貌的同一個力量。同年九月，當他在讀馬爾薩斯（Thomas Malthus）的人口論時，他突然想到了「天擇論」（natural selection）

的概念。

珍妮對這個想法的出現也有貢獻。當她從達爾文手中把口琴拿走，並放入她自己口中時，她讓他看到有些動物可以比其他動物高等多少；就像火地島的人讓他了解，有些人可以比文明低等多少。那麼，這中間眞的有差距嗎？

黑猩猩喝下午茶

達爾文並不是第一個這麼想的人。在一七九〇年代，有一位蘇格蘭法官蒙巴朵爵士（Lord Monboddo）就推測，在經過適當的教育之後，紅毛猩猩也可以學會說話。盧梭（Jean-Jacques Rousseau）是啓蒙時期的幾個哲學家中，唯一懷疑猿類不同於野蠻人者。但是直到達爾文，才改變了人們對自己本質的想法。在達爾文有生之年，他看到有識之士接受人的身體是從猿類演化而來，我們與猿類有共同的遠祖。

但是在心智演化的議題上，達爾文在說服當時的人時就沒有像前面那麼順利。其實他的觀點一直都很一致，從他早期讀完休姆的《人性論》（*Treatise on Human Nature*）後所寫的筆記，到他的最後一本書（有關蚯蚓的）都在談人和動物的行爲相似性。他把給珍妮做的鏡子實驗給自己的孩子做，他一直認爲動物和人類在情緒、手勢、動機和習慣的演化上是平行的。

但是這一點他沒有得到很多人的支持，心理學家詹姆士是個例外。天擇原理的另一位發現人華勒士（Alfred Russel Wallace）就認爲，人類的心智太複雜了，不可能是天擇的結果；它必須是超自然的創造才有可能這麼複雜。華勒士的推理很吸引人，又很符合邏輯，他的推論也是根據相似和相異。華勒士在當時以反對種族岐視聞名，他與南美和東南亞的土著共同生活了許多年，認爲他們跟自己在道德上（如果不能說智慧上）是平等的，這使他相信人類所有的種族都有相同的心智能力。這讓他很困擾，因爲這表示在大多數「原始」的社會裡，有一大部分的人類智慧是沒有用到的。假如你每天所有的時間都花在熱帶叢林中，學會讀書寫字或除法又有什麼用？所以華勒士說：「有更高的智慧在引導人類種族發展的歷程。」[5]

我們現在知道，華勒士的假設是對的，達爾文是錯的。「最低等的人類」和「最高等的猿類」之間的距離是非常大的。根據種族發生學，我們都源自十五萬年前的一個共同祖先，而我們跟黑猩猩的共同祖先至少在五百萬年前。在基因上，人類和黑猩猩的差異比兩個最不相同的人還多上至少十倍。但是華勒士從這個假設上所得出的結論——所以人類的心智與動物心智一定有不同的解釋——卻是錯的。兩個動物不相同，並不表示牠們就不能有相同點。

笛卡兒（René Descartes）堅信人類是有理性的，而動物是機械化的，「牠們的行爲不是來自知識，而是來自內在器官的本質；動物不僅是理性比人類低，牠們是完全沒有理性。」[6]達爾文爲了笛卡兒的這句話困擾了一陣子，一些近代的達爾文主義者在終於擺脫人的心智是神創造的束縛後，開始認爲人是受本能的驅使，這是「本能主義者」（instinctivist）；另一批「心智主義者」（mentalist）則開始認爲動物的腦也有理性和思考。

擬人化的心智主義者在維多利亞時代心理學家喬治・羅曼斯（George Romanes）的研究下到達頂峰，他對寵物的智慧大加讚揚，說狗兒會開門，貓兒了解主人的心意。羅曼斯認爲，動物這些行爲唯一的解釋便是意識的選擇。他接著說，每一種動物都有心智，就像人類一樣，只是在某一個階段就凍結了，不再發展，所以黑猩猩的心智相當於一個青少年，而狗的心智相當於一個孩子。[7]

這種看法源自對動物的無知，因爲當時對猿類並無任何了解，因此很容易把牠們想成是原始的人類，而不是非常聰明的猿類。尤其在一八四七年發現大猩猩（gorilla）之後，人類與野猿的接觸非常短暫且血腥暴力。當猿類被放進動物園時，牠們根本沒有機會展現牠們原先的習性，而牠們的主人似乎只對牠們能夠學會多少人類的習慣感興趣。例如當第一隻黑猩猩抵達歐洲時，人們堅持要請牠「喝茶」。

法國自然學家喬吉斯・列克勒（Georges Leclerc，即 Comte de Buffon）——是第一個在一七九〇年看到被豢養的黑猩猩的「科學家」，他看到「黑猩猩拿起杯子和盤子，把它們放在桌子上，放進糖粒，沖進熱茶，讓它涼，但沒有喝它。」[8] 幾年以後，湯瑪斯・畢威克（Thomas Bewick）驚訝地報告說：「倫敦的一隻猿幾年前被教會坐在桌子旁，用湯匙和叉子吃牠的食物。」[9] 當湯米和珍妮在一八三〇年代抵達倫敦動物園時，牠們很快就被教會坐在桌邊吃喝，因爲觀眾會花錢買門票來看牠們表演。這是黑猩猩下午茶傳統的由來。

到了一九二〇年代，這變成倫敦動物園每天的例行儀式。黑猩猩被訓練去模仿人類的習慣：「牠們吃飯的禮節越來越精緻化了。」[10] 動物園黑猩猩喝下午茶的表演一直持續了五十年。一九五六年，布魯克邦德公司（Brooke Bond Company）首先用黑猩猩喝下午茶來替他們的茶葉在電視上作廣告，獲得巨大的迴響。而戴特利

（Tetley）茶葉公司最後在二〇〇二年撤下黑猩猩喝下午茶的廣告。在一九六〇年代以前，人們對黑猩猩如何喝下午茶的能力，比對牠們在野外生活的能力了解得還多。難怪我們把猿類看成滑稽笨拙、學著當人的學徒。

心理學界很快就唾棄了心智學派的說法。二十世紀初期的心理學家艾德華・桑代克（Edward Thorndike）展示出，羅曼斯的狗是偶然習得牠們聰明的把戲；牠們並不知道門閂的原理，牠們只是偶然發現某個動作可以使門打開，從此便重複這個動作。爲了對抗心智學派的主張，心理學家開始提出相反的假設：動物的行爲是沒有意識的、自動化的、反射的。這個假設很快就變成教條。激進的行爲主義者把心智主義擱在一旁不予理睬，就像同年代的布爾什維克黨把舊俄溫和派社會主義者掃在一旁一樣。他們強烈主張動物不會思考、反思或推理，牠們只是對刺激起反應。當時只要談到動物有心智狀態就被認爲是異端，更別提理解牠們的行爲。不久，在史金納（Burrhus Skinner）的領導下，行爲主義者把同樣的邏輯應用到人類身上。畢竟，人們不僅將動物擬人化，也嚷著烤土司機不聽話，雷雨在憤怒。人們也將其他人擬人化，太相信人類的理性，太忽視人類的習慣。試試與毒品上癮者說理，那是完全行不通的。

但是因爲沒有人把史金納對人的看法當一回事，所以行爲主義者把人和動物心智的區別推回了笛卡兒的時代。社會學家和人類學家對人類本能的說法都不予承認，因爲他們著重的是文化。到了二十世紀中葉，動物心智變成異端邪說，而人類本能也變成了異端邪說。差異籠罩一切，相似不見了。

猴子連續劇

這個觀點到一九六〇年代開始改變。有一位年輕女性，幾乎沒有受過任何科學訓練，開始在坦干伊卡湖（Lake Tanganyika）邊觀察黑猩猩的生活型態。

我那時是多麼天真。因爲我沒有受過大學的科學訓練，我不了解動物是不應該有人格的、不會想的、沒有感情的、不會感到痛的……。因爲不知道，所以我很自由地去運用這些禁句和概念來描述我在岡貝（Gombe）所觀察到的動物行爲。[11]

結果珍古德在岡貝所觀察到的黑猩猩生活，好像珍．奧斯汀（Jane Austen）所寫的連續劇「玫瑰戰爭」（Wars of the Roses），充滿了衝突和個性，就像猴子的連續劇。我們感受到牠們的野心、嫉妒、欺騙和愛意；我們可以分得出人格；我們可以感覺到動機；我們無法不產生同理心：

逐漸地，艾佛瑞的自信回來了，一部分顯然是由於費根不可能總是跟牠的哥哥在一起；費根還是跟韓佛瑞保持友善，而費根很聰明地避開有權力的強壯公猩猩。此外，即使當兄弟在一起時，費彬也不見得總是幫助費根，有的時候他坐在那裡隔岸觀火。[12]

雖然很多人一直到後來才了解，珍古德的擬人化描述將木釘打進了行爲主義者的心臟。猿類不再是原始的自動化反應機器，一個愚蠢粗心犯錯的次等人類，而是跟我們一樣複雜、微妙、有社會生活的動物。要不就是人類必須比我們過去假設的更依賴本能，要不就是動物必須比過去想像的更有意識。現在是共同點吸引了我們的注意，而不是相異點。

當然，珍古德縮短了笛卡兒認爲的人與動物之距離的新聞，在人類學界傳播得非常慢。即使珍古德研究的目的是想找出遠古人類祖先的行爲，人類學家和社會學家傳統上還是忽略動物研究的發現，他們認爲這不相干，雖然珍古德的指導教授是人類學家路易斯·李基（Louis Leakey）。當一九六七年戴思蒙·莫理斯（Desmond Morris）在他的書《裸猿》（*The Naked Ape*）中把這些相似點列舉出來時，還是被一般研究人類的學者認爲煽情、不重要。

人類的獨特性

定義人類獨特的地方一直是幾百年來哲學家的工作。亞里斯多德說，人是政治的動物。笛卡兒說，我們是唯一有理性的動物。馬克斯說，只有我們可以做有意識的選擇。現在，只有縮小這些概念的定義，珍古德的黑猩猩才可能被排除在外。

聖奧古斯丁說，人類是唯一因享樂而性交的動物，其他動物性交是爲了繁殖。黑猩猩會提出抗議，而牠們南方的親戚，巴諾布猿（bonobo）很快就把這句話吹得無影無蹤。巴諾布猿用性來慶祝美好的一餐、終止吵架，或鞏固一段友情。因爲大部分的性行爲是與同性或未成年的小猿發生的，繁殖不可能是性交的目的。

我們以爲我們是唯一會做工具的物種。珍古德觀察黑猩猩時發現的第一件事，便是牠們會用草稈子去把白蟻弄出來吃，或把葉子揉爛去吸水來喝。李基很高興地打電報給她說：「現在我們必須重新界定工具，或是重新界定人類，要不然就得接受黑猩猩是人。」

我們告訴自己，我們是唯一有文化的動物：我們是唯一有能力將習得的經驗，用模仿的方式一代傳一代的物種。但是西非戴森林（Tai forest）中的黑猩猩，很多代以來都會教導年輕的黑猩猩把堅果放在石頭上，用木槌把它砸碎，取出果仁吃。殺人鯨的不同群體，有不同的獵食傳統、呼叫方式，以及社會系統。[13]

我們以爲我們是唯一會發動戰爭、殺死同類的動物，但是在一九七四年，岡貝的黑猩猩（以及後來非洲其他的研究群落）推翻了這個理論。牠們無聲無息地進入鄰近的團體勢力範圍中，對雄猩猩發動攻擊，將牠們打死。

我們還相信，我們是唯一有語言的動物。但是後來發現，猴子對不同的掠食者和鳥類有不同的叫聲，而猿類和鸚鵡可以學會很多符號。現在還沒有發現哪一種動物是有文法和句法的，不過海豚的研究仍在繼續中。

有些科學家認爲黑猩猩沒有「心智觀」（theory of mind），即牠們不能想像另一隻猩猩在想什麼，所以牠們不會曉得另一隻猩猩的想法是錯的。但是實驗結果卻是模稜兩可。黑猩猩常常欺騙同伴。有一隻小黑猩猩就會假裝牠被大孩子欺負，好讓母親再給牠吸一下奶。[14]看起來牠們可以想像別人心中在想什麼。

最近，只有人類才有主觀性（subjectivity）的想法已經被推翻了。基南・馬利克（Kenan Malik）說：「人類不像其他的動物，假設我們是動物是不合理的。動物是自然力的物體，對牠們的命運並沒有主觀的自主權。」馬利克指出，因爲我們是唯一有意識的動物，擁有代理人的概念，所以只有人類可以突破頭顱的限制，對這個世界有獨我論（solipsistic）的看法。但是我認爲，意識和代理人的概念並非只有人類才有，就像本能不是只有非人類才有一樣。珍古德的書中幾乎每一段都是證據。即使是狒狒最近在電腦的區辨作業上都表現得很好，表示牠們有抽象思考的能力。[15]

不可踰越的籓籬？

這個辯論已經持續一百多年了。一八七一年，達爾文列了一串人類特性的單子，這些特性曾被認爲是人和動物之間不可踰越的籓籬。然後他把這些項目一一擊破。雖然他認爲只有人類才有完全發展的道德觀念，但是他花了整整一章來說明其他動物也有道德觀念，只是可能是很原始的形式。他總結說：

> 人和高等動物心智上的差別很大，但是它是程度上的差別，而不是種類上的差別。我們看到人很自傲只有他才有的五官感覺、直覺、各種情緒及能力，例如愛、記憶、注意力、好奇心、模仿、推理等，在低等動物身上可以看到初期的形式，甚至在某些情況下可以看到發展得很好的形式。[16]

不論你往哪裡看，都會發現我們的行爲和動物行爲之間有相似性，這些相似性以往都掃到笛卡兒主張者的地氈下面去了。當然，去爭論人跟猿沒差別也是不對的。我們是眞的不一樣。我們有比較多的自我覺識能力，比其他動物多了計算能力及改變環境的能力。從某些方面來說，這突顯了我們和動物的不同。我們會建築城市、去太空旅遊、崇拜神祇，會吟詩作詞。這每一件事都還是不脫我們動物的本能——居所、探險及愛。但是這樣說失去了重點，重點在當我們超越本能時，我們才看到人類特殊的地方。或許，就像達爾文說的，差異是在程度上，而非種類上；它是量的差異，而非質的差異。我們的算數比黑猩猩高明；我們的推理能力比較強、思路比較清晰；我們比較會溝通、情感表現比較強烈；我們作的夢可能比較生動、我們的笑聲比較大、我們的同理心比較強。

但是這立刻回到前面所提的心智主義，它把猿及尚在學習的人畫上等號。現代的心智主義者很努力地在教動物「說話」。華胥（Washoe，一隻黑猩猩）、可可（Koko，一隻大猩猩）、康吉（Kanzi，一隻巴諾布猿）和亞歷克斯（Alex，一隻鸚鵡）都學得相當不錯。牠們學了幾百個字，通常是手語的詞彙，也學會如何將字組合成粗淺的句子。然而，就像赫伯特・泰瑞斯（Herbert Terrace）在教黑猩猩吉姆斯基（Nim Chimpsky）說話後指出，這些實驗其實是告訴我們，這些動物的語言學習能力有多麼糟。牠們完全不是一個兩歲孩子的對手，牠們無法使用句法和文法，除了偶爾意外地瞎貓撞到死老鼠，讓實驗者驚喜一番。就像史達林在軍事武力上的名言：「量也有它自己的質。」（Quantity has a quality all its own.）我們的語言能力比最聰明的猿還強太多，所以這應該算是種類上的不同，而不再是程度上的不同。但這並不是說，語言的根不是來自動物的溝通，或是語言不是動物溝通的同源器官。蝙蝠的翅膀與青蛙的前肢是同源器官，但是青蛙不會飛。承認語言是質的不同，並不表示我們把人類從大自然中分離出來。象牙只有大象才有，只有眼鏡蛇才會噴毒液，獨特性和獨有不能畫上等號。

那麼，我們和猿類究竟是一樣還是不一樣？兩者都對。對於人類獨特主義（human exceptionalism，編注：認為人類具有獨特文化，因而將人類排除在自然界之外）的爭論，無論是在現代還是維多利亞時代，都困在一個簡單的迷思中。人們還是堅持他們的對手要選邊站；我們要不然就是直覺的動物，要不然就是意識的動物，不能兩者兼得。然而，相似和相異可以在同時都爲正確。你並不需要放棄人類有代理人的概念，才能接受猿類和我們的心智有親屬關係。[17] 相似和相異沒有誰勝誰負，它們是共同存在的。讓一些科學家去研究相似性，另一些去研究相異性。現在，我們應該放棄哲學家瑪莉・米吉莉（Mary Midgley）所謂的「分隔人類和他們血親的奇怪方式，這方式已使很多啓蒙思想變形了」。[18]

生殖策略

行爲演化有一種方式與生理構造的演化不同。在生理上，最相似的生理結構是同源演化的結果，例如人和黑猩猩都有五個手指和腳趾。這並不是說五是個理想的數字，而是在最早的兩棲類時，那隻共同的祖先正好是有五根指頭的，所以牠的後代（從青蛙到蝙蝠）都沒有改變這個基本的型態。有些種類（像鳥和馬）腳趾比較少，但是猿類並沒有少。

但是社會行爲就非如此了。行爲生態學家（ethologist）發現，社會系統中幾乎沒有物種惰性（phylogenetic inertia）。基因上相近的種族如果住在不同的生態環境中或吃不同的食物，就會有截然不同的社會組織。遠方的親戚反而可能有相似的社會系統，如果他們住的生態系統很相似的話。當兩個種族有相似的行爲時，不是代表他們有共同的祖先，而是他們有共同的演化壓力。[19]

非洲的猿類是就一個很好的例子。靈長類學家在深入研究猿類生活以後，發現「同」中有許多奇怪的「異」。在經過喬治・薛勒（George Schaller）和戴安・佛西（Diane Fossey）對大猩猩的研究、畢魯特・蓋狄卡斯（Birute Galdikas）對紅毛猩猩的研究，以及後來神野高義（Takayoshi Kano）對巴諾布猿的研究之後，這些「差異」減輕了許多。在動物園裡，黑猩猩看起來像是小型的大猩猩。大黑猩猩的骨骼曾被誤認爲是小大猩猩的。但是在野地裡，這兩種猩猩的行爲明顯不同。這都源於牠們的飲食型態，大猩猩是吃素的，只吃植物的莖、葉和果實。黑猩猩主要吃水果，但是也吃螞蟻、白蟻或其他猴子。不同的飲食型態造成了不同的社會結構。植物很多，但營養不多，要以它維生，大猩猩必須每天花很多時間進食，但是不需要走太遠。這使得大猩猩的團體相當穩定，並且容易抵禦外敵。這也使雄性大猩猩演化出一夫多妻的交配系統：每一隻雄性可以擁有一群妻妾，而牠們未成年的子女會趕走其他的雄性。

水果隨著季節分散在各處，因此黑猩猩覓食的範圍比大猩猩大，假如一棵樹的水果結得很多，黑猩猩便可以與其他團體分享。但是因爲覓食的範圍很大，這個團體就會暫時分裂成次團體。因此，一夫多妻的策略在黑猩猩身上就不太適用。爲了要與大團體中的雌性交配，黑猩猩必須與其他黑猩猩結盟，當一隻黑猩猩變成「阿爾法」（alpha）頭號霸主時，牠會得到最多的交配機會，但是牠不會壟斷，一起與牠打天下的都有份。

這個由於食物不同而造成的不同社會行爲，一直到一九六〇年代才爲人所知。到了一九八〇年代，這個令人驚異的結果才變得顯著，它所造成的差異表現在兩種猩猩的生理結構上。對大猩猩來說，能夠擁有一群妻妾所帶來的繁殖優勢，使得雄性甘願冒極大的危險去搶「頭目」的寶座。而要搶得頭目寶座的方式之一，便是盡量長得壯碩一點——雖然維持這麼大的身體需要花費很多的食物。所以演變到後來，雄大猩猩的體重可以比雌大猩猩重上二倍。

在黑猩猩中，雄性並沒有這麼大的壓力要長得壯，因爲長得太壯不易爬樹，而且要花很多時間覓食才能餵飽自己，所以牠只要比雌性大一點就夠了。但是牠得以智取勝，才能爬到高位。此外，牠也沒有必要壟斷所有的交配權，因爲有時牠還需要其他雄性來幫忙保衛家園。但是因爲大部分的雌性都與團體中的許多雄性交配，因此交配次數最多的雄性便取得生殖優勢。雄性黑猩猩的競爭是在雌性的陰道中，也就是精子的競爭。因此，雄性黑猩猩發展出巨大的睪丸及驚人的耐力。以身體的比例來說，黑猩猩的睪丸比大猩猩大了十六倍，而雄黑猩猩性交的次數比大猩猩多了一百倍。

還有更進一步的結果。殺嬰在黑猩猩中很普遍，就像在其他靈長類中一樣。一隻獨身的雄性會潛入一群雌性團體中，抓走一個嬰兒，把它弄死。這對嬰兒的母親有兩個效應（除了引起她極大但短暫的緊張與哀傷之外）：第一，這使母親不再分泌乳汁而回到發情週期（譯注：不發情的動物幾乎不能交配）；第二，這讓雌性知道她需要找一個更強有力的保護者，以確保她孩子的安全，這行爲會突顯目前在位者的無能。既然侵襲者可以成功入侵，表示牠比較「行」，所以嬰兒的母親會離開原有的伴侶，而與殺嬰兇手一起生活。殺嬰爲雄性帶來的回報是基因傳遞，使牠的生殖機會增加，所以現代的黑猩猩其實都是兇手的後裔。殺嬰在雄性大猩猩中是自然的本能。

但是雌性黑猩猩有一套應變的策略來阻止殺嬰。因爲她們交配的對象範圍很廣，所以任何雄性在殺嬰時都可能會殺到自己的後代；一個不殺嬰的雄黑猩猩可能會留下更多的後代。爲了要引誘更多的雄性與她們交配，使牠們以爲自己是孩子的父親，雌黑猩猩發展出非常顯著的動情象徵，以腫脹的粉紅色屁股來昭告天下她現在可以受孕。[20]

一夫一妻制

黑猩猩的睪丸大小如果不跟別的動物比較，並沒有任何意義；但是在跟大猩猩比較時，意義就出現了。這是比較解剖學最重要的地方。但是在比較了兩種非洲猿類之後，何不再多比較一種？人類學家非常喜歡說，人類文化行爲的多樣性幾乎是無止境的，但是沒有一個人類文化如此極端，可以和黑猩猩或大猩猩的社會系統相比。即使是最一夫多妻制的人類社會也不會是如此，人類的妻妾是一個一個建立的。即使是在允許多妻制的社會裡，男性還是只有一個妻子，其餘都是妾。同樣的，即使是在嘗試性自由的社群裡，一個男人也不可能與所有的女性有短暫的性關係，更別說與每一個人維持這種關係。人類通常是一夫一妻，維持長期的配偶關係，但是偶爾會有一夫多妻，發生在像黑猩猩那樣的群體或群落中。同樣的，不論男性的睪丸大小差異有多大，沒有一個人的睪丸比例比大猩猩小或比黑猩猩大。以體重的比例來說，我們的睪丸是大猩猩的五倍，黑猩猩的三分之一。這與一夫一妻的物種中，女性出軌的情況相符合。種間差異是種內相似性的影子。

人類一夫一妻的關係也跟食物有關。靈長類學家李查・倫罕（Richard Wrangham）認爲是烹調的關係，自從人類會用火、開始烹調之後，我們對咀嚼的需求就沒有那麼大了，因爲煮的過程可說是食物的先行消化。目前的證據是認爲，人類在一百六十萬年前開始懂得用火，但是有一些其他的證據認爲更早。大約在一百九十萬年前，人類的牙齒開始縮小，而女性的身材也在那個時候開始變大。這表示食物比較好消化，顯示烹飪已經發生了。但是烹飪需要先採集食物，並且把它帶到定點，這使得不肖分子有機可乘，去偷取別人辛苦採集的成果。或是說，在那時，男性比女性身材高大許多，男性可以偷取女性的食物。女性爲了防止這種事情發生，她們的策略就是與一位男性形成關係，來幫助她保護他們兩人辛苦收集來的食物。而男性不必與其他男性競爭交配權後，身材就會縮小一點，所以體型的性別差異在一百九十萬年前開始縮小。[21] 後來，一夫一妻的關係在人類開始男主外女主內後，有了更深的發展。在採集狩獵的時代，一般都是男性打獵，女性採集。這讓兩種生物界的精華集合起來——有肉類的蛋白質，也有穩定的植物食物。[22]

物競性擇

但是，非洲猿類當然不只三種，還有第四種。巴諾布猿住在剛果河之南，看起來很像黑猩猩，但是與黑猩猩大約在兩百萬年前就分了家，那時剛果河把牠們祖先居住的叢林分割成兩塊。牠們像黑猩猩一樣也是吃水果的；牠們也是住在一個廣大的活動範圍，與其他團體分享資源。照說，牠們的睪丸大小和性生活型態應該也跟黑猩猩一樣，但是大自然好像要教導我們在科學上謙虛，牠們與黑猩猩截然不同。雌性巴諾布猿相當強悍，通常凌駕在雄性之上。因爲雌性懂得結盟，彼此支援。當雄性巴諾布猿遇上麻煩時，牠的母親會支援牠，但是牠的雄性伙伴不一定會。擁有好朋友支援的雌性成年巴諾布猿，通常可以比雄性的階級高。[23]

爲什麼會這樣？雌性巴諾布猿組成姐妹團體的秘密在於性。雌性好友之間的結盟是靠「hoka-hoka」來維持的，科學家把它翻譯成「生殖器官的摩擦」（genito-genital rubbing）。在姐妹們的合作統治下，巴諾布猿社會好像女性主義的幻想小說。這個訊息一直到一九八〇年代才被人知曉，而這個時期正是男性爲主的科學偏見被挑戰的時期，這眞是太巧合了。

在雌性的統治下，雄性巴諾布猿發展出比較溫和、仁慈的天性；牠們比較少打鬥或喊叫，到現在爲止沒有聽說牠們潛入別的團體去謀殺。因爲雌性巴諾布猿的性行爲比黑猩猩的還頻繁（比黑猩猩多十倍，比大猩猩多一百倍），所以有野心的雄性巴諾布猿若想要生殖，最好的策略便是養精蓄銳用在臥房，而不浪費體力去跟別人打鬥。我很想告訴你巴諾布猿的睪丸比黑猩猩的還大，但是還沒有人去量過它——雖然它一定很大。[24]

瑪琳・朱克（Marlene Zuk）在她的《物競性擇》（*Sexual Selections*）一書中描述，巴諾布猿性行爲的發現發表得正是時候，使牠們成爲最新的動物明星，超越了海豚。因爲最近發現，海豚並不是像我們想像的那麼友善，牠們常幹綁架和輪暴的壞事。無可避免的，性治療師開始提倡巴諾布猿的性交方式。蘇珊・布羅克博士（Dr. Susan Block，她在比佛利山有一個蘇珊布羅克情色藝術與科學研究所〔Susan Block Institute for the Erotic Arts and Sciences〕）就宣稱這些猿是我們和平共處的模範，鼓勵人們「解放你內心的巴諾布猿」，「當你在性高潮時，你不可能去打戰。」她將她的電視節目〈合乎道德的享樂主義〉（ethical hedonism）的部分收益捐出來給巴諾布猿保育團體。[25]

這些是我們近親的行爲。亞洲的猿（紅毛猩猩和長臂猿）又有完全不同的性生活。各種猴子的也都不一樣，每一種動物的性策略和社會組織都是爲了適應牠的生態和食物。靈長類學四十年的田野調查告訴我們，人類是獨一無二的，跟別種動物截然不同。沒有任何一種動物的社會組織與人類的平行。但是在動物界，獨一無二並沒有什麼了不起，每一種動物都是獨一無二的。

遺傳學上場

人類獨特主義的爭辯，在達爾文的相似論與笛卡兒的相異論之間擺動，似乎沒有結束的一天。每個世代都在打這場老仗。假如你出生時，人們比較偏向動物與人相似的相似論，那麼你一定會看到有人爭論動物與人是多麼不同；假如當時的氣氛是偏向相異論，那麼你一定也可以擁護相似論。「這是一個永遠不可能解決的問題，偶爾受到新發現的事實的擾動」已成爲這個問題的哲學了。

突然之間，一個沒有預期的威脅進入這樣愉快的爭辯。這是個決心的威脅，要從根源去界定人和黑猩猩的差別：黑猩猩要怎麼樣才可以變成一個人？它發生的時間大約就在珍古德顚覆人類行爲獨特主義的時候。有一個很棒的實驗，自從一九〇一年喬治・納透（George Nuttall）在劍橋大學做完後，就被埋沒直到一九六〇年代。納透注意到，兩個物種越相近，牠們的血液在兔子身上產生的免疫反應就越相似。他將猴子的血液注射到兔子身上，持續重複注射幾個星期，在最後一次注射的幾天之後，從兔子的血液中分離出血清來。由於注入猴子的血液啓動了免疫反應，所以血清會變濃。如果注射其他動物的血，它會變得更濃，端看加入的血與原來的物種有多親近。利用這個方法，納透發現人類與黑猩猩的距離比猴子近。這本來可以從沒有尾巴和其他身體特徵上看出，不過在當時仍是個沒有定論的議題。

一九六七年，加州大學柏克萊校區的文森・沙瑞契（Vincent Sarich）和亞倫・威爾生（Allan Wilson）革新了納透的生化技術，利用它建構了「分子時鐘」（molecular clock），測量出兩個物種享有共同祖先的最後時間，也就是兩個物種何時開始在演化樹狀圖上分枝。他們的結論是，人類與大猿不是如一般的說法在一千六百萬年前分家的，而是在五百萬年前左右才分家。人類學家對此表示輕蔑，因爲化石證據顯示分枝的時間較早。沙瑞契和威爾生仍然堅持他們的看法。一九七五年，威爾生請他的學生瑪莉克萊爾・金恩（Marie-Claire King）用 DNA 重複這個實驗，以找出人類和大猿的基因差別。她的報告說不可能發現差異，因爲人類和黑猩猩的 DNA 非常相似；人類有 99% 的 DNA 都和黑猩猩相同。威爾生高興極了，相似性比相異性更讓人興奮。

這個數字後來有些修改，大部分的報告是定在 98.5%，雖然最近有兩篇仔細的研究提出 98.76%。[26] 然而正當 98.5% 開始滲入人心時，洛伊・布里頓（Roy Britten）在二〇〇二年寫了一篇令人震驚的論文，表示「失之毫釐，差之千里」。他說，假如你只算人類和黑猩猩的基因上有幾個字母不同，你的確會得到 98.6% 的數字。但是假如你把插入或刪除的字母放回去，這個數字會降到 95%。[27]

不論結果為何，這都帶給科學界很大的震撼：這兩個物種在基因上的差距竟然這麼小。「黑猩猩和人類在分子上的相似性最怪異的地方在於，這兩個物種在生理結構和生活習慣上差異非常大，」金恩和威爾生寫道。[28] 更令人驚異的是，一九八四年耶魯大學的查理斯・希伯利（Charles Sibley）和瓊・阿基斯特（Jon Ahlquist）發現，黑猩猩的 DNA 比較像人類，而比較不像大猩猩。[29] 這個震撼跟哥白尼把地球放入太陽系的眾行星中時所造成的人類自尊貶值一樣。希伯利和阿基斯特將人類放進猿類的家族中，人只是另外一種猿而已。從一千六百萬年前就與猿類分家的想法，我們現在不得不承認，我們與猿類分家的時間不過短短五百萬年，而且我們還是牠們家族中最近的分枝。我們與黑猩猩的共同祖先，在牠們與大猩猩祖先生活了很久之後才分家，而這三種的祖先又與紅毛猩猩的祖先生活了更久才分家。雖然看起來很不可思議，但是黑猩猩與人的關係比大猩猩更近（這個結論並不因布里頓的精算數字而有任何改變），從生理結構或非洲化石都看不出這個可能性，人類並不是奇特突出的。

黑猩猩與人類的遺傳差異

在這些震驚之後，日子平淡了一陣子，但還有新的震撼出現。人類與黑猩猩的 DNA 比對，也許可以一勞永逸的界定出兩者的差異。但是在寫這本書時，黑猩猩的基因體序列尚未出爐。即使已知，要找出關鍵性的基因也不是那麼容易。人類基因體有三億個字母碼，這些是 DNA 分子的化學基，它們的排列順序（而不是它們的個別特性）決定了它們的產物，所以我們可以把它們當作數位化的資訊。兩個人之間的基因差異一般來說是 0.1%，所以我和鄰居有三百萬個字母不同。人與黑猩猩的差異大約是它的十五倍，或是說 1.5%，這表示有四千五百萬個字母不同。這是整本《聖經》中所有字母的十倍，或是說這本書所有字母的七十五倍。我們和黑猩猩的數位化差距如果裝訂成書，可以裝滿十一英尺高的書架（而相似性的書架則可綿延到二百五十碼之長）。

從另一個觀點來看，科學家現在知道人類約有三萬個基因，也就是說，在基因體中有三萬個獨特的數位化資訊是直接與建構我們的身體和經營我們生命的蛋白質有關。基因是建構蛋白質的食譜。我們幾乎可以確定黑猩猩也有同樣數量的基因。因爲三萬的 1.5% 是四百五十，所以看起來好像我們有四百五十個不同的、獨特的人類基因。但是這並不多，我們跟黑猩猩還有兩萬九千五百五十個相同的基因。但事實上這是不可能的。應該是說，每一個人類基因與每一個黑猩猩基因都不同，但是只有 1.5% 的排列組合不同。事實應該是介於這兩者之間，在相近的物種中，許多基因是相同的，許多是只有一點不同，只有極少數是非常不同的。

最顯著的差異在於，所有的猿類都比人類多一對染色體。這個原因很容易就找到了：在過去的某個時候，兩個中型的猿類染色體融合成一條大型的人類染色體，那就是我們的第二號染色體。這是一個令人驚異的重組，這表示黑猩猩和人類雜交的下一代一定無法生育，如果他能存活下來的話。這可能是物種之間「生殖隔離」的主要原因，因爲下一代沒有生殖能力。

但是染色體的重組並不代表基因序列上的差異。雖然黑猩猩的基因體序列還未揭曉，但是已有許多重要的序列差異顯現，例如人類有 A 型、B 型和 O 型的血型，但黑猩猩只有 A 型和 O 型，而大猩猩只有Ｂ型。同樣的，人類的 APOE 基因有三種常見的變異，而黑猩猩只有一種——那是最常在阿茲海默症（Alzheimer's disease）病人身上看到的突變。甲狀腺荷爾蒙在人體與猿類身上的作用有很大的不同，這個不同的意義現在還不知道。第十六號染色體上有一組基因在猿類身上重複了好多次，這是在二千五百萬年前猿類和猴子分家後發生的。這些基因套組在人類身上叫做「摩非斯」（morpheus），它的序列變化得非常快，每個人身上的摩非斯基因序列都不一樣，其他猿類的序列當然更不一樣——它的演化率是正常演化率的二十倍。有一些摩非斯基因的確可說是人類獨有的，但是這些基因的功用是什麼，爲什麼演化得這麼快，仍然是個謎。[30]

唾液酸的過敏反應

大部分的這些差異在人類身上也是不同的；以整體來說，人並無任何獨特性。然而在一九九〇年代中期，科學家首次找到所有人類都有、但所有猿類都沒有的基因。在這之前幾年，加州大學聖地牙哥醫學院的教授亞吉・瓦基（Ajit Varki）對人類的一種過敏產生了興趣：對動物血清蛋白質上的某種特定糖類——某種唾液酸（sialic acid）——過敏。這種免疫反應會使人在被毒蛇咬後注射馬的血清時產生嚴重反應。人類無法容忍 Gc 型的唾液酸，因爲我們的身體中沒有這種糖類。

瓦基和伊蓮・麥契摩（Elaine Muchmore）很快就找到了原因，他們發現黑猩猩和其他的大猿都有 Gc 唾液酸，只有人類沒有。人類身體無法製造 Gc 唾液酸，因為我們缺乏一種酵素，無法將 Ac 唾液酸轉成 Gc 唾液酸。沒有這個酵素，人類就無法把氧原子加入 Ac 唾液酸中。所有的人類都沒有這個酵素，但是所有的猿類都有。這是第一個人與猿之間生物化學上的一致性差異。在二十世紀結束時，我們看到自己從宇宙的中心、上帝眼中的蘋果，降到只是另一種猿類。瓦基現在甚至說，我們跟牠們之間只差一個糖分子中的一個氧原子，就少這麼一個而已！

到一九九八年時，瓦基已經知道為什麼會有這個差異。人類的第六號染色體中有一個基因叫作 CMAH，其中少掉了九十二個字母序列。這個基因所攜帶的密碼是製造 Gc 的酵素。然後他又發現我們是怎麼少掉這九十二個字母的。在這個基因的中段有一個 Alu 序列，這是侵入我們基因體的「跳躍基因」（jumping gene）。在猿類的基因體中，Alu 序列比較古老，與人類的不同；但是在人類的基因中，這段序列是人類特有的。[31] 所以在人類與黑猩猩分家以後的某個時候，Alu 又重施故技，跳到 CMAH 基因中，與原來的 Alu 換位，同時不小心丟掉了九十二個字母（你可以把它想成電腦病毒把你的一個檔案吃掉了）。

瓦基的發現一開始並沒有引起科學界的注意。有什麼了不起！他們想，你只不過是找到了一個闖進人類的基因，而這個基因並沒有闖進猿類，就這樣而已。不過瓦基不是個容易被打敗的人，現在他對人類和猿類的差異開始感到興趣。第一步是先找出這個突變發生的時間，我們不能從遠古的化石中找回 DNA，但是可以找到唾液酸。他發現尼安德魯人（Neanderthal）像我們一樣，有 Ac 無 Gc，但是再老的化石（爪哇和肯亞的化石）都是在溫暖氣候的環境中，其中的唾液酸已經被分解掉了。然而，利用計算人類 CMAH 基因的改變次數，以及利用分子時鐘，他的同事高畑裕紀（Yuki Takahata）估計出這個改變應該是發生在二百五十萬年到三百萬年前的現代人祖先身上。

瓦基開始探討突變的其他可能結果。大部分的動物都有這個正常的基因，甚至連海膽都有。但是假如把這個基因從老鼠的胚胎中剔除，這隻老鼠仍然會健康長大且有生育能力。唾液酸是位在細胞膜外的糖分子，像是細胞表面長出來的花。它是感染性病原體的第一個目標，這些病原體包括肉毒桿菌、瘧疾、流行性感冒和霍亂。缺少一種常見型態的唾液酸，可能使我們比猿類容易感染疾病（細胞表面的糖類是免疫系統的第一道防線）。但是最有趣的是，Gc 型的唾液酸在哺乳類的身體中到處都可以找到，只有大腦中沒有。瓦基的基因在哺乳類的大腦中幾乎是全部關掉的，這一定有什麼原因。人類的大腦大約在二百萬年前開始快速發展，或許就是因爲全身的這個基因都關掉了，才使人類大腦加速發展。瓦基承認這是個異想天開的念頭，因爲他並沒有證據，他站在一塊沒有人探索過的蠻荒之地。有趣的是，最近他又找到另一個跟唾液酸處理過程有關的基因，也是人類完全沒有的。[32]

即使是像這種奧秘的研究都可能有實用的結果。這項研究促使人們放棄動物器官的移植；人體對動物器官上的 Gc 糖產生過敏反應幾乎是無可避免的。既然在人體組織中可以發現 Gc 唾液酸（可能是從動物性食物中獲取的），瓦基現在開始喝稀釋過的 Gc 唾液酸，看看自己的身體如何適應它。他懷疑有些因爲吃「紅肉」所引起的疾病，可能跟動物的這種糖有關。但是瓦基是第一個承認人與猿類之間的巨大差異，不能只歸因到一種微小的糖分子。

出借子宮

我們跟動物用到的基因都差不多，但是我們得到非常不同的結果。為什麼會這樣？假如兩組幾乎完全一樣的基因，可以製造出外表上看起來如此不同的人類和黑猩猩，那麼很明顯地，差異的來源應該不是在基因上，而是在別的地方。受到先天／後天二分法的薰陶，我們很自然地想到，後天環境應該是另一個可能的解釋。那麼，請做一個明顯的實驗。將一個人類的受精卵種到猿類的子宮中，或是把猿類的受精卵種到人類的子宮中，假如後天環境是造成我們不同的原因，人類生出來的應該是人類，而猿類生出來的應該是猿類。有人願意試一下嗎？

在動物園中曾經試過這個實驗，但是不是用猿類。為了保育，有些動物出借子宮，孕育另一種動物，結果是好壞參半。有一種亞洲野牛曾經借過母牛的肚子孕育，但是到現在為止，小牛都是出生不久便死亡。母綿羊去作野綿羊的代理孕母也沒有成功；拉丁羚羊借育在南非大羚羊中沒有成功；印地安的沙漠貓及非洲野貓借育在家貓子宮中沒有成功；大斑馬借育在母馬肚子中也沒有成功。動物園的失敗實驗顯示，人的代理孕母不可能懷猿的胎兒到足月，但是這些實驗至少證明了嬰兒生出來像他的生父母，不像代理孕母。這正是這些實驗的目的：用豢養動物的子宮去大量繁殖瀕臨絕種的動物，以達到保育的目的。[33]

因為結果如此顯著，使得這個實驗幾乎沒有意義。我們都知道，在母馬子宮中成長的驢子胎兒會變成驢子，而不是馬。驢和馬在基因上比人和黑猩猩更相近一些。馬比驢多一對染色體，所以生出來的騾子沒有生殖能力。因此，如果男人與雌黑猩猩交配的話，可能會得出精力旺盛但沒有生殖能力的猿人。一九五〇年代有人謠傳中國做過這種實驗，但未被證實。似乎沒有人去嘗試這種簡單但不合乎倫理道德的實驗。

所以這個謎題變得更深了。基因決定我們的物種，不是子宮。然而，人與黑猩猩雖然基因非常相似，外型仍然極爲不同。一組相同的基因怎麼可能得出兩種不同的物種？我們的腦是黑猩猩的三倍大，又能夠學會說話，怎麼可能是由同樣的基因做出來的？

基因的開關

我忍不住想說一個文學上的類比。狄更斯（Charles Dickens）的小說《塊肉餘生記》（*David Copperfield*）一開始就寫道：「在我的生命裡，究竟是我會成爲英雄，還是別人成爲我的英雄，本書的內容會告訴你。」沙林傑（J.D. Salinger）的小說《麥田捕手》（*The Catcher in the Rye*）開頭則寫道：「如果你眞想聽聽這故事，也許你第一件想知道的應該是我出生在哪裡、我糟糕的童年是什麼樣子、我的父母在生下我以前是如何過日子，以及像《塊肉餘生記》開始時的那種流水帳，但是我不想去講它。」在後面的章節中，狄更斯和沙林傑都用了同樣的幾千字。有些字沙林傑有用，狄更斯沒用，像「電梯」或「流水帳」；也有一些字是狄更斯有用，而沙林傑沒用，如「胎膜」和「乖戾」。但是大部分的字是相同的，至少有百分之九十的相同字詞。然而，這些字詞建構出非常不同的故事；差異之處不在於用了不同的字，而在於這些字的不同排列順序和型態。同樣地，人和黑猩猩的差異來源不在於不同的基因，而是在於這三萬個基因的使用型態和順序不同。

我如此有信心地這樣說，主要是因爲當科學家首次揭開動物基因體的蓋子時，他們驚訝地發現各種不同的動物竟然有相似的基因組合。在一九八〇年代初期，研究果蠅的遺傳學家非常興奮地發現一小群基因，他們稱之爲 hox 基因。這些基因似乎在果蠅發育的初期負責設定果蠅身體生長的藍圖——也就是告訴果蠅，哪邊要長頭、哪邊要長腳、哪邊要長翅膀等等。但是他們完全沒有預料到接下來的發現。他們的同事也在老鼠身上發現同樣的 hox 基因，序列相同，作用也相同。這個基因也告訴老鼠胚胎哪裡該長肋骨（但不是如何長），就像它告訴果蠅胚胎哪裡該長翅膀。你甚至可以在不同物種上交換這個基因，也會達成相同的作用。生物學家作夢都沒有想到會這樣，這表示身體的基本構造藍圖在六億年前的遠祖身上便已形成，一直保留到現在後代子孫的身上還可以看到。

hox 基因是製造「轉錄因子」（transcription factor）這種蛋白質的配方。轉錄因子的工作是去「開啓」其他基因，它將自己黏附在 DNA 上稱爲「啓動子」（promoter）的區域。[34] 以果蠅和人類來說（不同於細菌），啓動子是由五段分開的 DNA 碼所組成的，通常是位於基因本身的上游，有時則在下游。這些片段序列會個別吸引不同的轉錄因子，而轉錄因子又會啓動（或抑制）基因的轉錄。除非有好幾個啓動子都接收到轉錄因子，否則大部分的基因都不會開始活動。每個轉錄因子本身都是其他基因的產物，因此很多基因的功能便是幫忙開啓或關閉其他基因，而一個基因的開啓或關閉決定於它的啓動子的敏感度。假如它的啓動子序列改變或移動了，使轉錄因子比較容易找到它們，那麼這個基因就會變得比較活躍。假如這個改變是使啓動子更容易吸引抑制型的轉錄因子，而不是啓動型的，那麼這個基因就會變得比較不活躍。

啓動子的小小改變就會對基因的表現產生微妙的影響，所以啓動子可以說更像是自動調溫器，而不是開關。科學家期待在啓動子上找到最大的演化改變。例如，老鼠的頸子短而身體長，雞的頸子長而身體短；假如你計算老鼠和雞的頸椎和胸椎的數量，你會發現老鼠有七節頸椎和十三節胸椎，雞有十四節頸椎和七節胸椎。這個差別的來源在於 Hoxc8 基因上的一個啓動子。雞和老鼠身上都有 Hoxc8 基因，它們的工作是開啓與胚胎發育有關的基因。這個啓動子是一段有兩百個字母長的 DNA 片段，雞和老鼠之間只有幾個字母不同。的確，只要改變兩個字母就足以造成差異。這造成雞胚胎發育時 Hoxc8 基因的表現略爲改變。在雞胚胎中，Hoxc8 基因在脊椎的表現部位較少，所以雞的胸椎比老鼠少。[35] 在蟒蛇身上，Hoxc8 基因從頭頂開始表現，一直到身體的大部分，所以蟒蛇有很長的胸椎，它的肋骨一直延伸到身體後段。[36]

這個系統的美妙之處在於，同樣的基因可以在不同地方和不同時間重複使用，只要放不同的啓動子在旁邊就好了。例如果蠅的 eve 基因，它的主要功能是在胚胎發育時開啓其他基因。在果蠅的一生中，這個基因至少開啓十次。eve 基因有八個不同的啓動子，三個在上游，五個在下游。每一個啓動子需要十到十五個蛋白質黏附到它上面，才能啓動 eve 基因的表現。這些啓動子分布在 DNA 序列的幾千個字母上，在不同的組織中使用不同的啓動子來開啓基因。這正是植物的基因比動物多的原因。植物無法用附加啓動子的方式使用相同的基因，它必須複製整段基因，再改變複製品的啓動子來使用這個基因。在人類發育的過程中，三萬個基因至少重複用過兩次以上，這要感謝啓動子。[37]

要大幅改變動物的身體結構，其實不需要發明新的基因，就像不需要發明新的字來寫一本小說一樣，你只需要使用不同的方式來「開啓」或「關閉」同樣的基因就可以了。突然之間，一個機制展現在眼前：只要一點點基因上的差異，就可以創造出大大小小的演化上的改變。只要調整啓動子的序列，或添加一個新的啓動子，你就可以改變基因的表現。假如這個基因正好製造的是轉錄因子，那麼它的表現就會改變其他基因的表現。所以，一個啓動子的小小改變就會造成一連串的改變。所謂牽一髮而動全身，也許在沒有改變基因本身的情況下，這些小改變就足以創造出一個全新的物種。[38]

從某方面看來，這有點令人沮喪。這表示科學家無法知道黑猩猩的基因跟人類有什麼不同，除非他們知道如何在浩瀚的基因體中找到基因的啓動子。基因本身並不能告訴科學家什麼特別的訊息，而人類的獨特性永遠是個謎。但是從另一方面來看，這又很令人振奮，它強有力的提醒我們一個經常被遺忘的簡單事實：身體不是製造出來的，它是慢慢成長來的。基因體並不是一份建構身體的藍圖；它就像烘培蛋糕的食譜一樣，記錄著麵粉、糖、發粉放進去的先後順序和烘培的時間長短。小雞的胚胎在 Hoxc8 醬汁中醃製的時間比老鼠胚胎短。在本書中我會一再提到這個比喻，因爲我認爲它是解釋爲什麼先天和後天不是對立而是相輔相成最好的例子。

就如 hox 故事所示，DNA 的啓動子在第四個維度表現自己：時間是最重要的因素。黑猩猩的頭跟人類不一樣，不是因爲牠的基因藍圖與人類不同，而是牠花在長下顎的時間比人類長，長頭顱的時間比人類短，這完全是時間上的差異所造成的。

馴化的效應

動物被人類豢養的過程（如野狼可以轉變成看門狗）則顯示出啓動子的作用。一九六〇年代，俄國遺傳學家狄米奇・貝亞夫（Dmitri Belyaev）在西伯利亞擁有一座大農場，專門養殖毛皮動物，出口毛皮。他想試試看能不能交配出馴良的銀狐，因爲不論被人飼養了多少代，這些銀狐看到人時都還是很緊張、驚恐，不敢接近人類（怎能怪牠們呢？跟人類靠近時都沒有好下場）。所以他決定選擇那些肯讓他接近、比較不害怕人類的銀狐來交配，再從牠們的下一代中謹愼挑選那些在餵食時肯讓工作人員撫摸的銀狐，長大後作近親交配。如此經過二十五個世代後，他果然得到馴良的銀狐，這些小狐狸看到人不但不會逃跑，反而會迎上前來。牠們不但行爲像狗，連外表都像了：牠們的毛捲曲，像牧羊犬一樣，尾巴往上翹（才可以搖尾示好），母狐一年發情兩次（原野上的動物一年一次），耳朵垂下來（不必像在原野時一樣，隨時注意，一有風吹草動，立刻逃命），鼻頭縮短，腦也變小了。

令人驚訝的是，貝亞夫只是選擇比較馴良的銀狐作近親交配，卻得到野狼被馴化後的所有特徵。在遠古的時候，可能有一支狼群在翻垃圾覓食時，並沒有像其他狼群那樣看到人來立刻逃命，因此就被人類豢養下來，變成後來的狗。這表示有一些啓動子的改變發生，而且不僅作用在一個基因上，而是好幾個基因。很顯著的，這兩個例子都是發展的時刻表被改變，所以成年動物仍然保持著幼年動物的特徵和習性：耳朵下垂，鼻頭短短，頭顱較小，喜歡嬉戲。[39]

這裡我們所看到的是成年動物還不懂得恐懼或攻擊性，這跟大腦底部的邊緣系統（limbic system）的發展有關。所以在演化上，要得到一隻溫馴友善的動物，最可能的方法是及早停止大腦的發展。而結果就是我們看到的大腦變小，尤其是大腦的 13 號區，這區是邊緣系統較晚發展的部分，專門負責去除成年動物恐懼和攻擊性情緒反應的抑制。很有趣的是，這個溫馴化的過程很自然地發生在巴諾布猿身上。巴諾布猿大約在二百萬年前與黑猩猩分家，以牠的身軀來說，巴諾布猿的頭比較小，攻擊性也比較弱，即使成年仍然保持好幾個幼年的特徵，如尾巴上有一簇白毛、高頻率的叫聲及不尋常的女性性器官。巴諾布猿的大腦 13 號區異常的小。[40]

人類也是一樣。化石記錄顯示，人類大腦在過去的一萬五千年來急遽變小，有一部分原因是人類進入聚落社會之後，身軀開始變小，而大腦變小是反映出身體的變小（譯注：人的腦大小與身高體重有關，因為大腦用到身體百分之二十的能源，矮人無法頂個大頭，因為身體負擔不起）。接下來的幾百萬年，腦又開始逐漸變大，在中石器時代（距今約五萬年前），人類大腦的平均大小爲女性 1468 cc，男性 1567 cc。今天，大腦的大小下降到女性 1210 cc，男性 1248 cc。即使把身軀變小的因素也考慮進去，這仍然是個大幅的下降。或許這跟人種變溫馴有關。如果是，那是怎麼變的？倫罕認爲，當人類定居下來後，他們就不再容忍反社會行爲，開始驅逐、監禁或處死那些無法跟人相處、嚴重侵害別人權益的人。過去在新幾內亞高地的土著，十個成年男人中就有一個被巫師（大部分爲男性）處死。這也許就是殺掉最有攻擊性或衝動的人——也就是那些比較成熟、腦比較大的人。[41]

腦神經細胞的數目

但是這種自我約束、自我馴良是最近的現象，無法解釋五百萬年前造成人類和黑猩猩分家的演化壓力。然而它可以支持演化是透過基因啓動子的改變，而不是基因本身：所以好幾個不相干的特質就搭了減低衝動行爲的便車出現。[42] 同時，最近在第一號染色體上發現的一個基因，突然讓我們了解人類的大腦爲什麼一開始會變得那麼大。一九六七年，巴基斯坦佔據的喀什米爾建了一個水壩，強迫遷移大批當地居民到英國的布雷佛德（Bradford）。這批新移民中有一些人是近親結婚，他們的子女中有部分的頭異常小，但功能正常，即所謂的小頭症（microcephalics）。他們的族譜提供了家族突變研究的依據，研究者在這些家庭中總共找出四個不同的突變，這四個突變都影響著同一個基因：第一號染色體上的 ASPM 基因。

英國里茲（Leeds）的科學團隊在傑弗瑞・伍茲（Geoffrey Woods）的領導下，有了更進一步的發現。ASPM 基因很大，有 10434 個字母，分成二十八段表現子（exon）。在第十六段到第二十五段之間有一個不斷重複的特殊小片段，這個片段有七十五個字母，它的前六個字母製造出來的胺基酸是異白胺酸（isoleucine）和麩胺酸（glutamine），我馬上會告訴你這有多麼令人驚奇。在人類的 ASPM 基因中，有七十四個這種片段重複，老鼠有六十一個，果蠅有二十四個，而線蟲只有兩個。令人驚訝的是，這些數字與這些動物的腦神經細胞數量成正比。[43] 更令人驚訝的是，異白胺酸的簡寫字母爲 I，麩胺酸的簡寫字母爲 Q，所以 IQ 重複的次數可能決定這種動物的智慧（IQ），伍茲認爲「這是上帝存在的證明，因爲只有高度幽默感的人才會想到如此安排。」[44]

ASPM 的作用似乎是在懷孕二週時決定大腦囊泡中的神經幹細胞要分裂多少次，這決定了以後成熟的大腦中會有多少神經細胞。這麼容易就找到決定大腦大小的基因，實在是好運到令人不敢相信，當然後續的發展就不是這麼簡單了。但是 ASPM 基因讓我們看到，演化只是程度上的不同，不是種類上的不同。

人類基因體解碼顯示，動物的演化是靠調整基因上的「自動調溫器」，使身體某部分的生長時間長一點，這一點對先天與後天的辯論有舉足輕重的關係。你可以想像一下這種系統中的可能性：你調高某一個基因的表現，使另一個基因的表現提高，後者又影響了第三個基因的表現，以此類推。而在這個連環運作的中途，你可以插入經驗的影響。教育、食物、打架、回報的愛，都可能影響其中的一個調溫器。突然之間，後天就透過先天來表現它自己了。

第二章

本能

像奇蹟一樣，一隻漂亮的蝴蝶破繭而出，完美的翅膀載牠振翅而去。牠幾乎不需要學習什麼，因爲一切都已設定好，就像音樂盒中的音樂自己會潺潺流出。

——道格拉斯・史鮑汀（Douglas Alexander Spalding），一八七三年[1]

威廉・詹姆士就像達爾文一樣，是個不工作也可以生活的人。他從他父親亨利身上繼承到一筆遺產，那是他的祖父威廉每年從伊利運河（Erie Canal）的營利中存下一萬美元的積蓄。獨腳的亨利運用這筆錢自修成爲學者，帶著他的孩子往返於紐約、日內瓦、倫敦和巴黎等處。他口齒清晰，辯才無礙，信仰虔誠，非常有自信。他最小的兩個兒子曾經打過美國的南北戰爭，在生意失敗後，變成酗酒和憂鬱症。他的兩個大兒子威廉和亨利，一出生就被刻意培養成學者，結果，以麗蓓嘉・韋斯特（Rebecca West）的話來說，就是「一個長大後把小說當哲學來寫，另一個把哲學當小說來寫。」[2]

這倆兄弟都深受達爾文的影響。亨利的小說《一位女士的畫像》（*The Portrait of a Lady*）就是呼應達爾文，認爲女性選擇是演化的推手、動力。[3] 威廉的《心理學原理》（*Principles of Psychology*，把一八八〇年代所發表的一系列文章集結成冊），則是鼓吹先天論（nativism）——即心智無法學習，除非它有基本的天生知識。這跟當時盛行的經驗論是背道而馳的，因爲經驗論認爲行爲受到經驗的塑造。威廉・詹姆士認爲，人天生就有生而知之的知識，這知識不是來自經驗，而是來自達爾文的天擇過程。詹姆士假借讀者的語氣說：「他否定經驗！否定科學！認爲心智是奇蹟所創造，他是天生論的忠實支持者！我們受夠了，我們不要再聽那老掉牙的廢話！」

詹姆士認爲，人的本能比其他動物更多，而不是更少。「人類擁有低等動物的所有本能，再加上很多其他的本能。沒有其他的哺乳類擁有這麼多的本能，包括猴子在內。」他認爲本能跟理性不應該對立（即本能的相反詞不是理性）：

> 理性本身不能抑制衝動；唯一可以平息一個衝動的是反向的衝動。然而，理性可以做出推論，這個推論可以激發想像力，啓動反向的衝動；因此，雖然理性最高的動物同時也擁有最多的本能衝

動，但他永遠不會像只有本能的動物那樣自取滅亡。[4]

這是一段了不起的文字。無論是先天或後天的支持者，在接下來的一百年中，幾乎沒有人敢像他這麼明白地表示極端先天論的立場，而且每個人都以爲本能的相反詞是理性。但是詹姆士絕對不是少數的激進派，他的思想與論文影響了後世學者對意識、感覺、空間、時間、記憶、意志、情緒、思考方式、知識、眞理、自我、道德和宗教的想法——上述僅是一本敘述他成就的現代書籍裡面的章名而已。那麼，爲什麼這本六百二十八頁的書中，卻沒有一個字提到本能、衝動或先天？[5] 爲什麼一百多年來，人們會認爲用「本能」去形容人的行爲是下流粗鄙的？

本能學派

詹姆士的想法一開始時的確有很大的影響力。他的門生威廉·麥克道格（William McDougall）建立了一群本能學派，專精於收集每一種情境之下人類本能反應的例子。他們太專精了，臆測的程度遠超越實驗的觀察，不久便引起一陣反改革的聲浪。在一九二〇年代，詹姆士攻擊的「白板」概念（blank slate，譯注：即人生下來像個白板空無一物，後天的經驗在上面刻畫，形成智慧）轉過來變成主流，不僅是心理學支持這種看法（主要人物爲華森和史金納），在人類學（鮑亞士）、精神醫學（佛洛伊德）及社會學（涂爾幹）都支持後天論。先天論可以說完全銷聲匿跡，一直到一九五八年喬姆斯基再度把它放回科學的舞台。

喬姆斯基在評論史金納所寫的有關語言學習的書時，說道他認爲小孩子不可能經由學習父母的榜樣而習得語言，孩子一定已經有先驗的語言規則，使語言的詞彙有所依歸（譯注：喬姆斯基說父母不可能教孩子「她有一頭綠髮」，因為這與事實不符，但是孩子會自己創造出像「她有一頭綠髮」這種全憑想像的句子，顯示孩子的語言學習不可能全憑刺激－反應的學習而來）。即使如此，白板理論仍然主控了人文科學許多年，直到詹姆士的書出版一百年之後，他對人類獨特本能的看法才又重新被科學界重視，這回是約翰・托比（John Tooby）和李達・科斯米德（Leda Cosmides）提出的新本能論（見第九章）。

後面我們還會再談到本能論。現在先離題，跳出來說一下目的論（teleology）。達爾文非常聰明地將古老的神學辯論，從設計的目的論轉移出來。在他之前，所有的器官都是有目的，爲執行某一功能而存在，例如心臟的存在是爲爲了輸送血液；胃是爲了消化食物；手是爲了抓住東西。這些似乎都很理所當然地暗示著一定有位設計者，就好像蒸氣機背後一定有工程師一樣。達爾文看出來天擇也可以得出有目的的設計——這就是理查・道金斯（Richard Dawkins）所謂的「盲眼鐘錶匠」。[6]

雖然在理論上，說胃有它的目的是無意義的，因爲胃並沒有心智，但實際上應該說胃被選擇來做這件事，因爲它做得好，所以看起來像是爲了特殊目的設計的。因爲我很不喜歡使用被動句，所以在本書中，我假裝的確有個工程師爲了特殊目的在預作設計。哲學家丹尼爾・鄧尼特（Daniel Dennett）把這個虛構的工程師稱爲「天鉤」（skyhook，譯注：這是美國開玩笑的字眼，常用在看似不可能的工程上），就好像一個工程師用天鉤把他的鷹架掛在天空上。[7] 爲了簡單起見，我把我的天鉤叫做「基因圖譜組織設備」（Genome

Organizing Device），簡寫爲 GOD。這或許可以使虔誠的教徒讀者高興，又可以使我用主動句來述說。所以現在的問題是：這個 GOD 如何建構一個大腦，使它可以表現本能？

現在再回到詹姆士。爲了要支持他的說法（人類的本能比其他動物多），詹姆士系統化地列出人類的本能。他從嬰兒的活動開始列起：吸吮、抓握、哭泣、坐、站、走、爬，他認爲這些都是衝動的表現，並不是模仿或聯結（association）。當孩子長大時，還有競爭心、憤怒和同情，以及對陌生人、巨大的聲響、高度、黑暗、爬蟲類等的恐懼。「一般獨斷的演化學家應該很容易解釋這些恐懼，」詹姆士寫道，他已經預先看到現在的演化心理學可能提出的爭論點，「就像回到洞穴時代，人類的意識通常被我們用現代化的經驗去解釋。」他接著談習得（acquisitiveness），一種求知的本能。他注意到男孩子都喜歡收集東西，也注意到男孩和女孩在遊戲喜好上的不同。他認爲父母的愛，至少在一開始時，是母親強於父親的。他快速地帶過社交性、害羞、隱密性、潔癖、謙虛和羞恥心。「嫉妒絕對是個本能，」他強調。

愛是一種本能

他認爲這些本能中最強烈的應該是「愛」。「在所有的習性中，性衝動最明顯地是個本能，因爲它是盲目的、自動的、不需學習就會的。」[8] 但是他強調，性吸引是本能並不表示它不可抗拒，其他的本能（像害羞）會使我們不敢單憑性吸引行事。

讓我們來更進一步檢驗「愛是一種本能」這個概念。假如詹姆士是對的，那麼一定有一些遺傳因素使我們在落入愛河時，造成我們大腦生理和化學的改變。這個改變引起戀愛的情緒，而不是被戀愛的情緒所改變。科學家湯姆・伊瑟爾（Tom Insel）寫道：「一個可行的假設是，交配行爲所促發分泌的催產素（oxytocin）會活化邊緣系統，邊緣系統中有很多催產素的感受體，這會造成交配行爲的持久性及選擇偏好。」[9]或是用比較詩情畫意的句子來描述就是：你戀愛了。

催產素是什麼？爲何伊瑟爾如此誇張地標榜他的發現？這個故事開始於一個非常不羅曼蒂克的歷程：小便。四億年前，當我們的祖先離開水到陸地上時，牠們身上有一種小小的荷爾蒙，叫做「血管升壓素」（vasotocin）。這是一個由九個胺基酸構成的小型環狀蛋白質，它的功能是維持身體中鹽和水的平衡，它可以透過調控腎臟或其他器官的細胞來達成這項任務。直到今天，魚類和青蛙都還使用兩種不同型態的血管升壓素來平衡身體中的鹽分。在爬蟲類的後代中（包括人類），這個基因有兩個略微不同的版本，剛好彼此緊鄰著，只是方向相反（人類的這兩個基因位在第二十號染色體上）。因此，今天所有的哺乳類都有這兩個荷爾蒙——血管加壓素（vasopressin）及催產素——它們的差別在連接的環扣上。

它們仍然在執行它們古老的任務。血管加壓素告訴腎臟要保留水分；催產素告訴腎臟把鹽排出去。但是，就像今天魚類身上的血管升壓素，它們同時也掌管生殖系統的協調。催產素會在分娩時刺激子宮肌肉收縮，使胎兒出生；它同時也使乳房的乳腺分泌乳汁。這個 GOD 非常懂得經濟效益，它發明了一個開關來做某件事，把這個開關修改一下也可以做另一件事；它讓不同器官產生催產素的感受體。一九八〇年代早期，科學家突然發現，血管加壓素和催產素從腦下垂體釋放出來後，除了進入血液之外，也對大腦本身產生作用。

所以他們試著把血管加壓素及催產素注射進老鼠的大腦，來看它的效應。很奇怪的，公鼠接受了催產素的注射後，立刻打哈欠，同時陰莖勃起。[10] 如果劑量不高，這隻老鼠會變得性興奮：牠會比較快射精，射精次數比較頻繁。母鼠在接受催產素的注射後，會擺出交配的姿勢。在人類，手淫會增加男女兩性的催產素濃度。整體來說，催產素和血管加壓素在大腦中似乎與交配行爲有關。

這些聽起來都非常不羅曼蒂克：小便、手淫、哺乳——這些都不是愛的本質。請耐心點，好戲在後頭。一九八〇年代晚期，伊瑟爾研究催產素對老鼠育幼行爲的影響。他發現催產素似乎會幫助母鼠跟幼鼠形成親子聯結，他找了鼠腦對這個荷爾蒙敏感的部位。他將注意力移轉到聯結關係，他想知道親子和配偶這兩種聯結之間有沒有類似的關係。

田鼠的配偶聯結

就在這個時候，他遇到了蘇・卡特（Sue Carter），她正在實驗室中研究草原田鼠（prairie voles）的生活情形。她告訴他，草原田鼠在老鼠中是很奇特的，因爲牠們一夫一妻，忠貞不移，而且雌雄田鼠共同扶養下一代。但是山田鼠（montane voles）就不同了，牠們和一般哺乳類一樣：母鼠與多隻公鼠雜交，交配後並不與公鼠共同生活，生下小鼠後幾週就拋下不管，由牠自生自滅。即使在實驗室中，這項差異也很顯著：成對的草原田鼠會凝視對方的眼睛，共同舐洗初生的小鼠；而山田鼠則把牠的配偶當作陌生人。

伊瑟爾檢視這兩種田鼠的大腦，他發現這兩種荷爾蒙在表現上都一樣，但是感受體的分布卻大不相同。感受體在接觸到荷爾蒙之後，便會使神經活化。一夫一妻的草原田鼠在大腦的好幾個地方，催產素感受體都比山田鼠多了很多。此外，當注射催產素或血管加壓素到草原田鼠的大腦時，伊瑟爾和他的同事可以看見一夫一妻的特徵出現，諸如偏好同一個伴侶、強烈攻擊其他田鼠等。但是這類注射對山田鼠卻沒什麼作用。若把阻擋催產素感受體的藥物打進一夫一妻的田鼠體內，這種從一而終、照顧幼兒的行爲就消失了。所以結論很清楚：草原田鼠會成爲一夫一妻制，主要是因爲大腦對催產素和血管加壓素的反應比較強。[11]

伊瑟爾的團隊利用一個很聰明的實驗，展示出令人信服的結論。他們在老鼠出生前便將催產素基因剔除，這會導致社會失憶症（social amnesia）：這隻老鼠可以記得事情，但是記不得他曾經見過某隻老鼠，也不認得牠。因爲大腦中沒有催產素，這隻老鼠無法記得他十分鐘前見過的老鼠，除非那隻老鼠身上帶有非社交性的線索，例如牠身上有檸檬或杏仁的味道（伊瑟爾把這個現象跟研討會中心不在焉的教授相比，因爲這些教授只有憑著名牌才認得出老朋友，臉孔已經不管用了）。[12] 然後他們把催產素注射回大腦的某個地方（即杏仁核的內側），這隻老鼠便又恢復社交的記憶。

在另一個實驗裡，他們藉由某種特殊的病毒，增強淡蒼球腹側（ventral pallidum）血管加壓素感受體的基因表現，這是田鼠腦中掌管報酬系統（reward）的部位。我在這兒先停下來，讓你有機會去想一下現代科學家可以做到的事：他們可以利用病毒把老鼠大腦某個部位的基因表現增強。即使在十年前，這種實驗都是完全無法想像的。增強這個基因表現的結果是「加強牠對配偶的喜好」，也就是「使牠們墜入愛河」。他們發現對公鼠來說，要形成一夫一妻的終身伴侶聯結，牠的淡蒼球腹側一定要有血管加壓素及其感受體存在。由於交配會促使催產素及血管加壓素的釋放，所以這隻田鼠會與剛交配完的母鼠形成一對一的配偶聯結。催產素可以幫助記憶，而血管加壓素則是增強報酬。相反的，山田鼠因爲在淡蒼球上沒有感受體，所以對這些荷爾蒙不起反應。只有在生產完之後，雌性山田鼠才會表現出這些感受體，因而對牠的孩子展現短暫的母愛。

到現在爲止，我都把催產素和血管加壓素當作同一回事在討論。事實上，它們雖然非常相似，甚至可以刺激彼此的感受體，但還是有所不同。催產素促使雌田鼠選擇配偶，而血管加壓素則促使公田鼠選擇配偶。把血管加壓素打進公草原田鼠的大腦時，牠會對所有的田鼠展現攻擊性，除了牠的配偶以外。攻擊其他田鼠是雄性示愛的一種方式。[13]

這些事實已經夠驚人了，但是伊瑟爾的實驗室還研究了這些感受體的基因，結果更加令人驚奇。還記得草原田鼠和山田鼠的差異不在於荷爾蒙的表現，而在於荷爾蒙感受體的表現型態。這些感受體都是基因的產物。這兩種田鼠的感受體基因基本上是一模一樣的，但是在啓動子的部分非常不同。現在請回想一下第一章所說的：兩個相近物種的差異不在於基因本身，而是在啓動子上。草原田鼠有一段額外的 DNA，平均有四十六個字母長，位在啓動子的中央部位。伊瑟爾的實驗室將這段特別的啓動子轉植進老鼠體內，結果這種基因轉植鼠長大後就像草原田鼠一樣，在大腦的相同地方都有血管加壓素感受體表現，但是牠們並沒有形成一夫一妻制。[14]

接著，史提芬・費爾蒲（Steven Phelps）在印地安那州的原野捕捉了四十三隻野生的草原田鼠，並把牠們啓動子的序列定了出來。有些田鼠的序列比較長，從 350 個字母到 550 個字母不等。是否序列較長的老鼠會是比較忠誠的先生呢？現在還不知道。[15]

伊瑟爾的研究所導出的結論非常簡潔有力。囓齒類能夠形成長期的配偶關係，決定於某個感受體基因前端啓動子開關的某一段 DNA 的長度，因而決定大腦的哪些部位會表現這些感受體。當然，就像所有好的科學一樣，這個發現所引起的問題遠超過它所回答的。爲什麼在大腦的某些部位加上催產素感受體，就會使老鼠對牠的配偶死心塌地？這個感受體所產生的心理狀態可能有點像上癮，如果是這樣，它很可能跟多巴胺 D2 感受體（D2 dopamine receptor）有關，因爲 D2 感受體跟多種毒品上癮有關。[16] 從另一方面來說，缺少了催產素，老鼠就無法形成社會記憶，所以牠們可能只是記不得自己的配偶長什麼樣子而已。

邱比特的箭

老鼠並不是人。你現在發現，我把老鼠的實驗類化到人類身上了。你可能不喜歡我的作法，這像是化約主義的作法，把一切簡單化。你說羅曼蒂克的愛是文化的產物，有千百年的傳統和教誨。羅曼蒂克的愛是在伊蓮諾皇后（Eleanor of Aquitaine，譯注：她是獅心王理查的母親，英王亨利二世的皇后）的宮庭裡發明出來的，它是一群抒情詩人所創造出來的；在那之前只有性，沒有愛。

即使在一九九二年，威廉・賈可魏（William Jankowiak）調查了一百六十八個不同的種族文化，發現沒有一個不承認羅曼蒂克的愛。[17]你可能是對的。我顯然還無法證明給你看，當人們戀愛時，大腦中某個地方的催產素和血管加壓素的感受體會活化起來。現在還不能。同時，我也知道過度類化實驗結果是危險的，尤其是不同物種之間的類化。羊需要催產素以形成親子聯結，老鼠顯然不必。[18]人類的大腦絕對比老鼠的腦複雜得多。

但是我可以指出一些奇怪的巧合。老鼠跟人類的基因碼有很多是相同的，這兩個物種的催產素和血管加壓素完全一樣，也在等同的大腦部位製造，促使它分泌的主要因素都是性行爲。此外，在老鼠跟人類身上，這兩種荷爾蒙的感受體也完全一樣，並且在大腦的分布位置也等同。就像草原田鼠一樣，人類的感受體基因（位在第三號染色體上）啓動子上有一段比較小的 DNA 片段插入。跟印地安那州的草原田鼠一樣，這個片段也是長短不一；在伊瑟爾檢驗的前一百五十人中，他發現了十七種不同的長度。實驗者讓正在戀愛中的受試者看情人的相片，同時進行大腦掃瞄，結果發現情人照片活化了大腦的一些特定位置，是在看一張普通朋友的照片時所沒有的。這些特定位置與受試者接受古柯鹼刺激時活化的位置重疊。[19]這可能完全是巧合，人類的愛情可能跟嚙齒類的配偶聯結完全不同。但是假如考慮 GOD 是多麼節約，以及人類和其他動物之間有多麼密切的關聯，要堅持說這是巧合就是不智之舉了。[20]

莎士比亞在這方面其實遠超過我們。在《仲夏夜之夢》（*A Midsummer Night's Dream*）中，奧伯朗告訴巴克，邱比特之箭如何落在一朵白花上，把它變成紫色，將這朵花的汁液

塗在沈睡者的眼簾上

會使這個人瘋狂地愛上
他睜開眼後所看到的第一隻動物

巴克果然去採了這朵花來，奧伯朗亂點鴛鴦譜，造成森林中的大混亂。他使賴森德愛上海倫娜，而他剛剛才把她臭罵一頓，又使提坦妮亞愛上驢頭人身的小子。

誰敢跟我打賭，說我不能很快地使現代的提坦妮亞做出同樣的事來？我承認，光是在眼簾上點一滴是不夠的，我必須使她全身麻醉，把催產素注射到她的內杏仁核去。不過我想即使如此，我還是無法使她愛上一頭驢，但是我可能可以使她愛上睜開眼所見到的第一位男子。你敢跟我打賭嗎？（我得馬上告訴你，道德委員會絕不會允許任何人接受我的挑戰。）

我假設人類基本上是一夫一妻的，這點與大多數的哺乳類不同。人類比較像草原田鼠而不像山田鼠，我們基本上是不雜交的。我的假設是根據第一章所提到的睪丸大小；事實上，人種學上有許多證據支持我的想法。雖然大多數的人類社會都允許一夫多妻，但是大部分還是以一夫一妻爲主，而且人類通常都會生兒育女，這是少數一夫一妻制的哺乳類動物的共同特性。[21] 此外，人類已經從經濟和文化的束縛中解放出來了（例如，媒酌之言的婚姻已越來越少了），但我們卻發現一夫一妻制不但沒有減少，反而更多了。一九九八年，全世界最有權威的人不但沒有替他自己搞個後宮佳麗三千，反而因爲和實習生有婚外情而惹上麻煩。在你四周的仍然是長期只有一個性伴侶的配偶聯結（雖然有時會偷腥）。

黑猩猩就完全不一樣了，長期的配偶聯結是從未聽過的。我敢說，牠們大腦相關部位中的催產素感受體一定比人類少，或許是因爲牠們的基因啓動子長度較短的緣故。催產素的故事至少給了詹姆士的說法一個暫時性的支持。詹姆士認爲愛是一種本能，因天擇而演化出來，是我們哺乳類遺傳的一部分，就像我們有四肢及十指一樣。當內杏仁核的催產素感受體活化時，我們會盲目、自動、與生俱來的與站在我們身旁的人結成連理。肯定可以活化這些感受體的一種方式是性交，雖然其他純潔的吸引力應該也可以達到這個目的。這是否就是失戀這麼令人難以接受的原因？

本能釋放機制

有催產素感受體並不一定會使人墜入愛河，也不能預測愛情何時會發生或與誰談戀愛。就如偉大的荷蘭行爲生態學家尼古・丁伯根（Niko Tinbergen）的本能研究顯示，與生俱來的本能還是需要外在環境的刺激才會釋放出來。他最喜歡的一種動物是刺魚（stickleback），這是一種很小的魚，在發情期時雄魚的肚子會變成紅色，牠會築巢、保衛牠的領土，而所築的巢會吸引雌魚游過來。丁伯根做了一些假魚，使它們「侵入」雄魚的領土。如果是雌性的假魚侵入，它們會引發雄魚的求偶儀式，雖然這隻假魚非常粗糙，只要它有「懷孕的肚子」，就能吸引雄魚，使牠興奮。但是假如這隻假魚有著紅色的腹部，就馬上會引發攻擊行爲。甚至只要是一塊橢圓形的板子塗成紅色，上面畫隻眼睛，雖然沒有鰭，也沒有尾，眞的雄魚還是會奮不顧身地去攻擊這塊木板，就跟牠和情敵決鬥時一樣兇猛。在萊登（Leiden，丁伯根最初進行研究的地方）有個傳說，丁伯根注意到當紅色的郵局車子駛過窗戶時，他的刺魚也會興奮起來，擺出叫戰的姿勢。

丁伯根的進一步研究顯示，其他動物體內也有「天生的釋放機制」會激發本能的反應。黑脊鷗（herring gull）的喙呈黃色，靠近尖端有個紅點。當小鳥懇求食物時，牠們會啄母鳥喙上的紅點。丁伯根向剛孵出來的小鳥展示各種不同樣式的喙，他發現紅點是強有力的釋放機制，而且越紅越好。當小鳥看到紅點時，會立刻做出哀求食物的動作。喙的顏色或鳥頭的形狀都沒有關係，只要它在尖端有個強烈對比色的點，就可以引發求食的行爲，而紅色的效果最好。以現代的術語來說，科學家會說小鳥的本能和大鳥的喙是「共同演化」出來的。本能的來源需要外在物體或事件的激發，所以應是先天加上後天。[22]

丁伯根的實驗的重要性是讓我們看到，本能是多麼的複雜，但又多麼容易被激發。他曾經研究過一種穴蜂（digger wasp），這種穴蜂會挖一個地洞，然後去找毛蟲，用尾針使毛蟲麻痺，把牠帶回地洞中，再將卵產在毛蟲身上，孵出來的小穴蜂就以毛蟲維生，直到牠成年會飛爲止。這一套非常複雜的行爲，包括找尋路徑回到地洞，都不需要學習，更別提父母親的教導；這種穴蜂從來不知道父母是誰。但牠長大後仍會如法炮製，使牠的下一代如牠一般成長。布穀鳥（cuckoo）會隨著季節遷徙到非洲，次年才飛回來。所有的布穀鳥都沒見過自己的父母或兄弟姐妹，但卻會唱牠自己種族的歌，跟牠的同類交配。

行為基因之謎

所以，「動物行爲是基因決定的」這個看法，曾經使生物學家非常困擾，就像現在它使社會科學家很困擾一樣。麥克斯．戴爾布魯克（Max Delbruck）這位分子生物學先驅，就拒絕相信他在加州理工學院的同事賽莫．班瑟（Seymour Benzer）找到了一隻行爲突變的蒼蠅。他堅持行爲太複雜了，不可能化約到單一的基因上。然而，「行爲基因」這個觀念卻早就被業餘的寵物育種者所接受。

早在十七世紀之前，中國人就開始培育不同顏色的老鼠，他們培養出一種「華爾滋鼠」，因爲這種老鼠的內耳有遺傳缺陷，使牠們走路時的步伐像跳舞一樣。日本在十九世紀時開始流行培育老鼠，後來傳到歐洲和美洲。在一九〇〇年之前，麻州葛倫比（Granby）有一位退休的小學老師名叫艾比．賴索蒲（Abbie Lathrop），她把培育老鼠當作嗜好。很快地，她在房子旁邊的穀倉培養出各種不同品系（strains）的老鼠，把牠們賣到寵物店去。她特別喜歡一種當時叫做「日本華爾滋」的老鼠，她培養出好幾種不同的新品系。她也注意到有些品系的老鼠比較容易得癌症；耶魯大學的學者得知這件事後，便利用老鼠作爲研究癌症的基礎。

但是賴索蒲跟哈佛大學之間的關係，解開了行爲和基因之謎。哈佛大學的威廉．凱索（William Castle）教授買了一些她的老鼠，成立了一間老鼠實驗室。在凱索的學生克萊倫斯．利特（Clarence Little）的主事下，這個實驗室搬到了緬因州的巴港（Bar Harbor），現在它仍在那裡，已成爲全美最大的實驗老鼠來源。科學家很早就注意到不同品系的老鼠有不同的行爲。班森．金士堡（Benson Ginsburg）就發現到這個特點。他注意到，當他伸手去抓天竺鼠時，他經常被咬。於是他很快就培育出一種新品系的天竺鼠，毛色相同，但是不咬人：這證明了攻擊性是與基因有關的。他的同事保羅・史考特（Paul Scott）也在培育有攻擊性的老鼠，但奇怪的是，金士堡最具攻擊性的老鼠品系，對史考特來說是最溫馴的一種。原來金士堡和史考特對待幼鼠的方式不一樣。對某些品系來說，怎麼對待牠都不會有影響，但是對 C57-黑-6 這種品系的老鼠來說，幼年的對待方式會增加牠成年後的攻擊性。這是基因跟環境互動的最好例子，或者用金士堡的話來說，就是從老鼠「遺傳到的基因型」到牠「有效地表現出這個基因型」，必須經過社會發展的歷程。[23]

金士堡和史考特後來都去研究狗。史考特將可卡獵犬（cocker spaniel）和非洲的貝生吉犬（basenji）交配，結果發現小狗打架的遊戲行爲是由兩個調節攻擊性的基因所控制。[24] 但是不需要科學家來證明，狗的育種者早就知道狗的行爲有遺傳性了。每一種狗的行爲習性都不一樣：獵犬、嚮導犬、雪橇犬、牧羊犬、㹴犬、貴賓犬、鬥牛犬、獵狼犬——牠們的名字就已經標示出牠的本性。㹴犬不可能被訓練成畜牧犬，而看門犬也不可能被訓練成牧羊犬。曾經有人試過，但都證明失敗。在狗的馴化過程中，有某些狼的行爲被特別保留下來。狼會跟蹤、潛行、追、撲、殺、撕裂動物帶回狼穴，而小狼從小就練習這些行爲。狗是永遠停留在練習階段的小狼；牧羊犬和嚮導犬是停留在追蹤的階段，獵犬是停留在咬回食物的階段，而比特犬是停留在咬的階段。這些行爲是在牠們的基因中嗎？絕對是。狗的育種專家史蒂芬・布丹斯基（Stephen Budiansky）很肯定地說：「你可以培育出某種特定的行爲，這是不能辯駁的。」[25]

你也可以去問牛的育種者。我手上有一份乳牛的目錄，提供郵購精子的資訊。這份目錄很詳細地描述公牛的乳房和乳頭的形狀、品質，以及它製造牛奶的能力、擠出牛奶的速度，甚至牠的脾氣。

但是你一定會說，公牛沒有乳房呀？每一頁畫的都是母牛，不是公牛。這份目錄指的不是公牛本身，而是牠的女兒。「姬丹是義大利的第一名」，它這樣吹噓著，「改良過的身軀，牠的腳特別穩，蹄很深，牠的乳房完美無缺」，這些形容詞都是說母牛，但是功勞都歸到公牛。或許我應該買「終結者」的精子，因爲牠的女兒有「巨大的乳頭」；或者應該買「英格尼特」的精子，因爲牠的女兒「牛乳流出來的速度特別快」；我可能應該避免「佛利曼」，雖然牠的女兒「胸部特別寬，牛奶比她母親還多」，但是底下有一行小字，「牠的脾氣比一般差」，這表示在擠牛奶時，牠可能愛踢人。[26]

我們重點是，種牛的培育者毫不遲疑地把行爲歸因到基因上，就像把身體結構歸因到基因上一樣。他們很自信地把母牛行爲上的一點點差別，歸因到他們郵購的精子上。人類不是母牛，母牛的本能當然不能拿來證明人類也是被本能所統御，但是它破除了戴爾布魯克的假設——因爲行爲很複雜或微妙，所以它不可能是本能。目前在社會科學中仍然有這樣的錯覺，但是沒有任何研究動物行爲的動物學家會相信，複雜的行爲不可能是先天的。

火星人和金星人

界定什麼是「本能」，困擾了很多科學家，有人乾脆就不用這個字。本能不一定是一出生即有的，有些本能是在成年才發展出來的（例如智齒）；它也不一定是固定沒彈性的，前面所提到的穴蜂會依地洞中的毛蟲多寡而改變牠們的行爲；它也不一定是自動的，除非牠碰到紅腹的魚，不然雄刺魚不會發動攻擊。先天本能和後天習得行爲的界線是很模糊的。

但是不明確並不代表這個字沒有用。歐洲的洲界也不確定——它的東界在哪裡？土耳其和烏克蘭算歐洲嗎？——歐洲這個字也有好幾個不同的意義，但是這個字仍然很有用。「學」（learn）這個字包含了很多情況，但它還是一個有用的字。同樣的，我也認爲把行爲叫做本能可以行得通。它隱含這個行爲在某個特定的環境中至少有部分是遺傳來的，是先天設定的，是自動化的。本能的特徵之一是它的普遍性，也就是說，如果某個行爲是本能，那麼在所有的人類中應該是大同小異。

人類學家總是在人類的異和同中掙扎，因爲擁護先天論者注重同，而支持後天論者強調異。當達爾文發現全世界的人類在笑、皺眉、快樂和悲傷時臉上的表情都一樣時，他非常驚訝。這個事實也讓後來的行爲生態學家伊倫諾斯・艾伯艾貝斯費爾（Irenaeus Eibl-Eibesfeldt）及保羅・艾克曼（Paul Ekman）非常驚訝，即使在文明尙未接觸到的新幾內亞土著與亞馬遜河流域的土著，這些表情也是同樣的形態，代表同樣的意義。[27] 在此同時，不同種族所使用的儀式和習慣又突顯出人類的不同點。就像在科學中常見的一樣，爭論的雙方都拚命把對方推到極端的論點。

或許如果我們把重點放在全世界人類都有的行爲差異上，應該可以讓兩方都滿意。畢竟，相似是相異的影子。最理想的對象是性和性別差異。沒有人會否認，男人和女人是不同的；不僅在生理上不同，在行爲上也不同。最近有本暢銷書說，男女是來自不同的星球。電影業更是把這個性別差異拉大，將它兩極化，有專門吸引男生的電影（動作片）及專門吸引女生的電影（劇情片）。男女在心智上和生理上有一致性的差別（雖然也有例外），已經不再是爭議性的話題了。就如幽默專欄作家大衛・貝利（David Barry）所說：「假如讓女生選擇接一個高飛球或救一個嬰兒的命，她會選擇去救嬰兒的命，而毫不考慮有男生在壘上。」這個差異是來自先天？後天？還是兩者都有？

在所有的性別差異中，研究最廣泛的是男女交往的行爲。在一九三○年代，心理學家第一次開始詢問男性和女性他們的擇偶條件是什麼，而這個答案明顯到只有實驗室的書呆子或是火星人才會笨到去問。但是有的時候，最明顯的事情才是最需要指出的事情。

他們發現很多相似性。兩性都希望有聰明、可靠、合作、可信賴的忠誠伴侶，但是他們也找到不同之處。經濟條件在女性心目中的重要性是男性的兩倍，這並不令人驚奇，因爲在一九三○年代，男人是主要的經濟來源。但是到了一九八○年代，這個差異應該要消失了，但事實上並沒有。在一九八○年代以後的調查，包括最近期的一份，這個選項的差異仍然一樣大。今天的美國女性在被問到擇偶條件時，對經濟條件的重視程度仍然是男性的兩倍。

在報章雜誌上的「婚友」廣告中，把財富列爲重要擇偶條件的廣告，女性比男性多十一倍。心理學家忽略了這個結果，認爲這只是反映金錢在美國文化上的重要性，並不認爲這是個普遍性的性別差異。所以心理學家大衛・巴斯（Darial Buss）去詢問其他國家的男性和女性，結果荷蘭、德國的結果都一樣。有人跟他說，別傻了，西歐社會本來就跟美國一樣。於是他詢問了分布在六大洲、五大島的一萬零四十七個人，包含從阿拉斯加到祖魯地（Zululand）的三十七個不同文化，結果答案都一樣：女性對經濟條件的重視程度比男性高許多。差異最多的在日本，最少的在荷蘭；不論如何，這個差異都存在。[28]

這並不是他所看到的唯一差別。在三十七個文化中，女性都希望找比她們年長的配偶。幾乎在所有的文化中，女性都把社會地位、企圖心和勤奮工作的條件看得比男性重要。而男性則要求年輕（在所有的文化中，男性都喜歡比較年輕的女性）、外表亮麗（在所有的文化中，男性對外表漂亮的要求都高過女性）。在大多數的文化中，男性對貞潔、忠誠的要求都稍微比女性高一點，但是男性比女性更可能尋求婚外情。[29]

唉！這有什麼了不起！男人喜歡年輕、漂亮、忠誠的女人，而女人喜歡多金、有野心、年紀比較大的男人。只要隨便去瀏覽一下電影、報章雜誌、小說就曉得了，只有巴斯或火星來的訪客才不知道。但是事實上，很多心理學家非常肯定地告訴巴斯，在西方以外的國家不會看到這種現象，更不要說全世界了。至少對社會科學圈子裡的人來說，巴斯證明了一個令他們驚奇的事實。

許多社會科學家認爲，女性喜歡有錢的男人是因爲大部分的財富都掌握在男性手上。但是現在你知道，這是一個普遍的現象，你很容易把它倒過來想：男人追求財富，因爲他知道財富會吸引女人；就像女性願意花錢美容瘦身，因爲她們知道這會吸引男人。這種因果關係聽起來很有道理，現在知道這是一種普遍現象之後，似乎就更有道理了。希臘的船業大王歐納西斯（Aristotle Onassis）對金錢和漂亮女人都相當有經驗，他曾經說過：「如果世界上沒有女人，世界上的財富也就沒有意義了。」[30]

在證明了擇偶條件具有普遍性的性別差異之後，巴斯把這個求證的燙手山芋丟回了那些認爲這種差異是文化習慣而不是本能的人手上。但是，這兩種解釋並不是相互排斥的；兩者可能同時爲眞。男人追求財富來吸引女人，所以女人要求財富的條件，因爲錢在男人的手上；所以男人追求財富來吸引女人，這個循環可以一直下去。假如男性的本能是去追求一些美觀而無用的東西，而這些東西卻可以吸引到女人，那麼他們很可能就會領悟到，在他們的文化中金錢正是這種東西。後天是增強先天，而不是與它對立。

哲學家鄧尼特說，在人類這個物種中，你永遠不能確定你所看到的是本能，因爲你所看到的很可能是理性辯論的結果、一個模仿的儀式或是一個習得的教訓。但是他的說法也可以倒過來看。當你看到一個男人在追一個女人，只因爲她很漂亮，或是看到一個女孩子在玩洋娃娃，而她的哥哥在玩刀槍時，你永遠不能確定你所看到的只是文化現象，因爲它很可能有本能的成分在內。把這個問題兩極化是完全錯誤的；它不是一個全有或全無的問題，也不是文化取代本能或本能取代文化的問題。文化對於一種行爲可能有各種角度的觀點，但這種行爲是根源於本能。文化通常反映出人類的本性，文化不能影響人的本性。

金錢或鑽石？

巴斯的研究發現了男女擇偶差異有全球的相似性，但是這個研究並沒有告訴我們，這個普遍性是怎麼來的。假設他是對的，這個差異是演化適應來的，所以至少有部分是天生的，那麼它們是怎麼發展出來的？受到了什麼的影響？多虧一場先天與後天的大戰——金錢對鑽石——現在這個議題出現了一線曙光。

「金錢」是指約翰．曼尼（John Money），他是位紐西蘭的心理學家。他反抗嚴謹的宗教（父母爲虔誠的教徒），成爲美國約翰霍普金斯大學敢說敢言的「性解放」代言人，最後演變成不只捍衛愛情自由（free love），同時也贊成戀童癖。「鑽石」是指米奇·戴蒙（Mickey Diamond），一位長著大鬍子、說話輕柔的烏克蘭猶太移民之子，他們最早是移民到紐約市的布朗克士區（Bronx），後來搬到肯薩斯州，最後搬到夏威夷的檀香山，他在那裡研究決定動物和人類性行爲的因素。

曼尼認爲性角色是早期經驗的產物，不是本能。一九五五年，他發表了他的「性心理中性論」（psychosexual neutrality），他研究了一百三十一位陰陽人（hermaphrodites）——即出生時性器官不明顯、模棱兩可的人。曼尼說，人一出生時性心理是中立的，要經過經驗以後才發展出「性別認同」（gender identity），那是大約在兩歲時出現的。他寫道：「性行爲和性偏好並不是天生的本能，孩子在長大的經驗過程中逐漸分化成男性或女性。」所以他認爲，人類的嬰兒可以隨意指派性別。這個看法被醫生拿來作爲根據，貿然替許多一出生時性器官不明顯的男孩動手術變成女孩。這種手術在當時變成標準程序：男嬰如果陰莖太小，就把他「變成」女嬰。

相反地，肯薩斯的團隊認爲：「最大的性器官是在兩耳之間，而不是在兩腿之間。」他們開始挑戰傳統的「性別角色是由環境決定」的看法。一九六五年，戴蒙發表了一篇批評曼尼的論文，指控曼尼所提出的病歷全都無法支持他的「性心理中性論」。陰陽人的證據並不能證明什麼，假如他們的性器官是模稜兩可的，他們的大腦可能也是。人的性別認同是在出生前設定的，就像天竺鼠一樣。他向曼尼下戰帖，要他舉出正常小孩一出生時是性心理中性的證據。[31]

曼尼不理睬他的批評，繼續接受各界頒發的獎章。他的名氣越來越大，政府給他龐大的研究經費；當他的團隊開始作換性手術時，他變成電視和報紙的大紅人。但是戴蒙對他的批評是一針見血的。就在一年後，有一個正常的小男孩在做割包皮手術時，意外失去了他的陰莖，於是曼尼接手了這個個案。這個男孩正巧有個同卵雙生子的弟弟，所以他剛好有機會來證明，他如何把這個男孩變成一個女人，而他的弟弟則繼續成長爲男人。這眞是一個千載難逢的機會。所以在曼尼的指導下，這個男孩被手術變成了女孩，父母把他當女孩養，全家嚴守著這個秘密，女孩完全不知道自己的出生性別。一九七二年，曼尼寫了一本書，把這個個案描述爲無比的成功。媒體大肆報導，因爲這是性別角色爲社會產物的絕佳證據，跟生物學毫無關係。這個個案影響了當代的女性主義者；它被收入心理學的教科書；也影響了無數的醫生，讓他們開始把性別重新設定當作解決複雜問題的簡單方法。

看起來，曼尼好像贏了這場大戰。一九七九年，英國廣播公司（BBC）的新聞小組開始調查這個個案，因爲他們聽到小道消息說，這個變成女孩的男孩並沒有像曼尼講的那麼成功。新聞記者找出了這個女孩的名字，也短暫跟這個孩子碰了面，但是他們並沒有在電視上洩露女孩的名字。這個女孩叫做布倫達・賴默（Brenda Reimer），當時十四歲，與家人住在加拿大溫尼伯市（Winnipeg）。他們見到的是一個很不快樂的女孩，有著男性深沈的聲音和身體語言。當英國廣播公司的記者採訪曼尼時，他非常憤怒，認爲他們侵犯了那個家庭的隱私。戴蒙不斷地向曼尼施壓，要他詳細說明個案歷史，但曼尼不予理會。曼尼把這個案的研究從他發表的論文中全數抽掉。這條路也行不通。一九九一年曼尼在文章中指控戴蒙鼓動英國廣播公司的記者侵犯這個女孩的隱私權，戴蒙對這項指控非常憤怒，於是開始向精神科醫師探聽這個個案的消息。一九九五年，他終於見到了賴默。

不過，布倫達這時已改名大衛，而且已經結婚，收養了他太太的孩子。他忍受了非常不快樂、混亂的童年，他不停地反抗加諸在他身上的女孩東西。雖然他完全不知道他曾經是個男孩，但是在他十四歲時，他堅持要做男孩，他的父母最後才告訴他眞相。他立刻要求換性手術，重建陰莖，開始過男性青少年的生活。戴蒙說服了他用假名把這件事公告天下，讓別人不要重蹈覆轍，再受他所受之苦。二○○○年時，作家約翰．科拉品托（John Colapinto）說服了他以眞名出了一本書（譯注：中文譯本為《性別天生：一個性別實驗犧牲者的真實遭遇》，二○○二年經典傳訊文化出版）。32

曼尼從來沒有向世界道歉，也沒有向賴默道歉。他誤導了性別研究五十年，使人們以爲性別重新設定是可行的。直到今天戴蒙還在想，假如這個小男孩是個同性戀者或是變性人（transsexual），願意以女性或半女性的方式生活的話，世界就永遠不會知道眞相。當然，假如賴默不願挺身而出，把他的親身經歷公布出來的話，不知道還有多少人會被犧牲掉（譯注：去年，台灣還動了一個手術，將一個陰莖太小的男孩變性為女性，看到這種消息只能扼腕嘆息，醫生不看書，縱有如山的新知鐵證，只能徒呼負負）。賴默並不是唯一的例子，大部分被改爲女性的男孩，在青春期時都聲明自己是男性。最近有一個研究發現，童年時性器官不明顯，但是逃過外科手術的孩子，長大後比那些挨了一刀的換性人心理問題少得多。大部分被轉去作女孩的男性，都自己把性別變回來了。[33]

如果用詹姆士的話來說，性別角色至少有部分是自動的、盲目的、不需要教而與生俱來的。子宮裡的荷爾蒙啓動男性化的過程，但這些荷爾蒙是來自胎兒的身體，是受到 Y 染色體上單一基因的表現所引發的一連串事件的結果。（現在已知有很多種動物都是讓環境來決定性別，例如烏龜和鱷魚的性別是由孵蛋時的溫度決定，但這仍與基因脫不了關係，因爲溫度會啓動決定性別的基因，使基因表現出來。環境也許是主要的原因，但內在的機制仍然是基因。基因可以說是結果，也可以說是原因。）

通俗心理學

像賴默這樣的男孩想要做男孩，他們喜歡玩具、武器、比賽和武打，不喜歡洋娃娃、羅曼史、人際關係和家庭。當然，這些偏好並不是在他們一出生時便已完全形成，但是他們的確有先天的偏好，他們認同男孩子的東西。這就是兒童心理學家珊卓・史卡（Sandra Scarr）所說的「擇枝而棲」（niche picking）：人會選擇適合自己本性的後天環境。賴默童年所受到的挫折，主要是來自大人不准他去選擇自己喜歡的環境。

就這一點來說，因和果可能是交互循環的。人們喜歡做自己最拿手的事，對自己喜歡的事也最拿手。這也暗示著性別差異至少是由本能啓動的，這是出生前便已設定的先天行爲差異。我自己有兒子也有女兒，就像很多兒女雙全的父母一樣，我發現這個差異很強烈，而且很早就出現了。我也完全相信我跟我太太只是順著這種性別差異，而不是引起這個差異。我們買卡車給兒子、買洋娃娃給女兒，並不是因爲我們要他們玩不同的東西，而是他們一個要卡車，另一個要洋娃娃，不順著他們的偏好，家中不得安寧。

那麼這個性別差異多早出現呢？賽門・巴倫科恩（Simon Baron-Cohen）在劍橋大學的學生史維拉娜・陸契馬亞（Svetlana Lutchmaya）拍攝了二十九個一歲大的女孩和四十一個一歲大的男孩，分析他們看母親的臉的次數有多頻繁。結果不出所料，女孩跟母親的眼神接觸遠比男孩多。她回溯去檢驗這些嬰兒在母親懷孕的最初三個月時，子宮裡睪固酮（testosterone）的濃度。因爲這些母親都做過羊膜穿刺，且有保留羊水的樣本可供檢驗。結果發現，男嬰的睪固酮在懷孕初期就比女嬰高，而且睪固酮越高的男嬰在一歲時跟母親的眼神接觸越少，這個相關有達到顯著性。[34]

於是巴倫科恩讓另一位學生珍妮佛・康妮蘭（Jennifer Connellan）去觀察剛出生二十四小時的嬰兒，看他們會喜歡哪一種臉：一個是她自己的臉，另一個是跟臉一樣大、一樣形狀、會動的走馬燈。她觀察了一百零二個剛出生的嬰兒，結果發現男孩子比較喜歡看會動的東西，而女孩子比較喜歡看臉。[35]

所以女孩子比較喜歡看臉似乎是從出生就開始的，而這使她們慢慢地轉變成比較喜歡社交人際關係。這個社會和物理世界的差異，可能是大腦如何運作的關鍵線索。十九世紀的心理學家法蘭茲・布倫他諾（Franz Brentano）把宇宙中的物體分成兩種：一種是有意圖的，另一種是沒有意圖的。前者可以自發地移動自己，擁有目標和意志；後者只服從物理定律。這個區分一出師便慘遭滑鐵盧，因爲人家問他：那植物呢？然而，假如你把它當成一個不成文的經驗法則，倒是滿好用的。演化心理學家開始懷疑，人類本能地使用兩種不同的心理歷程去了解物體：就是鄧尼特所謂的通俗心理學（folk psychology）和通俗物理學（folk physics）。我們假設一個足球員在運動時是他自己想要動的，但是一個足球在動時是因為有人在踢它。當一個物體不服從物理定律時，即使是嬰兒也會顯露出驚訝的神情——假如兩個實體相互穿越而過；假如一個大的物體可以裝到小的物體裡面；如果沒有人動它，物體自己會動——連很小的嬰兒都會覺得驚訝，表示他們已有物理概念了。

你可以看出我想說什麼，我懷疑：一般來說，男性對通俗物理學較有興趣，而女性對通俗心理學較有興趣。巴倫科恩的研究重點在於自閉症，這是一種在社交上有困難的病症，主要發生在男孩身上。他和艾倫．李斯力（Alan Leslie）開創了一個理論，認為自閉症的男孩不能想像別人心中在想什麼，而現在他用「同理心」（empathising）這個詞。嚴重的自閉症有很多不同的特徵，包括語言困難在內；但是比較輕微而「單純」的自閉症「艾斯伯格徵候群」（Asperger's syndrome），其患者最主要的困難在於不能了解別人心中怎麼想。因為男孩本來就不及女孩了解別人心中的意思，所以或許自閉症是男性腦的一個極端例子。因此，既然巴倫科恩曾研究過懷孕時睪固酮的濃度與眼神接觸的相關性，他推測：自閉症或許是睪固酮在男性化大腦時太過頭而造成的。[36]

很有趣的是，艾斯伯格症的孩子通常比一般正常人更精於通俗物理學。他們不但對機械的東西感興趣（從開關到飛機都極有興趣），他們對世界上的事情都用工程師的角度去處理，想了解事物或人的運作規則。他們在知識和數學上都比一般人早熟，他們的父親或祖父是工程師的機率也比一般人高兩倍以上。在自閉症傾向的標準測驗中，科學家的得分一般比非科學家高，而物理學家和工程師的得分比生物學家高。有一位絕頂聰明的數學家，得過費爾茲獎（Fields medal）卻是艾斯伯格症患者，巴倫科恩說：「同理心繞過了他。」[37]

爲了要顯示一個有通俗心理學困難的人可以同時是通俗物理學的專家，心理學家設計了兩個非常相似的實驗，一個叫做錯誤相信（false-belief）測驗，另一個叫做錯誤相片（false-photo）測驗。在錯誤相信測驗中，小孩子看到實驗者趁第三者不在的時候，把盒子裡的糖果從一個罐子移到另一個罐子中。當第三者回來時，實驗者便問小朋友，這個人會去哪個罐子找糖果。要答對這個問題，小孩子必須了解這個人心目中的答案是個錯誤的相信，因爲他之前所看到的答案已經不再是正確的答案了——糖果被移位了。所有四歲以上的小孩都會答對（男孩比女孩晚），但是自閉症的孩子在這一點上發展得比別人晚。

在錯誤相片的實驗裡，小孩子先用拍立得相機照一張實驗室內擺設的相片，在等待相片顯影的時候，小孩子看到實驗者移動了實驗室中的一個物體到另一個地方去。實驗者問小朋友，當相片顯現出來時，這個物體會在哪個位置上。艾斯伯格症的孩子對此測驗毫無問題，因爲他們對通俗物理學的了解遠超過通俗心理學。

通俗物理學是巴倫科恩所謂的「系統化」（systemising）技術的一部分，即分析自然界中輸入和輸出關係的能力，也就是了解因果關係、規律和規則。他認爲人類有兩種不同的心智能力：系統化的能力和同理心的能力。雖然有些人兩種能力都不錯，但有的人卻是一種好、一種不好。那些系統化好而同理心不好的人，會想用系統化的技術去解決社交的問題。例如，有一位艾斯伯格症患者對巴倫科恩抱怨說，「你住在哪裡？」不是一個好問題，因爲答案可以有很多個層次：國家、城市、社區、街道或門牌號碼。但是事實上，大多數人會用同理心的方法去解決這個問題。假如是跟鄰居聊天，他就會說門牌號碼；假如是跟外國人說話，他就會說國家名稱；但艾斯伯格症的患者不會。

假如艾斯伯格症患者是極端的男性腦，只擅長系統化的分析，而不會同理心的了解，那麼應該有另一個極端，即非常女性化的腦，很擅長同理心的推測，卻不會系統化的分析。我們只要稍微想一下，就會想到生活周遭有很多這種人，但是他們通常不會被認爲是病態。在現代的社會裡，如果你的系統化分析能力不好，你的日子可能比同理心技術不好的人好過。在石器時代，這種人可能會難過些。[38]

心智模組

同理心的故事描述的正是詹姆士所謂的「分離本能」（separate instincts）。要有好的同理心，你的心智中必須有個模組（module），可以學習直覺地將會活動的物體視爲具有心智狀態，而不只具有物理特性。要有好的系統化能力，你也需要有個模組能學習了解因果關係、規律和規則。這些都是分開的心智模組、分開的技術和分開的學習作業。

同理心的模組似乎跟扣帶旁溝（paracingulate sulcus）有關，這是位在大腦前半部中央線附近的腦溝。倫敦大學的佛利茲夫婦

（Chris and Uta Frith）研究顯示，當一個人在閱讀需要想像別人心智狀態的故事時，大腦的這個區域會亮起來；但是當同一個人在閱讀關於物理因果關係的故事或是一連串沒有關聯的句子時，這個區域並不會有反應。然而，當艾斯伯格症患者在閱讀關於心智狀態的故事時，這個區域並不會亮起來，而是旁邊的區域——那是處理一般性推理工作的區域。這個發現支持了心理學家的說法：艾斯伯格症患者是用理性分析的方式去處理社交問題，而不是用同理心。[39]

這些證據都支持詹姆士的說法，即本能必須靠心智模組來表現，每一個模組都是爲某個心智作業特別設計的。這個心智模組的想法最早是哲學家傑瑞・佛德（Jerry Fodor）在一九八〇年代初期提出的，後來人類學家托比和心理學家科斯米德在一九九〇年代更加發展。托比和科斯米德攻擊當時頗爲流行的看法，即大腦是個一般性的學習工具。但是這兩位學者認爲，心智就像瑞士刀，有各種不同形狀的刀和螺絲起子、開罐器等，來幫助童子軍把小石子從馬蹄中挖出來。他們認爲閱讀模組、語言模組和同理心模組就像瑞士刀的各種工具一樣，這些模組都有目的論式的目的：你不需要去描述它們是怎麼構成的，也不需要知道它們是怎麼達成任務的，你只要知道它們是做什麼用的就好了。就像胃是消化用的，視覺系統是看東西用的，它們都是功能性的，而功能性的設計暗示它是因天擇演化而來的，所以至少有一部分存在基因上。因此，心智中包含了很多特定的內容，也就是專門處理訊息的模組，這些模組是因應過去的環境適應而來的。先天論又回來了。[40]

這是所謂「認知革命」的最高潮。雖然現在大家都歸功於杜林（Alan Turing）這位英年早逝的大天才（譯注：一九一二～一九五四，他因同性戀被英國政府下獄，出來後服毒自殺，享年四十二歲，杜林機是電腦的前身，他是上一世紀最偉大的天才之一，因人類的偏見含恨以終，人類文化因而受到不可估計的損失)，他用數學證明出理性可以用數學的方式來表達（也就是計算的一種形式），但是認知革命眞正起始於一九五〇年代的喬姆斯基。喬姆斯基認爲人類語言有普遍的特質，在全世界有不變性，而且在邏輯上，一個孩子不可能從有限的語句、在很短的時間之內自己得出語言的規則，除非有天生的語言學習機制在幫助他。後來，史迪芬・平克（Steven Pinker）分析了人類的「語言本能」，顯示它眞的像具有各種功能的瑞士刀（也就是爲功能而設計的結構），再加上一個新的看法：心智生而俱有的不是天生的數據，而是處理這些數據的方式。[41]

請不要誤以爲這是空洞或多此一舉的說法。你可以想像一下，視覺、語言和同理心對不同的人而言，是在不同的地方處理的。事實上，這正是從洛克（John Locke）、休姆和米爾等人的經驗論，一直到現代的「連結學派」（connectionism）所得出的邏輯預測。（連結學派是用電腦網路去模擬人腦工作的情形。）但是他們是錯的，神經學家可以拿出一大堆證據（個案歷史）來支持心智的某個部分呼應到大腦的某個地方，而且全世界的病人都一樣，很少有變異性。假如有人因車禍或中風損壞了部分的大腦，他並不會因此失去一般的心智能力，而是只失去某些特殊的心智能力；他所失去的功能與大腦受傷的部位有密切關係。除了用「大腦的不同部位有事先設定的不同功能」之外，你沒有辦法解釋這個現象，而只有透過基因才可能事先設定。基因常被視爲是人類行爲適應性的侷限，這個觀念反過來想也是通的：基因不是侷限，基因使行爲產生適應性

（譯注：模組論並非如此簡單，目前模組理論和連結理論的爭議還很大，尤其在核磁共振等腦造影技術出現後，模組論已漸居下風，大腦線上〔on line〕之作情形的觀察比較不支持模組論，高層次的認知功能更不可能是模組形態的）。

當然，被擊敗的經驗論者還在反擊，但是這些小爭端只能短暫延宕模組心智的進展。大腦有某種程度的可塑性，可以讓不同的區域把附近失去功能的區域彌補過來。米根卡・瑟爾（Mriganka Sur）把雪貂（ferret）的視神經接到嗅覺皮質上，而不是原來的視覺皮質。在某個粗略的層次上，這隻動物還是可以看得見，只是視力不那麼好。雖然你可能會認爲這個實驗結果很驚人，不過它的結論卻有兩種不同的爭議；有人認爲它顯示了大腦的可塑性，有人認爲正好相反，它顯現的是可塑性的極限。[42]

假如心智眞的是模組化的，那麼要了解大腦的某個特質，你只要解剖大腦就可以了。你可以觀察哪些部位在過去的幾百萬年間變大了——哪些模組（也就是本能）不成比例地變大了——你就可以知道是什麼使得人類獨特了。假如事情可以這麼容易就好了！人類大腦的每一個部分幾乎都大於黑猩猩的，人類顯然看得比較多、觸摸得比較多、移動比較多、平衡得比較多、記憶得比較多，甚至嗅聞得比較多。進一步檢查，你會發現某些地方的比例不太對。如果把靈長類的大腦與嚙齒類的相比，管嗅覺的地方大幅縮小，而視覺區變大了。新皮質擴大的代價是使其他區域縮小，但即使如此，比例上的不正常也還是不明顯。事實上，既然新皮質是最晚發展出來的，而其中額葉是最後完成的，你可以解釋說人類的腦很大其實就是黑猩猩的腦長得久一點而已。這個理論推到極端時就是：大腦變大不是因為需要新的功能——尤其是語言和文化——而是有個東西要求腦幹變大，腦幹變大了，皮質也就跟著變大了。記得 ASPM 基因中的 IQ 嗎？遺傳上比較容易把大腦的每個部位都變大。一旦大腦變大了（大約在五萬年前），智人突然發現他們可以製造弓箭、在洞穴壁上畫畫及思考生命的意義了。[43]

這種看法的好處是，人類在演化的歷史上不再是主詞，而是受詞；腦皮質變大是搭便車的。但是這個看法不一定和模組心智理論相容。事實上，你很容易把這個邏輯反過來爭辯說，人類大腦是在天擇的壓力下為了一個功能的需求（比如說語言），而發展出較大的處理能力，而基因體對這個要求最容易的解決方式便是建構一個比較大的腦，不只是語言區，而是全面的擴大。因此，能夠看得多、動得多，是伴隨而來的贈品。此外，即使是語言模組也無法跟其他功能分離開來；它需要精密的聽覺區辨能力，需要舌頭、嘴唇和胸腔運動的精細控制，需要比較大的記憶等等。[44]

科學的理論跟帝國一樣，當敵人被消滅殆盡時，也就是它最脆弱的時候。當模組理論最後稱霸群雄時，它最主要的部分突然瓦解了。二〇〇一年，佛德發表了一本重要的小書，叫做《心智不是這樣運作的》（*The Mind Doesn't Work That Way*）。他在書中說，雖然把心智分成個別可以計算的模組是最好的理論，但是它不能解釋心智是怎麼運作的。[45] 他指出，工程師無法建造出會做日常家務（像是煮早餐）的機器人，佛德提醒他的同事，我們對心智的了解是如此之少，並責怪平克樂觀地宣布心智已經可以被解釋了。[46]

佛德說，心智可以從大腦部件所提供的訊息而做出整體的推論，你可以從連接到三個不同感官的模組看到、摸到、聽到雨點，但是在你的大腦裡還是要有一個地方來作推論：「現在在下雨。」因此不可避免的，你必須承認思想是個一般性的活動，它綜合了視覺、語言、同理心及其他模組；用模組來運作的機制卻必須假設這個機制不是模組，而我們目前對任何不是模組的機制卻幾乎完全不了解。佛德的結論是提醒科學家他們是多麼的無知；他們只是畫了一根火柴，讓自己看到前面有多麼大片的黑暗！

但是至少這一點是清楚的。要建構一個擁有本能的大腦，基因體組織設備（GOD）設定了個別的電路，有恰當的配置使它們可以執行恰當的計算，然後將感官輸入的訊號與它們連在一起。在穴蜂和布穀鳥的例子裡，這些模組必須是「第一次就做對」，所以對經驗不敏感。但是就人類的心智來說，幾乎所有的本能模組都是設計成可以接受環境經驗修正的。有些適應是終其一生都在進行；有些隨著經驗快速改變，像快乾水泥一樣；有些則有它們自己的時刻表。在本書中，我將試著找出建構及改變這些電路的基因。

柏拉圖的烏托邦

在先天與後天的爭論中，最容易犯的錯誤便是「烏托邦理想主義」（utopianism），認為根據一套人性本質理論便可設計出一個理想的社會。許多自以為了解人的本性的人，把定義變成方法，開始去設計理想的社會。不論是主張先天或後天的人，都犯了這個錯誤。而從烏托邦夢想中所得到的唯一教訓就是：所有的理想國都是地獄。所有企圖用一個狹隘的人性本質觀念去設計社會的嘗試，不論是在紙上還是在街上，最後的結果都比原來的更糟。我會在每一章的結尾模仿烏托邦，來暗喻我們把理論看得太過頭了。

據我所知，詹姆士及贊同本能的人並沒有寫過烏托邦。但是柏拉圖的《共和國》（*Republic*，這是所有的烏托邦之父）在很多地方卻與詹姆士的夢想非常接近；兩者都有相似的先天論。理想國被稱為管理的實力主義社會（managerial meritocracy），因為在那裡所有的人都有機會接受同樣的教育，所以天資最高的人會得到最好的職位。[47] 在柏拉圖的假想國度中，每一件事都有嚴格的規定，做決策的統治者有許多幕僚，提供他各種民生和軍事的建議。這兩種階級合起來叫做「監護者」，是依才幹選拔的，也就是先天的才能。為了避免腐敗，監護者不可以擁有財產、不可以結婚，甚至不可以用金杯飲水。他們住在宿舍中，但是他們的心裡很快樂，因為他們知道這是為了社會的整體福利，所以他們必須吃這些苦。

卡爾・波柏（Karl Popper）不是第一個、也不是最後一個哲學家聲稱柏拉圖的理想是個極權主義的惡夢。甚至連亞里斯多德都認為，假如優點無法帶來報酬（包括財富、性及權力），那麼實力主義社會就沒有什麼吸引力，因為「人們對自己的東西比較在意，比較不在乎公家的東西。」[48] 柏拉圖的公民必須接受任何公家分派給他的配偶，女性必須哺乳任何嬰兒，這是不可能的事情。但是至少柏拉圖提供了一個反向思考的卓見：即使是實力主義社會，也不是個完美的社會。假如所有的人都接受相同的教育，那麼他們之間的差異一定是天生的。一個真正機會平等的社會，卻只是把最好的職位給予最高能力者，其他的人去做較低下的事。

第三章

順口的押韻詞

教授都傾向於把他孩子的聰明才智歸因到先天，而把他學生的聰明才智歸因到後天。

——羅傑・瑪斯特司（Roger Masters）[1]

分歧的意見出自不確定性。在一八六〇年代，尼羅河源頭的不確定性造成個英國探險家約翰・史培克（John Hanning Speke）和理查・波頓（Richard Burton）反目成仇。只有兩個共住一個帳蓬許多個月的人，才會如此強烈地反對對方。史培克認爲尼羅河的源頭是維多利亞湖，那是當波頓生病躺在塔波拉的帳蓬中時，他獨自發現的；波頓認爲尼羅河的源頭應該在坦干伊喀湖附近。這個爭執在一八六四年結束，史培克在他正要與波頓公開辯論的那一天，開槍打死自己（或許是意外）。後來發現，史培克是對的。

先天與後天

在皇家地理協會（Royal Geographical Society）中隔岸觀火，偶爾還去找波頓搧風添火的人，是當時傑出的地理學家高頓。高頓在那一年點燃了另一把更大的爭執之火：先天和後天之爭。這個火一直燃燒了一百多年，到現在還未熄滅。先天和後天之爭剛開始時有點像尼羅河源頭之爭，兩者都是源自無知；知道得越多以後，爭執就越不重要了。兩者都是不必要之爭。當然，比尼羅河的發源地更重要的是，西方科學家在非洲發現了兩個新的大湖。同樣地，究竟人的本性是先天還是後天習得的並不是那麼重要；重要的是它運作的方式。尼羅河是好幾千條河流匯集在一起的結果，沒有哪一條河可以稱爲它的源頭；人的本性也是一樣。

高頓的興趣很廣泛，他發明了許多東西；他發現了非洲的北那米比亞（northern Namibia）、反氣旋的氣象系統、研究雙生子、製作問卷、研究指紋、製作合成相片、發明統計的回歸和優生學（eugenics）。但是他最大的貢獻可能是開啓了先天和後天的辯論，創造出「先天與後天」（nature-nurture）這個詞。他生於一八二二年，是偉大的科學家、詩人和發明家依拉斯莫斯．達爾文（Erasmus Darwin）的外孫，他與查理斯．達爾文不同祖母，他的祖母是他祖父的第二任妻子。高頓覺得他表兄達爾文的天擇理論非常令人信服，並且引以爲榮，他誇張地寫道：「心智可以遺傳的性質，可從它的著名作者和我本人都是遺傳自我們共同的祖父依拉斯莫斯・達爾文博士得到證明。」於是他投身遺傳的統計研究。一八六五年，他放棄地理學，在《麥克米倫雜誌》(*Macmillan's Magazine*) 上發表一篇論文〈遺傳的才能與個性〉(Hereditary Talent and Character) 寫道：「傑出的人都有傑出的親戚。」一八六九年他把這篇論文擴大成書，出版了《天才的遺傳》(*Hereditary Genius*)。

高頓主張，才能是有家族遺傳的。他非常詳盡地描述著名法官、政治家、司令官、科學家、詩人、音樂家、畫家、神學家、划槳手、摔角手的家世族譜。「我列舉這麼多名人的親戚也是名人的例子，主要是為了證明天才是遺傳的。」[2] 但是這不是很好的理由，因為我們也可以倒過來說，貧賤出生而能爬到高位的，更能顯示他先天的才能超越環境的不利；家庭中有許多傑出的人，很可能是因為有共同的教育。大部分的人認為高頓過分注視遺傳的角色，而忽略了家庭和教養的貢獻。一八七二年，瑞士的植物學家康道爾 (Alphonse de Candolle) 指出，兩百年來的偉大科學家都來自有宗教包容性、商業交易頻繁、氣候溫和、民主的國家或城市——這表示他們的成就應歸因於環境和機會，而不是先天的天才。[3]

康道爾的攻擊刺激高頓寫了第二本書《英國的科學人：他們的先天與後天》(*English Men of Science: Their Nature and Nurture*)。這本書出版於一八七四年，在書中第一次有問卷出現。他重申他的結論：科學天才是與生俱來的，不是後天培養出來的。在這本書中，他創造了著名的「先天與後天」這個詞：

「先天與後天」是一對很順口的押韻詞，因爲它在兩個不同的主題下，分開了無數跟人格組成有關的元素。[4]

他很可能是從莎士比亞處借來了這個片語，莎士比亞在《暴風雨》（*The Tempest*）中讓普羅斯佩洛去侮辱卡利班：

魔鬼，一個天生的魔鬼，教養也改不過他的天性來。[5]

（A devil, a born devil, on whose nature nurture can never stick.）

莎士比亞也不是第一個並列這兩個字的人。在《暴風雨》演出之前三十年，有一個伊莉莎白時代的小學校長叫做理查·莫卡斯特（Richard Mulcaster），他是泰勒學校（Merchant Taylor's school）的第一任校長，很喜歡交互運用先天和後天這兩個詞。他在一五八一年的書《如何訓練好孩子》（*Positions Concerning the Training Up of Children*）中用了四次這兩個詞：

〔父母親〕應盡力養育他們的孩子，用最好的後天條件把他們帶大，他們身上已有先天的本質。上帝賜給他們先天的能力，因爲他怕後天會有任何閃失。假如他們還沒有察覺到這些天生的能力，他們應該這麼做：假如他們不能判斷，那麼應該要譴責無知；假如他們不去尋找孩子先天的長處，使後天可以去發展它，那麼應該要譴責疏忽過失。我們知道眞相會區分出無知的人，閱讀可以看出有學問的人，所以少年人應該受訓練，因爲他們身上懷有寶藏，這些寶藏是先天賜給他們的，要透過後天的教養使它變得更好。[6]

他也在一五八二年出版的書《小學教育》（*Elementaries*）中，重複使用這兩個詞：「先天使他朝某個方向進前，後天使他達到終點。」莫卡斯特是個奇怪的人，他生在英格蘭的卡萊爾（Carlisle），是位有名的傑出學者，也是教育改革者。他常跟學校的老師爭執，是個足球迷，常說「足球使全身肌肉強健」。他也喜歡戲劇，寫了好幾齣劇本給皇室宮庭演出，並教育出有名的劇作家湯瑪斯·凱德（Thomas Kyd）和湯瑪斯·羅吉（Thomas Lodge），他們都是從他的學校畢業的。有人說，莎士比亞的劇本《空愛一場》（*Love's Labour's Lost*）中徒勞的校長霍洛芬就是他的化身，因此莎士比亞很可能認得他，或讀過他寫的劇本。

莎士比亞也很可能是高頓下一個想法的靈感來源；莎翁有兩齣劇本都是以雙生子的混淆爲主題：《錯中錯》（*The Comedy of Errors*）以及《第十二夜》（*Twelfth Night*）。莎翁自己就有一對雙生子，他利用雙生子的相似性製造出許多複雜巧妙的情節。但是就如高頓所指出，在《仲夏夜之夢》中，莎士比亞創造了一對「虛擬雙生子」：毫無血緣關係的兩個人，但是一起長大。海米亞和海倫娜「就像同枝的兩顆櫻桃一樣，看起來好像是分開的，但是在枝的上端是相連的。」[7] 她們不但外表不相像，也愛上不同的男人，最後鬧得不可開交。

高頓從這兒得到靈感，開始追蹤下去。第二年他寫了一篇論文叫做〈雙生子的歷史，先天和後天相對力量的門檻〉（The history of twins as a criterion of the rela time pecvers of natuce and nurture），他終於找到一個不會受到攻擊的方法來測試他的遺傳理論。很奇妙的，在沒有先進科學的幫助下，他推論出雙生子有兩種：很相似的雙生子來自同一個卵的兩個「胚點」（germinal spots），而不相似的雙生子則來自兩個不同的卵。這個推論聽起來不錯，如果你把「胚點」換成「卵核」，就非常接近事實了。但是這兩種雙生子都是在同樣的後天環境長大，所以假如相似的雙生子比不相似的雙生子在某些行爲上比較相似，那麼就是遺傳的關係。

高頓寫信給三十五對同卵雙生子和二十三對不相似的雙生子，收集他們的相似和相異之處。他很得意地宣布他的結果：從一出生就很相似的雙生子，終其一生都很相似，不只是外表，在脾氣、個性及興趣上都很相似。有一對雙生子在同樣的年紀同一顆牙齒痛；另一對則同時買了一模一樣的香檳酒杯給對方作禮物，但他們卻是住在英倫島的南北兩端。相反的，一出生就不相似的雙生子，越長大越不一樣，「他們在心靈和肉體上都不一樣，而且相異性隨著年齡的增加而增大。」高頓寫道：「外在的影響是一模一樣的，因爲他們從來沒有分開過。」他對自己結論的強度幾乎有點不好意思，因爲他說：「這個結論不可能有任何其他的說法，因爲證據太強烈，這是唯一的結論：即先天遠超過後天的影響。我只害怕我的證據太好了，反而會被人懷疑，因爲它跟過去所有的經驗都對立，後天的作用太小了。」[8]

雙生子研究

現在回頭看高頓的雙生子研究，我們可以挑出很多毛病。它不是實驗的證據，只是受試者自己的報告，樣本群很少，因果推論有循環之嫌：外表看起來很像的雙生子行爲也很相像。他並沒有區分同卵跟異卵雙生子在基因上的不同。然而他的研究非常有說服力，在他有生之年，他目睹他的遺傳理論從被人懷疑到變成正統。《國家雜誌》（*The Nation*）在一八九二年寫道：「先天對心智能力的設限，就像身體的能力有限度一樣。從這幾點看來，在所有的思想家中，高頓的觀點勝過其他人。」[9] 洛克、休姆及米爾這些老的經驗論者所主張的「心智白板論」，已經被新喀爾文主義（neo-Calvinist）的看法所取代了：人的命運是一出生就註定的。

你可以用兩種角度來看這個發展。你可以譴責高頓，說他被「順口的押韻詞」所引誘，作出這個錯誤的二分法。你也可以把他看成二十世紀的惡魔，他的詛咒使三個世代的學者像鐘擺一樣，從一個極端蕩到另一個極端，而兩者都一樣無稽，一個說環境決定一切，另一個說基因決定一切。你可以很恐怖地發現，從一開始，高頓的動機就是優生學。在他一八六九年出版的《遺傳的天才》的第一頁，他就頌揚「深思遠慮的婚姻」，惋惜不適應者生的下一代把「人類的品質」往下拉；他認爲用育種的方式來改善人類的品質，是當權者的「責任」。這些想法後來變成僞科學：優生學。現在回頭看，我們可以怪他造成下一世紀幾百萬人的顛沛流離，不只是在納粹德國，連全世界最兼容並蓄的國家都有人因錯誤的優生學觀念而受苦。[10]

這可能是眞的，雖然有點太嚴厲，但假如沒有高頓，這些也許都不會發生。然而即使高頓沒有提出來，別人也會很快地想到那兩個押韻詞。比較持平的來看歷史，高頓是走在時代前端的人，他看到一個了不起的事實：我們行爲的許多層面是自內而出的，我們不是社會手上的泥團或環境的受害者。你甚至可以說，這個看法在二十世紀環境主義如列寧、毛澤東盛行時，是維持自由的火花不熄滅的關鍵性看法。高頓對遺傳學的領悟是不可思議的，尤其他絲毫不懂基因；就這點來說，他眞的很了不起。他得等上一世紀，才會看到他的雙生子研究被證實是對的。當我們在定義同一社會中的人們在人格、智慧和健康上的差異時，先天是比（共享的）後天有影響力的。

下面是最近的發展。二十年前，景況就完全不一樣了。到一九七〇年代時，用雙生子來研究遺傳現象的想法已經絕跡了。從高頓以來的兩個大型研究都惡名昭彰。在奧斯威辛（Auschwitz）的集中營，納粹頭子約瑟夫・曼傑利（Josef Mengele）對雙生子很有興趣。當猶太人到達集中營時，他將雙生子分離出來，放到特別的房間去研究。因爲這樣，所以二次大戰後猶太雙生子的倖存率大於其他的孩子，但是他們受到的實驗待遇卻非常殘忍，有時甚至送命。雖然他們吃得較好些，但是最後存活下來的也不多。[11]

在這同時，英國教育心理學家希瑞爾・波特（Cyril Burt）收集了一些從出生便被不同家庭收養的雙生子資料，以計算遺傳對智慧的影響程度。一九六六年他發表了這項研究，宣稱他找到了五十三對這種雙生子。這是很大的樣本群，波特下結論說：智商有很大一部分是遺傳決定的。他的結論影響了英國的教育政策，但是後來被人發現有一些資料是假造的。心理學家里昂・卡明（Leon Kamin）注意到，論文中的相關度都一樣，居然相似到小數點以下第三位，而波特宣稱這是數十年辛苦收集的成果。英國的《星期天時報》（*Sunday Times*）同步宣稱，波特的兩名共同著作人可能根本不存在（但後來有一個人出面了）。[12]

有這樣的不名譽歷史，難怪雙生子研究到一九七〇年代就沒有人敢提了。但是現在，雙生子研究又再次復活，成爲「行爲遺傳學」（behavior genetics）的主要研究方法，這個學門在美國、荷蘭、丹麥、瑞典和澳洲特別盛行。這種研究方法極爲複雜、論證嚴謹、資料數學化，不過很昂貴——具備了現代化科學的每一項條件。它的核心仍然是高頓的想法：人類的雙生子是最美妙的自然實驗，使我們可以釐清先天和後天的貢獻。

從這個觀點來說，人類是很幸運的。其他動物似乎很少有同卵雙生子，例如，從來沒有聽說過老鼠有同卵雙生子；雖然牠們一次生很多隻，但沒有兩隻是相同的。人類偶爾會有異卵雙生子，在白種人中大約是一百二十五分之一。這個比例在非洲人中比較高，在亞洲人中比較低。同卵雙生子的機率則爲二百五十分之一。如果沒有經過基因檢驗，即使長得很像，也不能確定是同卵雙生子；雖然還是有些明顯的特徵，例如同卵雙生子的耳朵形狀是一樣的。[13]

行爲遺傳學就是測量同卵雙生子有多相似，異卵雙生子有多不同；假如同卵和異卵雙生子在出生後被不同的家庭所收養，他們之間的異同又是如何。這個結果就是性狀的「遺傳力」（heritability）。遺傳力是一個很難以捉摸的概念，常被人誤解。首先，它是人口平均數，如果把它用到個人身上是毫無意義的：你不能說海米亞的智慧遺傳力比海倫娜多。當有人說身高的遺傳力是 90%時，他並不是說我身高的 90%來自我的基因，10%來自我的食物。他的意思是說，在某一個樣本群中，身高的變異性有 90%可以歸因到基因上，10%歸因到環境上。對個人來說，沒有身高的變異性，因此也就沒有遺傳力。

此外，遺傳力只能測量變異，不能測量絕對的值。每個人都有十根手指頭，那些短少的通常都是出了意外、由環境造成的，所以手指頭數目的遺傳力是趨近零。但是如果說環境是造成我們有十根手指頭的原因，那就太可笑了。我們有十根手指頭，是因爲我們的基因設定好讓我們長十根手指頭。手指數目的變異是環境決定的，而我們有十根手指是基因決定的。因此，遺傳力最低的人性本質才是大部分由基因決定的。[14]

智慧也是一樣。你不能說海米亞的智慧是她的基因造成的；假如沒有食物、父母的照顧、老師的教導或書本，你不可能變成聰明。但是，在一群享有上述利益的人中，誰考試考得好、誰考得不好的變異就可以歸因到基因。從這個角度看來，智慧的差異可以說是基因造成的。

從地理環境、社經地位來說，大部分同一學校的學生都有類似的背景。學校給予他們同樣的教育，這讓環境的影響降到最低。這時，遺傳的角色會放到最大：成績好壞的差異不可避免地會被歸因到基因，因爲除此以外沒有其他變因了。再提醒一次，遺傳力是測量什麼引起變異，而不是什麼決定結果。

同樣的，在每個人都有同等機會和同等訓練的環境裡，最好的運動員將是擁有最佳基因的人：體育能力的遺傳力到達百分之百。在相反的環境裡，只有少數有特權的人可以吃得飽，有機會受訓練，那麼背景和機會將決定誰會贏得比賽：遺傳力這時是零。很矛盾的是，我們使社會越平等，遺傳力就越高，基因就越重要。

巧合

在我告訴你現代雙生子研究的結果之前，我花了很多力氣告訴你應該要小心哪些地方。這是有原因的。現代的雙生子研究開始於一九七九年，明尼阿波里斯市（Minnieapolis）的報紙報導了一則同卵雙生子的新聞。他們是俄亥俄州西部的吉姆・史皮林格（Jim Springer）和吉姆・路易斯（Jim Lewis），兩人在出生後幾週被分開收養，四十年後第一次見面，因爲心理學家湯瑪斯・布契德（Thomas Bouchard）把他們找在一起來記錄他們的異同點。

布查德和他的同事對這兩位吉姆的相似性感到非常驚訝。雖然他們有不同的髮型，但他們的臉和聲音幾乎不可分辨。他們的病史也非常相似，都有高血壓、痔瘡、偏頭痛、單眼弱視。他們都是老煙槍，煙不離手，而且都抽「沙龍」（Salem）牌的香煙，都咬手指甲，差不多在同樣年紀體重開始增加。如同我們的預期，他們的身體很相像，但是他們的心智也很相像。兩人都喜歡看賽車，不喜歡棒球，兩人都開木匠工作坊，兩人都在自家院子中的樹下繞了一張白色的椅子。他們去同一個佛洛里達的海灘度假。有一些巧合實在是太巧合了，兩人的狗都叫「玩具」（Toy），兩人的太太都叫蓓蒂（Betty），兩人的前妻都叫琳達（Linda），兩人都給長子命名爲詹姆士・艾倫（James Alan 和 James Allen）。

布契德猜想，或許不在一個家庭長大的同卵雙生子會比一起長大的雙生子更相似。在同一個家庭裡，差異可能會被強化；如果一個喜歡說話，另一個就會少說一點。我們現在知道這是眞的；從小在不同家庭長大的雙生子，比後來分開的雙生子相似性大。

原先報導吉姆故事的記者後來去採訪布契德，這篇報導登出來後引起媒體狂熱的注意。吉姆雙生子上了強尼・卡森（Johnny Carson）主持的電視節目《今夜》（*Tonight*，譯注：這是美國國家廣播公司最紅的電視節目，卡森是當時美國年薪最高的節目主持人）。從這以後，像滾雪球般地，許多雙生子開始打電話進來。布契德邀請他們到明尼蘇達來進行生理和心理的測驗。到一九七九年底時，已經有十二對以前不曾見過面的雙生子重逢；一九八〇年底增加到二十一對；隔年再增加到三十九對。[15]

一九八一年，蘇珊・法伯（Susan Farber）出版了一本書，極力詆毀所有雙生子分開長大的研究，宣稱這些研究不可信。[16]她認爲這些研究誇大了相似性，忽略相異性；故意不提這些雙生子在被領養前曾經住在一起好幾個月，或是在被科學家訪談之前已經碰過面了。有些研究就像波特的研究一樣，很可能根本就是揑造出來的。法伯的書被認爲是這個議題的終結者，但是布契德卻把它視爲一項挑戰，激勵自己設計出更完美的實驗。他決心不讓自己受到這種指控，他很仔細地記錄雙生子的每一件事。除了趣聞之外，他更收集可以量化的數據，所以當他發表他的研究時，法伯的批評完全使不上力。但是這並沒有使攻擊者善罷甘休，他們仍然認爲布契德沒有證明任何事情。當然這些雙生子都很相像，他們都住在差不多的城市、差不多的中產階級城郊社區裡，在同一個文化圈子成長，接受同樣的西方價值觀。

於是，布契德開始去找不在一起長大的異卵雙生子。他們共享一個子宮，也都在西方的教育下成長。假如他的批評者是對的，異卵雙生子也應該有令人驚異的相似性吧。[17]

就以宗教的基本教義爲例。在最近的一項研究中，布契德讓雙生子塡一份關於信仰的問卷，以評量他們對基本教義的看法。結果不在一起長大的同卵雙生子的相關度是 62%，而不在一起長大的異卵雙生子是 2%。他用另一份問卷來重複這個實驗，這份問卷是關於比較廣泛的宗教信仰問題，結果仍然得到很大的差異：58%比27%。他又讓住在一起的同卵雙生子和住在一起的異卵雙生子塡這份問卷，結果也得到類似的對比。他的同事凱瑟琳・科森（Kathryn Corson）使用不同的問卷重複了這項實驗，她測量的是「右派態度」。結果分開長大的同卵雙生子有很高的相似度（69%），而分開長大的異卵雙生子則沒有相關。她給雙生子看一些句子，受試者只要答贊成或不贊成即可，例如移民、死刑、A 片等等。例如對「移民」答「贊成」、對「死刑」答「不贊成」的人，就被認定是比較偏「右派」的人。結果她發現，不在一起長大的同卵雙生子相關度是 62%，而不在一起長大的異卵雙生子是 21%。澳洲的研究也得到同樣的結果。[18]

布契德並不是想要證明有「信仰基因」或是「反墮胎基因」。他也不是要說，環境對宗教觀點沒有影響，而爭辯義大利人信天主教、利比亞人信回教是因爲他們有不同的基因，這是很荒謬的說法。他只是要說，即使是在像宗教這麼典型的「文化」項目中，基因的影響也不能忽略，而且是可以測量的。這眞是令人驚訝的發現。人類本性中有一部分是可遺傳的，你可以稱它爲「宗教性」，它跟其他的人格特質不一樣（它與其他人格特質的相關度很低，例如外向性）。宗教性可以用簡單的問卷測量出來，它可以準確預測出誰會成爲基本教義派的信徒。

這個簡單的實驗反駁了很多對行爲遺傳學的批評。很多人批評問卷很粗糙，可信度不高，不能測量人們眞正的思想。但這只是使結果顯得更加了不起；假如問卷可以設計得更好，效果顯然會更大。也有人說，不在一起長大的雙生子並沒有真的分開，在實驗之前他們就已認識彼此了。但是假如是這樣的話，爲什麼異卵雙生子沒有得到顯著的相關呢？也有人說，布契德只挑選那些比較相似的雙生子到他的實驗中，但是研究發現的是同卵雙生子和異卵雙生子的不同，並不是在找他們的相同點。[19] 有人說你無法區分先天和後天的影響，因爲它們是交互作用的。沒有錯，但是分開長大的同卵雙生子並沒有比在一起長大的雙生子差異大，就已經顯示這個交互作用並沒有像一般人想像的那麼有力。

在寫這本書時，我查了很多資料，我發現很多人對布契德的批評非常尖酸刻薄。他們提醒我去查是誰出資支持布契德的研究：是開拓者基金會（Pioneer Fund）。這是在一九三七年由紡織業巨子出資設立的基金會，他們贊成優生學，基金會的綱領宣言中寫道：「執行或幫助執行有關人類遺傳和優生學方面的研究，也支持可爲人類遺傳和優生學帶來曙光的動物和植物研究，以及有助於改善美國人民福祉的研究。」[20] 他們的總部在紐約，董事中有很多年老的戰爭英雄和律師。

他們支持布契德研究的動機，很可能是他們想要相信基因影響行爲，所以他們資助似乎可以得出結果的研究者，來支持他們的想法。但是這並不表示布契德和他的同事就去僞造數據來討好出資者，更何況維吉尼亞州、澳洲、荷蘭、瑞典和英國也得到同樣的結果，不太可能他們也被收買。只你要見過布契德本人，就會知道他不是別人的傀儡，也不是傻瓜，更不會去碰觸決定論者的痛處，打開新的優生學運動。他接受開拓者基金會的補助，是因爲對方沒有要求他任何條件。「我的條件是，除非他們對我沒有任何限制——

隨便我怎麼想、怎麼寫、怎麼做——我才接受他們的錢。」[21]

當然，這種研究報告要怎麼寫也是一個問題。「找到某某基因」的斗大標題其實是誤導，因爲很多人都把基因看作鏟除路障的怪手。主張後天論者其實要爲這個迷思負些責任，因爲他們在辯論時把「基因」跟「不可避免」畫上等號；他們說，既然行爲不是不可避免的，那麼基因便不可能在行爲中扮演角色。後天論者一再強調，「控制某某的基因」就代表「這個基因會引起某個行爲」；而先天論者則回答說，這只是代表與這個基因的其他版本比較起來，某種基因增加某個行爲出現的機率。[22] 英國雙生子研究者莎莉亞・艾莉（Thalia Eley）在一九九九年宣布，在她比對了一千五百對英國和瑞典的同卵和異卵雙生子後，她找到一個基因似乎強烈影響一個孩子會不會變成學校的小霸王。結果報紙上登出來的大標題是：「愛打架的行爲是基因引起的？」[23] 正確的說法應該是：「在典型的西方社會中，打架行爲的變異性應該與基因有關。」但是很少有記者會期待新聞編輯這樣寫。

人格特質

我應該回顧一下一九八〇年代，仔細控制變項的雙生子研究第一次公布時所引發的震驚。在那之前，一般人都認爲經驗的不同會造成人格上的不同，基因是完全沒有作用的，即使在西方社會中產階級的人也是如此。當時的假設不是「都在基因中」，而是「完全不在基因中」。下面是一九八一年出版的人格心理學教科書中摘錄下來的話（這一年是布契德第一次收集到好數據）：「想像有相同基因的同卵雙生子，如果他們在兩個不同的家庭長大，他們人格上的差異會有多麼大！」[24] 這是當時每一個人的想法，包括布契德在內。「最初開始時，我並不認為人格可以被基因影響，我是被證據說服的，」他公開表示。[25] 雙生子研究引起人格心理學的大革命。

然而，行為遺傳學最成功的地方，就在於它可以恢復原狀（undo）。它的結果是可預測的：每一件事都是可遺傳的，非常無趣。這跟當初高頓所希望的完全不同，高頓將這個世界分為基因的影響和環境的影響，而雙生子研究發現，幾乎每一件事都與遺傳有很大的關係。當布契德開始作研究時，他期待找到一些較易遺傳的人格特質，但是在做了二十年的研究後，他只有一個明確的結論：在西方社會中，他所測量的所有人格特質，遺傳力都很高。在不同家庭長大的同卵雙生子，比在不同家庭長大的異卵雙生子更相似，這個差異來自於基因的成分比環境高。[26]

現在的心理學家用五個向度來定義人格，即所謂的「五大因素」：開朗性（Openness）、正直性（Conscientiousness）、外向性（Extroversion）、隨和性（Agreeableness）和神經質（Neuroticism），簡寫為 OCEAN。每一個向度都有可靠的問卷可使用，而且這五項是獨立變異的，你可以是開朗的（O）、吹毛求疵的（C）、外向的（E）、嫉妒的（A）和冷靜的（N）。在每一個因素中，有超過 40% 的人格變異性可以直接歸因到基因上，少於 10% 可以歸因到共同分享的環境上（即家庭），約有 25% 是獨特經驗的環境影響（從生病、意外到學校的朋友等等各種因素），剩下的 25% 是測量誤差。[27]

從某一方面來說，雙生子研究證明了「人格」的確有其意義。當你形容某個人有某種人格特質時，你是指他的本質上有一些東西是別人無法影響的；用通俗的話來說，就是他的個性。從定義上來說，你指的是他獨特的特質。但是在佛洛伊德派一百年來的耳提面命之後（譯注：佛洛伊德強調童年的家庭生活是影響孩子人格發展最重要的因素），今天我們看到只有 10% 的人格差異可以歸因到家庭時，大腦還一時轉不過來呢！[28]

從這個角度看來，人格的可遺傳性與體重一樣多。根據一項研究顯示，兩個兄弟姐妹的體重相關度是 34%；父母親和子女的相關度稍低一點，是 26%。這裡面有多少是因為他們住在一起、吃同樣的食物，有多少是因為他們共享同樣的基因？在同一家庭長大的同卵雙生子的相關度是 80%，而在一起長大的異卵雙生子是 43%，這表示基因比吃同樣的食物重要。那麼收養的子女又如何呢？養子女和養父母之間的相關度只有 4%，而在同一家庭長大、但彼此並無血緣關係的養兄弟姐妹則落到 1%。相反的，不在一起長大的同卵雙生子在體重上的相同度仍然有 72%。[29]

結論：體重基本上跟基因有很大的關係，跟飲食型態無甚關係。所以應該把減肥食譜扔掉，大吃冰淇淋嗎？當然不是，這個研究並沒有提到肥胖的原因，它只是說明在某一個家庭中引起體重不同的原因。即使吃同樣的食物，有些人還是比較容易變胖。在西方社會裡，人們變得越來越胖，這不是因為他們的基因有所改變，而是因為他們吃得多、動得少。但是假設每一個人都有足夠食物吃時，那些胖得快的人應該是因為擁有某些基因。所以體重的差異與遺傳有關，但平均體重的改變可能會受環境的影響。

影響人格特質的基因

什麼樣的基因會造成人格的變異呢？基因是製造蛋白質分子的配方，從這裡跳到複雜的人格似乎不太可能。但是，現在這項可能性首度成眞。影響人格的基因序列變化已經找到了；我們從茫茫大海中撈到了幾根針。在第十一號染色體上的 BDNF 基因負責製造腦向神經性因子（brain-derived neurotrophic factor），這是一種在大腦中促進神經生長的滋養物質。這個基因只有短短的 1335 個字母長，在大多數的動物中，第 192 個字母應該是 G，但是在某些人身上是 A。大約有四分之三的人類基因是 G 版本，而其餘的是 A。這一個字母的差異引發蛋白質的稍許不同：蛋白質的第六十六個胺基酸，從纈胺酸（valine）變成甲硫胺酸（methionine）。因爲每個人的基因都是成對的，表示世界上有三種人：第一種是有兩個甲硫胺酸基因的，第二種是有二個纈胺酸基因的，第三種是一個甲硫胺酸和一個纈胺酸基因的人。

假如你給人們塡一份測驗人格的問卷，同時檢驗他們的 BDNF 是哪一種，你會發現驚人的效應。以神經質的程度來說，甲硫胺酸－甲硫胺酸的人比甲硫胺酸－纈胺酸的人低很多，而甲硫胺酸－纈胺酸的人又比纈胺酸－纈胺酸的人低。[30] 纈胺酸－纈胺酸的人大多是憂鬱、自我意識強、焦慮且易受傷害（這是心理學家測量神經質的六個面向中的四個），而甲硫胺酸－甲硫胺酸的人恰好相反。在人格的其他十二個面向中，只有開朗性出現關聯。換句話說，這個基因特別影響神經質這個人格特質。

不要太興奮，這個發現只能解釋 4% 的變異性。這項研究是在密西根州德康瑟市（Tecumseh）進行的，有二百五十七個家庭參加這項研究。這個基因並不是「神經質的基因」，只能說在德康瑟市，這個基因的變異可以解釋某些人格上的差異。這也是第一個被發現跟憂鬱症有強烈相關的基因，這帶給醫療界一絲希望，因爲這是現代生活中最普遍的難治病症。我想要強調的不是這個基因有多特別，而是從 DNA 碼的改變跳到某一個人格上的差異是多麼容易。沒有人可以告訴你，爲什麼這麼小的一個改變就會帶來這麼大的人格差異。對批評行爲遺傳學的人來說，這個發現並不會改變他們的觀點，他們還是會認爲：「基因只是製造蛋白質的配方，並不能決定行爲。」蛋白質配方的改變的確可以導致行爲的改變，現在這種例子越來越多了。

所以看起來，下面這個結論並不會太離譜：「擁有不同基因的人在人格上的差異會大於在不同家庭長大的人。」海米亞和海倫娜雖然在一起長大，但她們之間的差異會大過賽巴斯遜和凡歐娜（編注：《第十二夜》中失散的兄妹）。這聽起來像是陳腔爛調。任何一對擁有兩個以上孩子的父母都會注意到，每個孩子在人格上都有很大的差異，而且並不是他們使孩子有這麼大的差異。父母也一定會注意到先天的差異，因爲在同一個家庭中，父母養育孩子的環境是穩定不變的。分開長大的雙生子研究最令人驚奇的地方是，即使環境有改變，人格上的差異主要還是先天的。即使家庭環境改變了，也不會在人格上留下記號。這個結論雖是來自雙生子的研究，但是養子女及其他相關研究也都支持這個結論。

在許多心理人格特徵上，從同一個家庭長大的效應是可以忽略的。[31]

或是

童年時共享環境，對長大後人格的差異只扮演很小或完全不重要的角色。[32]

乍看之下，像這樣的句子會使人誤以爲家庭是不重要的。你可以試試忽略你的孩子，這個邏輯似乎是說，他們人格的成長不會受影響。有些人責怪研究者不該帶給人們這樣的印象，但是請仔細閱讀前面的這兩句話，你會發現眞相不是這樣的。一個快樂的家庭帶給你的影響不只是人格，它也帶來快樂。家庭對人格發展是重要的；一個孩子需要在家庭中長大，才會發展出他的人格。只要有一個家庭讓他在裡面成長，這個家庭的大小、有錢或貧窮、好客或孤僻、老或年輕都沒有太大關係。家庭有點像維他命C，你需要它，不然會生病；但是更多的維他命C並不會使你更健康一點。

對那些深信實力主義社會的人而言，這是個令人激勵的發現。這表示沒有理由去岐視那些背景差的人，或是排斥那些生長在不正常家庭的人。不幸的童年並不會使一個人擁有某種人格，環境決定論就和基因決定論一樣是無情的教條，我們很幸運不必去相信其中任何一個。

對雙生子研究有一項批評，在這裡我必須提出來，那就是：基因是後天教養的代理人，就像它是先天的代理人一樣。這個批評的依據在於：遺傳力完全決定於情境。在美國的某個中產階級群體中，人格的遺傳力可能很高，因爲他們經歷的後天環境型態很相似（雖然不是完全相同）。但是加入幾個從蘇丹來的孤兒，或是新幾內亞食人族的後代子孫，人格的遺傳力可能很快就掉下來了；這時環境就有關係了。假如環境維持不變，那就是基因在變動：眞令人驚奇呀！研究記憶基因的提姆・杜利（Tim Tully）說：「我可以在法庭上證明，遺傳力跟生物學一點關係都沒有！」[33] 從這方面看來，雙生子研究想說明的是，測量遺傳力是沒有意義的，只是在欺騙自己。在得到基因的確影響人格的強烈證據後，他們不知道下一步該怎麼做。想要找出到底是哪個基因與人格有關，雙生子研究本身是一點幫助也沒有的。

原因如下。由多個基因造成的人性特質，通常遺傳力最高；而由單一基因引起的特質，遺傳力較低。越多基因參與其中，遺傳力便越可能是來自基因的副作用，而不是直接效應。例如，犯罪性有很高的遺傳力：被收養的孩子的犯罪記錄比較像他的生父，而不像他的養父。爲什麼？並不是有犯罪基因存在，但是因爲某些人格特質是容易觸犯法網的，而這些人格特質是可遺傳的。就如雙生子研究者艾瑞克・特克海默（Eric Turkheimer）所說：「有人眞的認爲不聰明、不好看、貪婪、衝動、情緒不穩定或酗酒的人，不會比別人更容易犯罪，或是這些人格特質可以完全獨立於基因的組合之外嗎？」[34]

智慧

雖然雙生子的研究非常成功，但是有幾個人類特質似乎與遺傳較無關係。幽默感的遺傳性就很低，被收養的兄弟姐妹似乎有相似的幽默感，而分開長大的雙生子則否；人們對食物的偏好好像也沒什麼遺傳性，從小的食物經驗會決定你的偏好，而不是基因決定（老鼠也是一樣）[35]；社會和政治態度與環境有很大的關係，自由派或保守派的父母似乎可以把他們的偏好傳給子女；宗教信仰也是透過文化傳承的，不是基因，但宗教狂熱例外。

智慧呢？智慧的遺傳性自一開始就有很大的爭議性。第一份智力測驗很粗糙，而且有文化偏見。在一九二〇年代，美國政府及許多歐洲國家認爲智慧大部分是遺傳的，對於愚笨的人生很多孩子感到很警惕，所以開始替心智有缺陷的人結紮，不讓他們把基因傳下去。到了一九六〇年代，許多觀念有了大革命。從那時候起，任何有關智商遺傳的研究都遭受強烈的譴責、人身攻擊，甚至要求革職查辦。第一個遭受到這種攻擊的是亞瑟・簡森（Arthur Jensen），因爲他在一九六九年於《哈佛教育評論》（*Harvard Educational Review*）上發表了一篇論文。[36] 一九九〇年代，理查・赫思斯坦（Richard Herrnstein）和查理斯・摩雷（Charles Murray）寫了一本《鐘形曲線》（*The Bell Curve*），又在學術界和媒體引起另一番軒然大波。[37]

但是我懷疑，假如你隨便問幾個路人，你會發現這一百年來人們的觀點並未改變；大部分人還是相信智慧是先天的資質和能力。孩子越多的人越相信這點，但是這並沒有阻止父母相信另一件事：智慧也可以透過後天培養。但是他們始終認爲智慧有一部分是先天的。

一起長大或分開長大的雙生子研究都明確支持這個想法：雖然每個人各有所長，但是都有一種「整體的智慧」存在。也就是說，對智慧的評量大部分是彼此相關的。在一般知識測驗及詞彙測驗表現好的人，通常在抽象推理或數字序列的表現也比較好。最早注意到這個現象的人是一百年前的統計學家查理斯・史皮爾曼（Charles Spearman，他相信高頓的觀點），他稱這個共同因素爲「g因素」。今天，從各個智力測驗中所得出的g分數，仍然可以有效地預測這個孩子在學校的表現。在心理學中，g 因素的相關研究遠超過任何其他的主題。多元智慧的理論來來去去，但是這一個核心智慧的觀念是不變的。

g 是什麼？在統計測驗上，這麼眞實的東西應該在大腦的某處有表徵。它跟思考的快慢有關嗎？還是大腦的大小？還是什麼微妙不易察覺的東西？首先我要說的是，從來沒有人找到 g 因素的基因。在引發心智障礙的缺損基因中，研究者沒有找到當基因發生較輕微的變化時，會對智力產生任何影響。隨機尋找聰明人與一般人的共同基因差異，到現在爲止只找到一個有統計上的顯著性（在第六號染色體上的 IGF2R 基因），其餘的二千個基因都沒有得到任何顯著差異。這可能表示大海太遼闊而針太稀少。有一些比較可能的基因，例如影響神經傳導速度的 PLP 基因，最後發現它只能解釋一點點反應時間上的差別，而且跟 g 因素的相關度不高。智慧的快速大腦理論（speedy-brain theory）看起來希望不大。[38]

與智慧有關的外表特徵是腦的大小，腦容量與智商的相關度是 40%。雖然還是有小腦袋的天才和大頭的傻瓜，但這仍是一個強烈的相關。大腦是由灰質和白質所組成。在二〇〇一年，大腦造影技術已經成熟到可以比較大腦中的灰質多寡，荷蘭和芬蘭分別做了兩個研究，發現灰質的多寡跟 g 因素有高度相關，特別是在腦的特定部位。這兩個研究都發現，同卵雙生子在灰質的相關度高達 95%，而異卵雙生子只有 50%。這個數字表示有些東西是基因在控制的，環境可以影響的空間不大。荷蘭研究者丹尼爾・波瑟瑪（Danielle Posthuma）說：「灰質的多寡完全決定於基因，跟環境因素無關。」這些研究並沒有讓我們更靠近智慧的基因，但是它讓我們知道智慧基因是存在的。灰質主要是由神經細胞的本體所構成，所以這些新的研究暗示，聰明的人可能有比較多神經元，或是神經之間的連接比較密。當科學家發現 ASPM 基因（見第一章）跟腦的大小有關後，很多人都以為 g 基因也會很快被找到。[39]

然而，g 並不是全部。雙生子的研究也顯示了環境所扮演的角色。智慧不像人格，它跟家庭的關係是很密切的。雙生子以及被收養孩子的智商遺傳力研究都指向同一個結論：智商有 50% 是先天決定的，25% 是家庭和共同環境的影響，另外 25% 為個人特殊的環境因素。所以智商比人格更容易受到家庭的影響。生長在一個知識分子的家庭，的確使你比較可能成為知識分子。

然而，在這些平均數字之下隱藏著很有趣的兩點。第一，你可以找到許多樣本群，他們的智商變異性跟環境比較有關，而跟基因比較無關。特克海默發現，智商的遺傳力跟社經地位有很大的關係。在一個以三百五十對雙生子為樣本的研究中，他發現生長在最有錢和最貧窮的環境有顯著的不同。在最窮的孩子中，所有的智商變異性來自共享的環境，跟基因無關；在最有錢的家庭中，關係正好相反。換句話說，年收入只有幾千塊美元會嚴重影響你的智慧，但是年收入有四萬美元跟四十萬美元就沒有什麼差異。[40]

這個研究結果對政策的制定有很重要的參考價值。這表示提昇赤貧者的生活水準對機會均等的貢獻，大於減低中產階級的不公平性。這再次確認我前面說過的：即使成就的變異性可以完全由基因解釋，並不代表環境沒有關係。你在大部分的樣本中發現遺傳有很強的效應，是因為大部分的人都是生活在和樂融融、富裕的家庭中。其實人格也是如此，你的父母如果管你很嚴，可能無法改變你長大以後的人格，但是假如他們經年累月把你鎖在房間內的話，你的人格一定會不一樣。

還記得體重的遺傳力嗎？在食物不虞匱乏的西方社會裡，比較容易胖的人的確是因爲基因的緣故。但是如果是在貧窮、飢荒連年的蘇丹或緬甸，每個人都在飢餓的狀況下，胖的人絕對是有錢的。在這裡，體重是受到環境的影響，不是基因。在科學的行話中，環境的作用是非線性的：在極端處它有強烈的效應，但是在中間，一點改變不會有明顯的影響。

第二個隱藏在平均數底下的驚奇是，基因的影響隨年齡而增加，共享環境的影響隨年齡而逐漸消失。你的年紀越大，家庭背景對你智商的預測力就越低，基因的預測力則越高。聰明父母所生的孩子如果不幸父母雙亡，被一個很愚蠢的家庭所收養，他小時候在學校的表現可能不好，但是到了中年以後，他可能變成非常傑出的教授。一個愚蠢家庭的孤兒在一個雙諾貝爾獎得主的家庭中長大，在學校時可能功課不錯，但到了中年以後他的發展可能就有限了。

從數字上來看，對西方社會二十歲以下的人來說，「共享的環境」對智商差異的貢獻是 40%，然後很快地降到零。相反的，基因的貢獻從嬰兒期的 20%，到童年期的 40%，到成人期的 60%，過了中年時，基因的貢獻升高到 80%。[41] 換句話說，跟別人共同在某個環境下長大的效應，對還在那個環境的時期影響最大，但是在過了共同成長期後，效應就消失了。被收養的孩子住在一起時，智商有部分的相似性，但是成年後就完全沒有相關了。到成年後，智商就像人格一樣：大部分是遺傳的，一部分是受到個人特殊經驗的影響，而成長的家庭因素就變得非常少了。這個發現跟我們過去的想法完全相反；過去認爲基因影響是在生命早期，而後天教養的影響出現較遲。

這項發現似乎反映出，童年的知識經驗是從別人而來的，相反地，成人則是自己主動汲取。「環境」並不是一成不變的實體，而是由主角自己主動選擇的一套獨特影響。擁有某套基因會使這個人傾向於經驗某種環境；有「運動細胞」的人喜歡去打球，有「讀書細胞」的人喜歡參與學術活動。基因是環境的代理人。[42]

那麼，基因如何影響體重呢？應該是從控制食慾下手。在富裕的社會中，會胖的人多半是比較容易餓、吃得多的人。在西方社會中，遺傳到胖和瘦最大差別在於前者比較喜歡買冰淇淋。到底是基因還是冰淇淋使他變胖的呢？顯然兩者都是。基因使一個人去接觸到某種環境因子，在這裡就是冰淇淋。智慧當然也是一樣，基因不會使你比較聰明，它只是使你比較喜歡學習。因爲喜歡，所以你會花比較多的時間學習，所以你就變聰明了。先天只能透過後天來運作，它只能促使人們去尋找環境來滿足他的慾望。環境就好像是個放大器，把小小的基因差異變大，使愛運動的孩子去找球來打，使愛讀書的孩子去找書來看。[43]

基因多型性

行爲遺傳學最主要的結論是相當反直覺的。它告訴你，是先天在決定人格、智慧和健康，基因是重要的。但是它沒有告訴你，這個角色是犧牲後天換來的。後天跟先天一樣的重要，只是它的重要性不易洞察，它不像基因那樣可以有同卵和異卵雙生子來作比對。高頓在一個重要的層面上是完全錯誤的。先天並沒有蓋過後天；它們並不競爭；它們不是對手；根本不是先天對抗後天。

矛盾的是，假如西方社會的智慧遺傳力如此之高，就表示我們已經靠近實力主義社會，你的背景已經不重要了。但是這又顯露出基因令人驚訝的一面。在正常行爲範圍內，基因仍有變異性。你可能認爲，基因就像維他命C或家庭一樣，多了無用，少了會生病，所以基因缺損會引發罕見的心智缺陷，就像它會引發罕見的疾病一樣。重度憂鬱症、精神疾病或心智障礙都可能來自少見的基因變異，就像這些疾病會來自罕見和奇異的教養方式一樣。這會像烏托邦一樣，只要你有正常基因、正常家庭，每一個人的人格和智慧都差不多，細微的差別則來自意外或情境。

但是事實並非如此。行爲遺傳學非常清楚地告訴我們，基因的差異很普遍，它會在正常的人類經驗範圍之內影響我們的人格。我們之間有人是甲硫胺酸－甲硫胺酸，有人是纈胺酸－纈胺酸；不只是 BDNF 基因，還有很多其他的基因影響人格、智慧和其他部分的心智。就像有些人先天就比較容易使肌肉強健，因爲他的第十七號染色體中的 ACE 基因是某個版本；[44] 有些人天生就比較容易吸收學校所教導的課程，因爲他身體中有某個尚未爲人所知的基因版本。這些突變並不罕見，它們很常見。

從演化生物學家的觀點來看，這是一個醜聞恥辱。爲什麼有這麼多的「正常」基因差異，或是說多型性（polymorphism）？「聰明」的基因變異應該逐漸把「愚蠢」的基因淘汰掉，「沈著」的基因應該把「緊張」的基因淘汰掉。如果一種基因在生存上和交配上都比另一種強，這種基因的擁有者應該比別人更有機會成爲後代的祖先。但是我們沒有看到基因以這種方式消失，基因的各個版本似乎以快樂共存的方式生存在人類的群體中。

這眞像謎一樣，基因變異多到科學家不敢去想像。遺傳行爲學不是去研究什麼決定行爲，而是去發現什麼改變行爲。這個答案是基因：基因改變行爲。跟一般的觀點相反，其實科學家最愛謎題。他們的工作是發現新的謎題，而不是歸納已知的事實。在實驗室中穿白袍的人，是活在一個渺茫的希望裡，希望自己能找到一個眞正好的謎題來研究。這裡就是一個好的題目。

目前有很多的理論來解釋這個謎，但是沒有一個令人完全滿意。或許我們有了科技的保護，天擇則就不再那麼重要了，所以我們的突變開始激增。如果是這樣的話，爲什麼其他的動物也有這種變異？或許大自然有個微妙的方式來平衡天擇，它總是偏向罕見的變異，使罕見基因不會流失。這個想法的確可以解釋免疫系統的變異性，因爲疾病會攻擊常見的基因版本，反而使罕見的保留下來。但是這個說法不能解釋爲什麼要保留人格的多型性。[45] 或許是擇偶行爲增加了這種多樣性，或許未來會有新的理論可以解釋這個現象。多型性的對立解釋引起一九三〇年代演化學家的分裂，到現在他們對這問題還沒有定論。

佛林效應

通常在這個時候，一本行爲遺傳學的書便要開始攻擊先天後天的論點了。我要不就是選擇批評雙生子研究在動機上不純，在設計上有瑕疵，在解釋上有漏洞，似乎在鼓吹法西斯主義和宿命論；要不就是選擇支持雙生子研究，說它是對人生下來是張白紙這種無稽的教條一個合理的反駁與修正，這個教條強迫我們去相信沒有先天的人格和心智能力，每一件事都是社會的錯。

我對兩邊都很同情，但是我堅絕反對去蹚這渾水。哲學家珍妮特・理察斯（Janet Radcliffe Richards）說得好：「假如你仔細去聽這場爭辯中雙方指責對方的話，你會發現有很多語句的引用是誤用、斷章取義，或是把對方的話做最壞的解釋、惡劣地扭曲原意。」[46] 在我的經驗中，科學家在彼此批評時多半是錯的。當他們的確定自己偏好的那個假設是對的，而另一個假設是錯的時候，他們通常都會忽略一件事：兩個假設都可能有部分是對的。就像尼羅河的源頭一樣，他們忽略了尼羅河需要兩者的水源注入，不然它就變成一條小溪了。任何遺傳學家說他發現一個重要的基因影響力，而環境沒有扮演任何角色，這個人絕對是胡說八道。而任何一個先天論者說他發現一個環境因子，而基因沒有扮演任何角色，也是胡說八道。

智商的故事就是非常好的例子，也就是所謂的「佛林效應」（Flynn Effect），這是紐西蘭心理學家詹姆斯・佛林（James Flynn）發現的。他注意到人類的平均智商一直在上升，大約每十年升高五分。這表示環境會影響智商，因為跟我們的祖先相比，我們都是大天才；但是我們知道這似乎不太可能（我們很知道自己是不是天才）。現代的生活，不論是營養的增進、教育的普及或心智刺激的增加，造成了每一代的孩子在智力測驗上勝過他的父母。因此有一兩位後天論者（不是佛林）勝利地宣稱，基因的角色一定比我們想像的小。但是身高的類比讓我們知道事實並非如此。由於營養改善了，每一世代的人都比他的父母高，但是沒有人會說基因對身高沒有影響或影響變小了。事實上，因為每個人都達到他們身高潛能的頂端，所以身高變異性的遺傳力可能會增加。

佛林自認爲他了解這個效應的由來。他認爲是慾望增強能力的關係。由於二十世紀知識分子的社會地位大幅提高，使兒童積極尋求學業成就的表現。因爲成績好會得到更多回饋，所以他們就更用功讀書，使得大腦的這些部位更加靈活。同樣的，棒球的發明使孩子開始練習打棒球，結果每一世代的棒球技術都比上一世代好。兩個同卵雙生子在打棒球的能力上是一樣的，因爲他們一開始有同樣的能力，使他們對棒球有同樣的喜好，因而使他們有同樣的機會去練習。能力和慾望互爲表裡，不是只有能力或只有慾望。一對同卵雙生子有同樣的基因，所以他們會替自己找同樣的經驗。[47]

烏托邦

高頓活得很長，在晚年他經不起誘惑（許多名人都有這個毛病）寫了一個理想的烏托邦。從柏拉圖和湯瑪斯．摩爾（Thomas More）以降，有名的學者都喜歡描述一個理想社會。高頓也描述了一個極權社會，但是任何一個有理智的人都不會想去住。我用它來提醒讀者一個在本書中會一直出現的主題：多樣性對人類本質來說是極端重要的。高頓對人類本質中遺傳因子作用力的看法是對的，但是他認為後天因此無足輕重卻是錯的。

一九一○年，高頓在八十多歲高齡寫了這本書，書名是《不能說在哪裡》（*Kantsaywhere*，譯注：can't say where 的諧音），內容是一位名叫「不知是誰」（Donoghue，譯注：don't know who 的諧音）的統計學教授的日記。他來到一個殖民地叫做「不能說在哪裡」，這個地方是由一群全部是優生學培育出來的人所組成的委員會在統治。他遇到一位女學生叫奧古絲妲（Augusta Allfancy），正要去優生學院參加榮譽考試。

「不能說在哪裡」的優生政策是「從來不是」（Neverwas）先生制定的，他死後把他的錢留下來作改善人類品種之用。那些在優生學考試中成績優異的人可以得到很多種獎勵；而那些低空飛過的人只能生育一兩個小孩；考不及格的人則送去勞改，他們的工作並不是很繁重，但是他們必須保持獨身，不准生孩子。不適應這個社會的人去生孩子是叛國罪。「不知是誰」陪著奧古絲妲去參加各種宴會相親，因為她必須在二十二歲結婚。

高頓很幸運，因為倫敦的出版商麥修恩（Methuen）拒絕出版這本書，他的曾外姪女伊娃也想辦法減少這本書的流傳，[48] 她至少了解這本書的出現是多麼尷尬的事。但她永遠沒有想到，高頓竟然是個先知，他所說的社會竟然在二十世紀出現了。

第四章

瘋狂的原因

「原因」這個詞是不知名神祇的祭壇。

——威廉・詹姆士[1]

在二十世紀的大部分時候，「決定論」這個詞被濫用，而「遺傳決定論」是其中最糟的一個。基因被描述成殺不死的火龍，「自由意志」這個少女的命運只有高貴的「後天」騎士可以解救她。這個看法在一九五〇年代到達頂峰，是納粹暴政的後果，但是它在一些哲學探討中更早就出現了。大約在一九〇〇年，就是高頓贏了那場辯論（人的行爲最主要是基因的遺傳）的同時，醫學開始反對生理成因的解釋。現在回頭看，很諷刺的是，這個鐘擺第一次盪向後天論竟然是發生在說德文的世界裡。

精神分裂症

在精神醫學史上，佛洛伊德之前最重要的人物是克里卜林。他生於一八五六年，一八七〇年代在慕尼黑接受訓練成為精神科醫師，但是他不喜歡這個訓練，因為他的眼睛不好，他不喜歡瞇著眼在顯微鏡下看死人大腦的切片。在那個時候，精神醫學是德國人的天下，一般認為心智疾病的原因在大腦，假如心智是大腦的產物，那麼心智上的毛病應該可以追溯到大腦某個部位的功能失調，就像心臟病是心臟某個地方出了問題一樣。精神科醫生就像心臟外科一樣，診斷和治療生理上的毛病。

克里卜林在腦海中思索這個邏輯。在經過一陣的學術飄泊後，一八九〇年他在海德堡安頓下來，開始嘗試以新的方法來分類精神病人；不理會他目前的症狀，更不用去管他大腦裡是什麼情形，只集中注意看他個人的歷史（即經歷）。他用不同的卡片來記載不同病人的經歷，使他很容易看到每一個人的長期改變。他認為不同的精神疾病有不同的特徵，只有在收集每一個病人的長期資料後才能區分出每一種疾病的特徵。診斷（diagnosis）是預後（prognosis）的孩子，不是父親。

當時，精神科醫生接觸到越來越多這種病患：這些病人都很年輕，大多是二十幾歲，但是都有幻覺、妄想、冷漠、不敏感等現象。克里卜林首先稱這種新病症為「早發型瘋狂症」（dementia praecox），現在這個病的名字是「精神分裂症」（schizophrenia），這是一九〇八年克里卜林的學生尤根・布魯勒（Eugen Bleuler）命名的。現在還有很多人在爭論，究竟精神分裂症是否突然變多，還是因爲受到注意而從家庭湧進精神病院。目前的證據顯示，十九世紀精神疾病的確有增加的現象，在十九世紀中葉之前，精神分裂症是罕見的疾病。

精神分裂症有很多種型態，嚴重程度也不相同，但是它們都有一致的主要症狀。病患會覺得自己的思想非常大聲，從前他們以爲自己「聽到聲音」，但是現在的病人通常認爲是美國國家情報局（CIA）在他的大腦裡裝了竊聽器。他們也會想像別人可以閱讀他們的思想，知道他們的企圖，所以他們把每一個事件都個人化，認爲電視新聞主播在送給他秘密訊息。這種妄想使他們構成怪異的陰謀論，因而不願意就醫。由於大腦有無數種方式可以出毛病，所以這種一致性的症狀被認爲是單一的疾病，而不是相似症狀的集合。

克里卜林將早發型瘋狂症與另一種情緒擺盪在狂躁和憂鬱之間的疾病區隔開來，將後者稱爲「躁鬱症」（manic depression），現在被稱作「兩極症」（bipolar disorder）。這兩種病症的特徵要看它們的病程和結果，而不是看當下表現出來的症狀。要想從大腦中可見的組織去區分這兩種精神病更是不可能，所以克里卜林認爲精神醫學應該放棄生理解剖而去探究它的成因。

假如我們在臨床上不能依據原因將病症分類，並分離出不同的病因，我們對病因的了解將永遠停留在不清楚及相互矛盾的階段。[2]

但是原因是什麼呢？人類經驗中的原因包括基因、意外、感染、出生排行、老師、父母、情境、機會和機率，我只是舉出幾個最顯著的例子。有時候，一項原因會變得很重要，但不會持續很久。例如當你感冒時，主要的原因是病毒，但是當你得到肺炎時，細菌只是原因之一（機會主義者，乘虛而入），你的免疫系統必須先衰弱（例如飢餓、受寒或壓力），細菌才能肆虐。這算是眞的原因嗎？同樣的，基因上的疾病，例如杭丁頓舞蹈症（Huntington's chorea）是因爲一個基因的突變所引起的，環境因素對發病率幾乎沒有任何影響。但是苯酮尿症（phenylketonuria, PKU）是因爲身體不能分解苯胺基丙酸（phenylalanine），所以你可以說這個病是基因突變引起的，也可以說是食物中的苯胺基丙酸引起的——你可以說這個病是先天的，也可以說是後天的，全看你自己的偏好。但是有些疾病可能是由很多不同的遺傳因素及環境因素共同引起的，這時病因就變得非常複雜了，例如精神分裂症就是。

因此，在本章中，藉由探討精神分裂症的病因，我希望能使「病因」這個觀念變得更混淆。因爲精神分裂症的病因到現在還沒有定論，有許多相互競爭的理論。你仍然可以相信基因、病毒、意外或飲食是精神官能症的首要原因，但是科學越了解精神分裂症，病因和病症的界限就越模糊。環境和基因似乎聯手肆虐，使人無法分出哪個是原因、哪個是結果。先天和後天這個二分法必須先和原因和後果這個二分法打個擂台，才能見眞章。

責怪母親

要解釋精神分裂症的原因，我傳的第一個證人是心理分析師（psychoanalyst）。二十世紀中葉，他們主導了這個領域。克里卜林對於精神官能症（psychosis）病因的不可知論（agnostism）留下了一個眞空，使佛洛伊德學派的人得以進入。克里卜林公開排斥生物醫學的解釋，又強調病人的生活史，他不自覺的替心理分析學派打開了一條通路，因爲佛洛伊德強調童年經驗是造成後來精神官能症和神經官能症（neurosis）的原因。

心理分析學派在一九二〇到一九七〇年代能夠快速發展，應該要歸功於他們的行銷技術，而不是治療的成功。當治療師跟病人談他的童年往事時，他給予的是人道關懷和同情，而這正是病人以前所沒有的。這使得心理治療師大受歡迎。其他的原因則是深度催眠、胰島素休克療法（讓病人因血糖太低而失去意識）、額葉切除手術或是電療法，這些都是很不愉快、會上癮或很危險的治療手段。心理分析師強調潛意識以及童年被壓迫的記憶，他們把精神醫學從精神病院中分了出來。現在，那些病得沒有那麼嚴重、但是很不快樂、願意付高價錢的人，可以請人來聽他說話，重述他過去的陳年舊事，躺在聽診室的沙發上接受治療，不必上精神病院就可以有精神醫師的服務。所以在美國，心理分析私人診所變得非常盛行，心理分析師逐漸將精神醫學的地盤接收過來，變成一枝獨秀。到了一九五〇年代，連精神科醫生的訓練都被心理分析佔據。從此，每個人的心理問題都隱藏在他個人過去的歷史中，尤其是社會性和心理性的原因。

這種「談話治療」跟當時的其他療法比起來是一大進步，但是心理分析學派得意忘形，開始宣稱其他的解釋是不需要的，而且是不對的，在道德上和事實上都是錯誤的。精神疾病的生物學解釋變成了異端。就像所有的宗教一樣，心理分析巧妙地重新界定懷疑論：如果一個人對心理分析提出質疑，就證明這個人需要心理治療。假如一個醫生開了鎮靜劑或者懷疑心理分析的那些故事，心理分析師會立刻說這個醫生的懷疑行爲正是神經官能症的表現。他們用這種方法來抵擋所有的批評。

一開始，佛洛伊德學派避開嚴重的精神官能症，只專注在治療神經官能症。佛洛伊德自己對治療精神官能症的病人非常謹愼小心，他知道他們是在他的能力之外，雖然他還是做了一個大膽的猜測，認爲妄想型精神分裂症是由於壓抑同性戀的衝動所引起的。但是當美國的心理分析師越來越有自信、越來越有權勢時，精神官能症就變成了不可抗拒的誘惑。在一九三五年，一位猶太籍的心理分析師從德國逃到美國，來到馬里蘭州洛克維爾（Rockville）的一家精神病院，當時這家病院已是佛洛伊德學派的天下。這個人名叫佛瑞達・佛洛姆－賴克曼（Frieda Fromm-Reichmann），她很快地發展出新的精神分裂症理論：精神分裂症是病人的母親所引起的。在一九四八年，她寫道：

> 精神分裂症患者有高度的懷疑心，非常不相信別人，而且厭惡別人，這是因爲他在嬰兒期及童年期受到最重要的人的拒絕——他的母親。[3]

不久，自稱是佛洛伊德繼承人的布魯諾・貝多罕（Bruno Bettelheim），也因爲找出自閉症的類似成因而一舉成名。他說，自閉症是因爲有一個冷漠無情的「冰箱母親」（refrigerator mothers），她對她兒子的冷漠，毀掉了他學習社交技巧的能力。貝多罕曾經被納粹關過二次，但是他賄賂警衛，逃出了兩個惡名昭彰的集中營，這中間的細節到現在還不清楚。後來他移民到芝加哥，成立了一間收容情緒障礙孩子的中心。[4] 他的名氣在他一九九○年自殺後不久就煙消雲散了。雙生子研究完全摧毀了他的冰箱母親理論，這個理論使得一個世代的母親生活在罪惡感及羞恥中。雙生子研究發現，自閉症的遺傳力爲 90%。假如一個雙生子有自閉症，另一個也有的機率是 65%，而異卵雙生子的相關性是零。[5]

現在輪到同性戀了，這次罪魁是不會表達感情的父親，或是有主控人格的母親。有一些佛洛伊德派的人還在相信這一套，有一本最近出版的書寫道：

> 同性戀者的父親在情緒上或言語上會排斥他人、冷漠退縮、軟弱無力或是心不在焉，而且婚姻不愉快。同性戀者通常跟父親都是負面的親子關係，他們有一半（異性戀者有四分之一）對父親覺得憤怒、不滿、害怕，因而對父親冷淡、有敵意、漠不關心或順從。[6]

上面這些可能都是眞的。假如一個不是同性戀的父親跟他同性戀的兒子之間不是負面的親子關係，那眞是奇蹟了。但是孰先孰後？除了極端的佛洛伊德派之外，其他的人都不再以爲親子關係會造成同性戀。相關並不代表因果關係，它不能告訴你何者爲因、何者爲果。精神分裂症和自閉症的親子理論一樣都是無稽之談。就像同性戀者的父親，自閉症孩子的母親會退縮主要是因爲孩子的行爲。精神分裂症的母親的確會對孩子的精神病行爲有不好的反應，因爲她受不了，但是結果不可以拿來當作原因。[7]

對精神分裂症者的雙親而言，他們已經處在極度的壓力之下，佛洛伊德學派對他們的譴責無疑是雪上加霜。如果有證據的話，這種痛苦父母親還可以忍受，但是很快的，人們開始了解佛洛伊德的那一套是無法治療精神分裂症的。事實上，到了一九七〇年代時，一些精神科醫師勇敢地站出來承認，心理分析事實上是使精神分裂症的症狀更糟：「只有接受心理分析的病人，結果是顯著性的變糟，比沒有接受任何治療的病人還更糟。」[8] 但是當時，心理分析已經用到成千上萬的病人身上了。

二十世紀中葉許多所謂的「證據」，其實都是假設而已（譯注：讀者可參閱商周出版之《教養的迷思》，講的正是一九五〇年代這些證據所造成的後果）。甚至有些假設認爲，後天可以解釋親子之間的相似性。以精神分裂症來說，如果心理分析師沒有忽略生物學家，他們就會知道他們的假設是不成立的，因爲雙生子研究已經說明了。

在一九二〇年代到一九三〇年代，俄國猶太移民亞倫・羅森諾夫（Aaron Rosanoff）收集了加州雙生子的資料，用於測試心智疾病的遺傳性。大約在一千對雙生子中，就有一對患有精神疾病。在他收集的一百四十二名精神分裂症患者中，同卵雙生子同時發生的機率是 68%，而異卵雙生子的機率只有 15%。他在躁鬱症的雙生子研究上也發現相似的比例。但是因爲基因在精神醫學上不受重視，所以羅森諾夫的研究被拋在一旁，沒有人去注意。歷史學家艾德華・蕭特（Edward Shorter）說：

> 羅森諾夫的雙生子研究可說是兩次大戰之間美國對國際精神醫學文獻最主要的貢獻，但是美國的精神醫學因爲受到心理分析學派壟斷，完全忽略他的研究。[9]

一九三五年從德國移民到美國的法蘭茲・卡曼（Franz Kallmann）做了一個類似的雙生子研究。他在紐約的六百九十一對雙生子中得到更高的相關度，同卵雙生子是 86%，異卵雙生子是 15%。當他在一九五〇年世界精神醫學年會發表這篇研究時，他被心理分析師轟了下台。羅森諾夫和卡曼都是猶太人，但是他們卻被指控為納粹，因為他們做雙生子的研究。精神分裂症的母親理論要在二十年後才會被擊倒。

目前的看法是，「心理社會因素」（psychosocial factor）是沒有任何作用的；如果有的話，也只是一點點。在芬蘭的一項研究中，精神分裂症者的子女被人收養後，如果他們的養母也有「溝通上的偏差」（這是委婉的說詞，其實就是精神官能症的一個症狀），那麼這個孩子比較容易顯現出思想異常。但是親生父母都正常的孩子則不受影響，所以，即使有容易引起精神分裂症的母親，她也只能影響那些基因易感性（susceptibility）較高的子女。[10]

責怪基因

我要傳的第二個證人是基因。他認為精神分裂症是基因引起的，他用行為遺傳學的那一套來辯護。精神分裂症很明顯地有家族關係，如果你的堂表兄弟姐妹有精神分裂症，你得這個病的機率就從 1% 升到 2%。如果你的同父異母（或同母異父）的兄弟或姑姨有精神分裂症，你的機率就增加到 6%。假如你的親兄弟姐妹有這個毛病，你就有 9% 的機率。如果你的異卵雙生兄弟姊妹有精神分裂症，你就有 16% 的機率。如果你的父母都有，則機率升高到 40%。假如你的同卵雙生兄弟姊妹有，那麼你患精神分裂症的機率便高達 50%（這個數字比羅森諾夫和卡曼所研究都低，因爲現在的診斷很小心）。

但是雙生子共享的不只是基因，也有後天的環境。在一九六〇年代初期，賽莫・凱提（Seymour Kety）用丹麥養子女的研究逐漸去除人們的反感（丹麥政府對資料的收集非常有心，他們有完整的領養記錄）。他發現親生父母的親戚中，如果有人被診斷爲精神分裂症，那麼這個孩子也有精神分裂症的機率，比他養父母家中有親戚患病高出了十倍。反過來的情形，即孩子被精神分裂者收養，當然是非常少。[11]

這些數字顯示兩件重要的事。第一，在西方社會中，精神分裂症的遺傳力很高，大約 80%，跟體重差不多，比人格高出許多。第二，它顯示有許多基因牽涉其中，不然的話，異卵雙生子的數字應該跟同卵雙生子更接近。[12]

基因證人的證詞果然非常有說服力。很少疾病有這麼清楚的遺傳證據，除了那些由單一基因所引發的疾病以外。在基因體的時代，要指認出精神分裂症的基因應該不是件難事。一九八〇年代，遺傳學家滿懷信心地開始尋找。在尋找基因的競賽中，精神分裂症的基因可以算是最紅的。遺傳學家比對精神分裂症患者和他沒有患病的親戚的基因，找出有差異的染色體片段，然後繼續尋找眞正引起精神分裂症的基因。到一九八八年，用家族記錄保存良好的冰島資料，有一組研究團隊發現了重大的結果。他們發現精神分裂者的第五號染色體有缺陷，但是他們的近親沒有。差不多同時，另一組競爭團隊也發現，精神分裂者的第五號染色體多了一小段。[13]

大家都向研究者恭喜，報紙斗大標題：「發現精神分裂症的基因」。在這段期間，很多行爲的基因都上了報紙：憂鬱症的基因、酗酒的基因、其他精神疾病的基因。科學家倒是非常小心，在結果底下都有一行小字註明這是初步的結果，而且這只是精神分裂症的其中一個基因，不是唯一的基因。

雖然如此，很少人有準備好接受後來的失望。很多人想重複這個實驗結果，但都沒有成功。到一九九〇年代晚期，終於宣布第五號染色體是個錯誤的幻象。對於尋找造成複雜心智疾病的基因，研究者一而再而三的失望，一開始的興奮之情很快地褪去。科學家學會了謹慎，在宣布某個疾病和某一段基因的關係時變得非常小心。現在沒有人會對報上的標題當眞，除非它可以被別的實驗室複製。

到現在爲止，大部分的人類染色體都曾跟精神分裂症扯上關係，只有六條染色體未曾被提及（3、7、12、17、19 和 21）。但只有少數關聯性是經得起考驗的，每一個研究似乎都找到不同的關聯。也許是因爲不同的族群有不同的突變，越多基因跟精神分裂症有關，不同的突變就越可能產生相同的結果。你可以想像如果屋子裡的燈熄了，可能是電燈泡壞掉、保險絲燒掉，或是正好停電。上一次是保險絲燒掉，這一次可能是燈泡壞掉；這次不是保險絲燒掉，並不能證明上次不是這個原因。但是燈泡才是造成屋子裡黑暗的原因，不是保險絲。

然而，也可能兩者都有關係。大腦是非常複雜的系統，它並不是只有三、四處可能出錯，而是成千上萬處。一個基因可以控制其他基因的開關，繼而控制更多基因的開關，最簡單的迴路也有數十個基因參與其中，剔除任何一個基因都會中斷這個迴路。然而，不可能每個精神分裂症患者都是同一個基因出問題。迴路中可能出錯的基因越多，要重複疾病與基因之間的關聯越困難。所以，不能重複不需要氣餒，也不能說是錯誤。不能因爲實驗無法重複，就證明「神經基因決定論」的概念是錯的。基因在精神分裂症上的關係已經由雙生子研究和領養子女研究證明了，只是不知道是哪些基因而已。我想這樣說應該很公平：基因關聯的研究對單一基因疾病（如杭丁頓舞蹈症）很有用，對多基因引起的精神官能症就不是那麼管用了。

責怪突觸

傳喚第三位證人。有些科學家不是去尋找基因上的不同，而是去看大腦的生物化學機制。假如有不同，他們可以推論出哪些基因負責這些生化物質，從而找出最可能的基因來。科學家首先看的便是多巴胺感受體（dopamine receptor）。多巴胺是一種神經傳導物質，或說是大腦中某些神經細胞的化學接力系統。一個神經細胞釋放出多巴胺到兩個細胞中間的突觸（synapse，突觸是兩個神經細胞之間的小空隙），使鄰接的細胞開始傳送電訊。

在一九五五年以後，多巴胺開始引起科學界的注意，因爲在那一年該使廣泛使用「氯普麻」（chlorpromazine）這種藥物來治療精神分裂症。對精神科醫師來說，這個藥好像是「天上掉下來的禮物」，因爲他們不用再被迫選擇殘忍的額葉切除手術或是無用的心理分析，這種藥物眞的可以使病人回復正常。這是第一次精神分裂症病人可以離開精神病院，回家去過正常的生活。只是後來，它出現了可怕的副作用，所以病人開始拒絕服用它。這個藥會使病人慢慢失去控制運動的能力，有點像巴金森氏症（Parkinson's disease）

的症狀。

雖然這個藥不能治好病，至少它帶來一個重要的線索。氯普麻是一種化學物質，它可以阻擋多巴胺感受體與多巴胺的接觸。第二個線索是，可以增加大腦中多巴胺濃度的藥物，例如安非他命（amphetamine），會引發精神官能症或使其惡化。第三，大腦造影顯示精神分裂症者的大腦中產生多巴胺的區域不正常。所以精神分裂症應該是神經傳導物質的毛病，尤其是與多巴胺有關。

多巴胺有五種不同的感受體，其中兩種已被證明在精神分裂症者身上是不正常的（D2 和 D3），但是這個結果仍然很難被複製。此外，最有效的抗精神病藥物是去阻擋 D4 感受體。更糟的是，D3 的基因在第三號染色體上，而這是從來沒有跟精神分裂症扯上關係的六條染色體中的一條。

精神分裂症的多巴胺理論逐漸失寵，尤其是研究者發現，多巴胺信號不正常的老鼠一點都沒有人類精神分裂症的症狀。最近研究者的注意力轉移到另一個神經傳導物質：麩胺酸鹽（glutamate）系統。精神分裂症者腦中的一種麩胺酸鹽感受體（NMDA receptor）似乎活動不夠。第三個可能性是血清張素（serotonin）訊號系統。科學家在這部分比較順利，他們找到一個基因叫做 5HT2A，似乎常在精神分裂症患者發生缺失，而且坐落在第十三號染色體上，這個染色體是最常被基因關聯研究指認出來的「禍首」。但是結果仍然令人失望。[14]

到了公元兩千年，仍然沒有什麼進展。人類基因體計畫即將完成，所有的基因都在電腦裡，但是如何找到與精神分裂症有關的片段？匹茨堡大學的培特・拉維持（Pat Levitt）和他的同事從精神分裂症患者死後的前額葉皮質（prefrontal cortex）取樣，檢查哪些基因的活動不正常。他們很仔細地配對受試者的年齡、性別、死亡時間以及大腦狀況，然後用微陣列（micro-arrays）的技術檢驗近八千個基因，找出精神分裂症患者表現不正常的基因。首先找到的是一組負責「突觸前分泌功能」的基因，用白話來說就是這些基因負責在神經細胞中製造化學訊號，例如多巴胺和麩胺酸鹽。這些基因中有兩個特別不活化，很驚訝的是這兩個基因坐落在第三號和第十七號染色體上——這也是在基因關聯性實驗中，從來沒有跟精神分裂症扯上關係的六個基因中的兩個！[15]

還有另外一個基因則是在對的染色體上（第一號染色體），這個基因叫 RGS4，它在突觸後活躍——也就是說，它不是製造神經傳導物質，而是接受訊息的。在拉維特檢查的十個病人中，RGS4 的活化程度都顯著較低。在動物實驗中，RGS4 跟壓力有關，突如其來的壓力會減低它的活動。這或許可以解釋精神分裂症的一個普遍特性：壓力常會使病人發病。普林斯頓大學數學家約翰·納胥（John Nash，譯注：一九九四年諾爾經濟獎得主，患有精神分裂症，他的傳記被拍成電影，中譯名為「美麗境界」）就是因爲被警察逮捕，結果失去他的工作，又拚命想解出量子力學的難題，結果就發病了。在莎士比亞的《哈姆雷特》（*Hamlet*）中，哈姆雷特看到他的母親嫁給殺父仇人，這刺激可能足以使他瘋狂。假如壓力會抑制 RGS4的活動，而 RGS4 在有精神分裂傾向的人身上本來就低，那麼壓力就會引發精神官能症。但這並不表示 RGS4 是精神分裂症的原因，只能說在受到壓力後 RGS4 失去功能會加重精神分裂症的症狀。

即使是這種解釋都要小心爲上。微陣列技術只是找出表現有差異的基因，並不能決定因果關係；它有可能是引發疾病的原因，也可能是疾病造成的結果。基因表現的程度不一定是遺傳的，基因不只是寫劇本，它也參與演出。這點在本書中我會一再提到，因為它是一個重要的觀念。

無論如何，微陣列的證據至少支持了從藥物得來的線索，即精神分裂症是一個突觸的疾病，在大腦的某處，神經連接的地方出了問題——最可能的地方便是前額葉皮質。

責怪病毒

傳喚第四位證人，他認為精神分裂症是由病毒引起的。精神分裂症的遺傳力很高，但不是百分之百。雙生子和養子女的研究顯示環境因素有很大的發揮空間。不僅如此，他們強調後天的角色，不論遺傳學家最後找到了多少基因，都不會減低環境的重要性。要記得，先天跟後天不是對立的，它們可以並存，共同作用。或許我們從父母身上遺傳到的是易感性，父母給我們的體質使我們容易得到這個病，就像有人容易得到花粉熱一樣，但是引起花粉熱的當然是花粉。

雙生子研究顯示，雙生子同時得到精神分裂症的機率是 50%。既然雙生子的基因相同，剩下的 50%一定是非基因的因素。此外，假如這對雙生子各自結婚生了孩子，他們的孩子會如何？顯然，有精神分裂症父親的孩子是高危險群，但是另一個沒有精神分裂症的雙生子的孩子呢？你可能認為他逃過一劫，應該不會把精神分裂症傳給他的孩子，但是事實並非如此。這個孩子從未得病的父親身上繼承了同樣高的機率，這證明這些基因對精神分裂症而言是必要但不是充分條件。[16]

尋找非遺傳的因素其實比尋找基因更早。一九八八年，當第一個基因關聯性在冰島居民身上發現時，薩諾夫・麥尼克（Sarnoff Mednick）也在芬蘭赫爾辛基精神病院中翻閱舊病歷。他想解釋一個廣爲人知的現象：冬天出生的孩子得精神分裂症的機率比夏天出生的高。這個現象在南北半球皆同，雖然有六個月的季節差異。它的效應並不大，但是不論怎麼操弄統計方法都存在。

麥尼克認爲冬天易得感冒，或許是感冒病毒使母親產下易得精神分裂症的孩子。所以他檢視赫爾辛基醫院的記錄，查看一九五七年流行性感冒大流行的影響。果然，那些在感冒流行期間處於懷孕四到六個月的婦女，比較容易得到感冒（相較於懷孕初期和後期的婦女）。

麥尼克再去查閱婦產科的記錄，找出那些在一九五七年感冒大流行時懷孕，然後孩子是精神分裂症的資料。他發現這些母親大多是在懷孕中期得到感冒，在懷孕初期或晚期得到感冒的較少。在丹麥有一份資料可以支持這個假設：在一九一一到一九五〇年間，每當流行性感冒盛行時，生下來的孩子得精神分裂症的比例就會增加，而母親最容易感染流行性感冒的時候是懷孕六個月時，特別是懷孕第二十三週的時候。

所以精神分裂症的病毒假設就出現了。在懷孕時感染流行性感冒，尤其是在懷孕中期，會使胎兒尚未成熟的大腦受損害，這個後果會在很多年以後出現，使這個人容易得到精神官能症。當然，不是所有感染到感冒的母親都會生出精神分裂症的孩子，這也跟基因有關：有些人的體質就是容易遭受病毒攻擊，或是你要說有些人在受感染後基因較容易出問題也可以。[17]

有一項有趣的資料也許可以支持這個病毒理論。大約有三分之二的同卵雙生子比其他的同卵雙生子關係更密切，他們不但來自同一個受精卵，還共用一個絨毛膜（chorion，譯注：胎兒最外的保護層，有營養作用，可形成胎盤），且共用一個胎盤，叫做「單絨毛膜雙胞胎」（monochorionic twins）；有少數甚至共用內層的羊膜，叫做「單羊膜雙胞胎」（monoamniotic twins）。雙胞胎形成的時間越晚，就越可能形成單絨毛膜雙胞胎。由於這類雙胞胎是浸在同樣的羊水裡，或許他們會受到同樣的非基因影響。他們甚至分享從同一胎盤中過來的血液，或許他們都碰上了相同的病毒。假如是這樣，那麼單絨毛膜雙生子若一個有精神分裂症，另一個應該也有。很可惜的是，這種資料不易收集，你不但要找雙生子，還得找有精神分裂症的雙生子，而且他們出生時的資料要很完整，記錄著他們是單絨毛膜雙胞胎才行。難怪這種資料找不到。

不過，倒是有幾個明顯的特徵可供參考。單絨毛膜雙生子常會有鏡影的現象：他們的髮旋和指紋旋轉的方向是相反的，他們也用不同的手寫字。此外，這種雙生子的指紋更相似；指紋大約是在懷孕四個月時形成的。利用這些特徵作爲單絨毛膜的佐證，密蘇里州的詹姆士・戴維斯（James Davis）發現，單絨毛膜雙生子同時發生精神分裂症的機率，果然比雙絨毛膜雙生子高，他認爲這可能是病毒理論的證據，因爲共用羊水的雙生子很可能同時被感染。但是，單絨毛膜雙生子的高度相關，只能說他們是共同遭受到某個意外事件，不一定就是感染。[18]

其他的感染原也可能啓動連鎖反應，最後造成對精神分裂症的易感性，例如疱疹病毒（herpes virus）和毒漿原蟲（toxoplasma，一種原蟲病，有時從貓得來）。毒漿原蟲可以穿過胎盤，使胎兒失明或智障，它也可能引發後來的精神分裂症。科學家很早就知道，許多對胎兒的傷害都會增加精神分裂症的機率，例如難產。但是這個現象現在還很難釐清，因爲精神分裂症的母親通常比較容易難產。不過現在知道，母親有子癲前症（pre-eclampsia）的胎兒，如果在子宮中缺氧的話，他們得到精神分裂症的機率比一般人高九倍。胎兒如果在分娩的過程中遭到缺氧損傷，也會提高罹患精神分裂症的風險。在此，我們又看到先天和後天的交互作用。除非你的基因設定可以忍受缺氧久一點，不然你就得用順產來打敗基因設定的命運。[19] 缺氧可能是雙生子罹病機率不一樣的原因。雖然他們有同樣的基因，但是在分娩時或分娩前，其中一個雙生子可能發生缺氧，所以後來只有一個發生精神分裂症。

然而，還有一個更意想不到的可能性。引起愛滋病的病毒是反轉錄病毒（retrovirus），這種病毒會將基因插入你某些細胞的染色體中。因爲這發生在血球細胞，不在精子或卵子，所以病毒的基因不會遺傳到後代。但是在遠古的某個時候，而且不只一次，類似的反轉錄病毒感染了我們的精子或卵子。我們做出這樣的推論是因爲人類基因體中有許多反轉錄病毒的完整基因體，它們可以製造出有感染性的病毒顆粒。這些病毒叫做「人類內生反轉錄病毒」（human endogenous retroviruses，簡稱 herv），它跟人類的基因混在一起，是個寄生的入侵者，我們將它一代一代傳給我們的後世子孫。事實上，在人類的基因體中還有很多簡化、縮短的病毒基因體，我們稱之爲「跳躍基因」，數量高達我們基因體的四分之一。從 DNA 的觀點看來，人類是病毒的後代。

幸好，這些病毒的 DNA 是被軟禁起來、不能亂跑的，因爲有一個機制叫甲烷化（methylation），使它們無法製造病毒顆粒。但是，總有逃脫的危險存在，一旦逃出去，它們會製造病毒，從自體內來感染我們的細胞。假如是這樣的話，醫學上的後果就不得了了。再想想它在哲學上對先天後天辯論的傷害。這是一種傳染病，就像其他的病毒一樣，但是它是從你的基因而來，從親代傳到子代；它像是遺傳疾病，但是它會傳染。

幾年前，證據開始出現：這可能是多發性硬化症（multiple sclerosis）的發生原因。多發性硬化症和精神分裂症的症狀大不相同，但是兩者卻有一些巧合的共同點。兩者都出現在成年初期，都較容易發生在冬天出生的人身上。所以加拿大科學家帕蘿米塔·戴比林克（Paromita Deb-Rinker）分析了三對同卵雙生子的 DNA，這些雙生子都是一個有精神分裂症、一個沒有的。在比對 DNA 時，她發現得病者的 herv 比較活躍，出現次數較多。[20] 美國約翰霍普金斯大學的羅伯特·約肯（Robert Yolken）和他的同事也檢驗了精神分裂症者的 herv 基因，他們檢查受試者的腦脊液。他們的樣本有三十五個來自德國海德堡新被檢查出的精神分裂症患者，二十個來自得病很多年的愛爾蘭患者。另外三十個正常人爲控制組，也都住在上述兩個地方。結果其中十個德國患者和一個愛爾蘭患者的腦脊液中有 herv 基因活躍，但是控制組中一個也沒有。此外，活躍的反轉錄病毒與跟多發性硬化症有關的 herv 是屬於同一類。[21]

上述這些還不能證明 herv 跟精神分裂症有關，更別說是 herv 引起精神分裂症，但是的確有一種可能性存在。假如 herv 眞的會引起精神分裂症，或許它們是在子宮中被感冒病毒所誘發的，或許它也會在前額葉發展時干擾到其他基因。這就可以解釋爲什麼這個病具有高遺傳力，又在不同人身上與不同的基因有關。

責怪發展

第五個證人帶了一隻老鼠。這不是一隻普通的老鼠，而是一九五一年在籠子中表現奇怪的老鼠。牠在走動時有很奇怪的搖晃動作，好像在跳舞（但不是像第二章提到的日本華爾滋鼠那樣）。有一位科學家發現了這個情形，很快地查出這是單一基因的隱性遺傳。這隻老鼠的大腦混亂不堪，一些應該長在內層的細胞跑到外層去。一九九五年，科學家找到了這個「搖擺」基因，位在老鼠的第五號染色體上；一九九七年也找到人類的相應基因，位在第七號染色體上，兩者製造出的蛋白質有 94% 的相似性。這是一個很大的基因，包含了一萬二千個字母，分成六十五段表現子。後來的實驗發現，這個基因所製造的蛋白質對胎兒大腦的組織非常重要，它指揮大腦細胞的組織與定位，告訴神經細胞到哪裡生長、什麼時候停止生長。

這些跟精神分裂症有什麼關係？一九九八年，伊利諾大學的研究團隊測量新近死去的精神分裂症者大腦中這種蛋白質的數量，發現它們只有正常人的一半。[22] 一個新的嫌疑犯出現了。不正常的細胞遷移是精神分裂症的特徵之一，而這個蛋白質又是負責神經細胞遷移的指揮者之一。此外，它也負責維持樹突分叉（dendritic spines，也就是突觸形成的部位），所以這個蛋白質的不足可能會造成突觸運作不良。對贊成感冒病毒理論的人來說，引起老鼠大腦中搖晃基因的表現驟降一半的原因，很可能是在胚胎期受到感冒病毒的感染。[23] 換句話說，搖晃基因就跟精神分裂症的其他理論搭上關係了。[24]

這隻可憐的搖晃老鼠立刻變成注意力的焦點：或許牠就是精神分裂症的動物模式。這個搖晃行爲只有當老鼠從父母雙方都繼承到這個基因時才會發生，如果只有一個搖晃基因，這隻老鼠從表面上看來是正常的，但其實並不正常。牠在學跑迷宮時比正常老鼠緩慢許多，而且沒有辦法像正常老鼠一樣做得很好。牠也不如正常老鼠那麼有社交性。

這不能說是老鼠的精神分裂症，但是有幾個類似的地方。科學家對搖晃基因所寄予的厚望開始減退。然而，一九九○年代在阿拉伯和英國的兩個家庭裡都找到了這個搖晃基因。這兩個家庭都有表兄妹近親結婚，使得這個搖晃基因聚在一起，引起小腦發育不全的平腦症（lissencephaly with cerebellar hypoplasia, LCH），通常在四歲以前會致命。假如這個遺傳的搖晃基因缺陷會造成精神分裂症，那麼你應該可以從沒有得病的親屬身上找到精神分裂症的跡象，因爲他們身上可能也帶有一個這種突變的基因。但是到現在爲止，這兩個家族中都沒有精神分裂症的病史，雖然阿拉伯家庭研究得並不是很詳細。科學家再一次失望了，就像所有的精神分裂症故事一樣，都是雷聲大雨點小。搖晃蛋白質的減少是精神分裂症的一部分，可能是關鍵性的部分，但不是主要的成因。[25]

很奇怪的是，搖晃蛋白質的減少並不限於精神分裂症，在重度躁鬱症和自閉症患者中也很普遍。看起來，這個蛋白質似乎非常重要，依據它的減少位置或減少時期（大腦發展時期）會導出不同的精神疾病。搖晃蛋白質和感冒病毒都指向子宮時期的問題，但是精神分裂症多半是成年人的病。雖然後來父母在回想時，都能指出患者兒時的一些徵狀，例如焦慮、很慢才會走路、語言表達能力不良，但是他們都是在青春期過後才發病的。[26] 一個病怎麼可能在子宮裡得到，到成年才表現出來？

精神分裂症的神經發展模式似乎可以解釋這個現象。一九八七年，丹尼爾·魏伯格（Daniel Weinberger）認爲，精神分裂症與其他大腦疾病最不相同的地方，就是當症狀出現時，原因早已消失了。傷害已經造成，但是只有當大腦逐漸成熟時，它才會顯現出來。它不像阿茲海默症或杭丁頓舞蹈症等疾病，精神分裂症不是大腦神經的萎縮，而是大腦發展的疾病。[27] 在青春期的後期和成年期的早期，大腦的改變非常劇烈。許多迴路是第一次包上髓鞘，許多原有的神經連結被修剪掉了：神經細胞之間的突觸縮減，只留下最強壯的。或許精神分裂症者是前額葉皮質修剪得太過分，因爲以前這裡的突觸沒有適當發展，或是太少的神經細胞遷移到它應該去的目的地。這裡牽涉到很多基因，所以它們被稱爲「精神分裂症基因」。但是它們比較像是症狀，而不是原因。我們必須從影響最初早期發展的基因中去尋找精神分裂症的眞正原因。[28] 很多精神分裂症出現在年輕男女開始進入陌生的成人社會，競爭立足之地與配偶的時候，或許這個發病年齡不是巧合。

大部分的科學家同意，精神分裂症是個器官的疾病，一個發展上的疾病，是在第四維度（時間）上的疾病。它是大腦在生長和分化時出了毛病。它再次提醒我們，大腦和身體都不是製造而來，它們是生長而來的，而這個生長是由基因所指揮的。但是這些基因會彼此起反應，也會對環境因素及偶發事件起反應。要說基因是先天，而其他是後天，可以說絕對是錯的。基因是一個工具，後天透過基因來表現它自己；而後天也是工具，基因透過後天來表現它自己。

責怪飲食習慣

當大家都同意彼此的意見時，沒有一個科學愛好者會感到快樂。第六位證人是鐵了心來破壞大家的情緒的。他承認基因、發展、病毒和神經傳導物質在精神分裂症上都扮演了角色，但是沒有一個是眞正的基本原因，這些其實都是症狀而已。他認爲，要了解精神分裂症，就要看我們吃了些什麼。發展中的大腦非常需要某種脂肪，我們稱之爲必需脂肪酸（essential fatty acid，簡稱 EFA），而精神分裂症患者的大腦比一般人更需要它。假如他們不能從食物中攝取，結果就會導致精神分裂症。

一九七七年二月一個晴朗嚴寒的日子，一位英國醫學研究者走在蒙特婁市（Montreal）時，突然想到一個點子。大衛・霍洛賓（David Horrobin）一直在思索，如何把精神分裂症的一些奇怪事實拚湊成有意義的圖片。這些事實都跟我們經常忽略、非心智方面的問題有關，比如說，精神分裂症者很少得關節炎；他們對痛很不敏感；當他們發燒時，他們的精神症狀通常會改善，不過只是暫時性的。（有一陣子，瘧疾曾被拿來治療精神分裂症——效果不錯，但只是暫時性的。）此外還有一件新的事實，他發現化學物質菸鹼酸（niacin，當時被用來治療高膽固醇）不會在精神分裂者的皮膚上引起潮紅，但是在一般人身上卻會。[29]

突然之間，這些碎片兜起來了。皮膚發紅、關節炎及對痛的反應，都需要細胞膜釋放一種脂肪分子，叫做花生油酸（arachidonic acid，簡稱 AA）。花生油酸會轉變成攝護腺素（prostaglandin），引起發炎、潮紅和疼痛的現象。同樣的，發燒也會引起花生油酸的釋放。所以，或許精神分裂症患者無法從細胞釋放正常數量的花生油酸，因而引起他們的精神問題，以及他們對疼痛、關節炎及潮紅的抵抗能力。只有發燒能將花生油酸的濃度提高到正常人的程度，所以使病人的腦功能恢復正常。霍洛賓把他的想法發表在英國科學期刊《刺胳針》（*Lancet*）上，然後等著接受掌聲。但是，他卻沒有聽到任何掌聲，因爲當時研究精神分裂症的專家都全神貫注在多巴胺假設上，根本沒有人注意到他的不同理論，更別說去考慮它。精神分裂症是個大腦的疾病，它跟脂肪有什麼相干？

霍洛賓喜歡反抗傳統觀念，不在意與衆不同，所以這個反應並沒有使他氣餒。但是一直到一九九〇年代，證據才開始出現，支持他的看法。有人注意到精神分裂症患者缺乏花生油酸，也發現病人體內的花生油酸氧化速度較快。有人認爲精神分裂症患者的花生油酸太容易從細胞膜中流失，或是一旦釋放出來，不容易再回收到細胞膜中，或許兩者都有。這兩者都是酵素的缺陷，而酵素是基因製造的，所以霍洛賓很歡迎基因的角色加入。但是在這個疾病的表現或治療上，他認爲飲食扮演重要角色。

照理說，我現在應該跟你解釋脂肪和脂肪酸的性質與功能，但是我想讀者買這本書的目的並不是因爲喜歡生物化學，所以我只打算告訴你一些必須知道的事實，而盡可能用幾句話說完。你身體內的每一個細胞都是靠細胞膜相連，而細胞膜的主要成分是一種帶有脂肪的分子，叫做磷脂質（phospholipid）。磷脂質就像一把三股的叉子，每一股都是長鏈的脂肪酸，從飽和脂肪酸到多重不飽和脂肪酸，總共有上百種選擇。多重不飽和脂肪酸的特性是它們很有彈性，這在大腦中特別重要，因爲腦細胞不但要形成各種複雜的形狀，還要能夠在細胞連結增加或減少時快速改變，所以大腦需要更多的多重不飽和脂肪酸。大腦去除水分以後的乾重，有四分之一是由四種多重不飽和脂肪酸構成的，這些脂肪酸就是必需脂肪酸。因爲我們的祖先忘記發明從頭製造這些脂肪酸的方法，所以必須從食物中獲取它的前驅物（precursor）。假如一個人的飲食中富含飽和脂肪酸，但是缺乏必需脂肪酸，他的大腦細胞膜可能就比多吃魚類脂肪的人彈性差（但是這無法解釋爲何挪威和日本的精神分裂症也一樣多，因爲這兩個國家的傳統飲食大部分是魚）。

驗證霍洛賓假說最好的方法，便是給精神分裂症者吃含有必需脂肪酸的食物。他的同事瑪爾寇姆・皮特（Malcolm Peet）等人就開始進行這項實驗。結果並沒有很特別，但頗具鼓勵性。病人在每天吃大量魚油（含豐富的必需脂肪酸）後，症狀有一些改善。這個實驗是用雙盲法（double-blind）進行的，即醫生和病人都不知道誰吃的是眞正的藥，誰吃的是安慰劑（placebo，編注：外型與試驗藥物相同，但毫無效用的對照組）。在三十一名新被診斷爲精神分裂症的印地安人中，每天固定服用一種必需脂肪酸後，有十個人不再需要服用抗精神病藥；但是服用安慰劑的二十九個人沒有一個有進步。這種必需脂肪酸會抑制酵素從細胞膜上移走花生油酸，使花生油酸保留在細胞膜上。因爲大部分抗精神病的藥物都有不好的副作用，例如倦怠、體重增加或出現巴金森氏症的症狀，所以這是一個令人興奮的消息。

脂肪酸的故事跟其他各種基因的假設並不是對立的。許多精神分裂症的神經症狀可以用脂肪酸來解釋。已知必需脂肪酸跟青春期的神經連結修剪有關。女性從食物中攝取前驅物以製造必需脂肪酸的能力較好，所以女性比較不易得精神分裂症。在懷孕時的飢餓、出生時的缺氧、壓力、甚至感冒，都會降低必需脂肪酸的量。感冒病毒會抑制花生油酸的形成，這可能是因爲花生油酸是身體防禦的一部分。

其他支持脂肪酸理論的直接證據來自基因研究，這些基因證實與精神分裂症有關。其中一個是製造磷脂酶-A2（phospholipase-A2）的基因，磷脂酶-A2的工作是移除磷脂質中間那個叉上的脂肪酸，通常是必需脂肪酸。還有一個是製造 apoD 的基因，apoD 像是送貨的大卡車，把脂肪酸送到大腦去。apoD 基因在精神分裂者大腦的前額葉皮質部位比正常人的活化程度高三倍，但是在大腦的其他部位和身體中並沒有這個現象。似乎前額葉皮質發現自己缺少脂肪酸，便加速 apoD 基因的表現來補償。apoD 基因位在第三號染色體上，而在基因關聯性研究中，第三號染色體從來沒有跟精神分裂症扯上關係。治療精神分裂症的藥物克廬平（clozapine），就是因爲它能夠增加 apoD 的表現。霍洛賓的假設是，精神分裂症需要兩種遺傳缺陷：一是使必需脂肪酸進入細胞膜的能力降低，一是使它容易流失，這兩者都受到很多個基因的影響。即使有這兩項遺傳缺陷，還是需要外界事件才能引發精神分裂症，而其他基因可以改變或甚至阻止這個效應。[30]

懸崖效應

精神分裂症在世界各地、各個人種中都一樣普遍，發生率大約是百分之一，而且它的症狀從澳洲原住民到愛斯基摩人都一樣。[31]這是很不尋常的，許多遺傳疾病都是偏好發生在某些種族。這表示導致人類精神分裂症的突變是很古老的，在我們的祖先離開非洲之前就已經存在了。在石器時代，有精神分裂症對維持生存很不利，更別說做個稱職的父母，因此對於它沒有被演化淘汰掉，實在令人好奇。

許多人注意到，精神分裂症似乎常出現在成功人士和知識分子的家庭。這使得英國精神醫學大師亨利・茅斯利（Henry Maudsley）反對優生學，因爲他發現不讓這些有精神病傾向的人生育，會把世界上的天才掃光。有輕微精神症狀的人通常都極端聰明、非常有自信、非常專注，就像高頓說的：「我很驚訝地發現，在極端傑出的人的近親中，這麼常出現瘋狂的人。」[32]

這種特性甚至可能幫助他們達到頂峰。或許這不是意外，許多偉大的科學家、領袖和宗教上的先知似乎都與精神官能症只有一線之隔，而且都有親戚是精神分裂症患者。[33]詹姆斯・喬埃斯（James Joyce）、愛因斯坦、容格（Carl Gustav Jung）和羅素（Bertrand Russell）都有近親是精神分裂症。牛頓和康德兩人可能都有輕微的精神分裂症。有一項研究估計，28% 的傑出科學家、60% 的作曲家、73% 的畫家、77% 的小說家、87% 的詩人，都有某些程度的精神不穩定。[34]就像普林斯頓的數學家納胥，在得到精神分裂症三十年後終於痊癒，他因對賽局理論（game theory）的貢獻拿到諾貝爾經濟獎。他在獲獎時說，在每次發病之間的正常理性時期，其實是不受他歡迎的，「理性思考限制了一個人對於他與宇宙之關係的想法。」[35]

密西根州的精神科醫生藍道夫・納西（Randolph Nesse）猜測，精神分裂症可能是演化上「懸崖效應」（cliff effect）的一個例子，即不同基因的突變可能都是好的，但是當它們全部集中在一個人身上時，它們的組合就突然變成一個大災難。痛風就是如此；尿酸可以保護關節不會過早老化，但是尿酸太多時，關節便疼痛難行。或許精神分裂症就是太多好事聚在一起變成壞事：太多有利於大腦功能的基因和環境因素都集中在一個人身上，結果就出問題了。這可以解釋爲什麼有精神分裂症傾向的基因不會被演化淘汰掉，只要它們不集合在一起，它們各自都對宿主的生存有利。

先天與後天同樣重要

在二十世紀，先天和後天的意識形態攻占疾病，就像中古世紀的軍隊攻占城堡一樣。壞血病和癩皮病（pellagra）的原因是維他命C缺乏，後天贏一城。血友病和杭丁頓舞蹈症的原因是基因突變，先天下二城。精神分裂症是個重要的城堡，後天的軍隊守了快一世紀，把它當作佛洛伊德理論的堡壘。雖然佛洛伊德派的人幾十年前被趕出了城堡，但遺傳學家也未能眞正占領城堡；他們可能被迫妥協，歡迎後天論者跨過護城河。

在這個病症被定名後一個世紀，關於精神分裂症只有兩件事是確定的：責怪冷漠的母親是錯的，還有這個病的遺傳性很高。除此之外，幾乎所有的組合解釋都行得通。許多基因顯然會影響精神分裂症的易感性，許多基因可能會對易感性產生補償作用，但是很少基因是眞正的原因。胚胎期的感染似乎在某些個案上很重要，但是它既非必要也非充分條件。飲食習慣可以使症狀惡化，甚至啓動它的發作，但是也只有對先天易感的人才會起作用。

在處理精神官能症上，先天和後天理論都不足以區分出因和果。人類的大腦先天就有能力找出因果關係，它會避開沒有原因的事件，偏好推論當 A 和 B 一起出現時，不是 A 引起 B，就是 B 引起 A。這個趨勢在精神分裂症病人身上特別強烈，在最平常的巧合事件上，他們看到了因果關係，但是 A 和 B 常常只是跟另一件事有關的平行現象。更糟的是，A 可以同時是 B 的因和果。

所以最好是說：先天和後天一樣重要。我向你保證過，精神分裂症會使你頭昏腦脹，現在你知道它的厲害了。克里卜林很聰明，一開始就說不要去管原因；即使有這麼多現代儀器，他的後繼者仍然沒有找出答案，他們甚至分不出原因和後果。看起來，最可能解釋精神分裂症的方式，是把先天和後天都包括進來，沒有人可以說誰比誰重要。

第五章

時間中的基因

假如我們逐字按照食譜去做，最後從烤箱中端出來的是一個蛋糕。我們不能把蛋糕分解，說這塊蛋糕屑是食譜中的第一個字，那塊蛋糕屑是食譜中的第二個字。

——道金斯[1]

日內瓦自然歷史博物館軟體動物收藏組的組長不是件簡單的工作，當他們聘請皮亞傑來擔任這個職務時，他是絕對夠資格的，他曾經發表過近二十篇關於蝸牛和它的近親的論文。但是他拒絕了，理由很正當：因爲他還是個學生，他要繼續攻讀瑞士軟體動物的博士學位。但是他的教父有感於他太專注在自然史上，於是鼓勵他把注意力從軟體動物學轉移到哲學，先是到蘇黎士大學，後來到巴黎大學。但是他的名氣是在他的第三專長上建立起來的。一九二五年，他在日內瓦的盧梭學院（Rousseau Institute）擔任兒童心理學家。在一九二六到一九三二年間，他發表了五本很有影響力的書，都是有關兒童的心智發展。現代父母堅持他的孩子必須達到發展里程碑就是從皮亞傑開始的。

皮亞傑並不是第一個把孩子當作動物來觀察的人（達爾文對他自己的孩子也是這樣），但皮亞傑可能是第一個把孩子當作有獨特心智的人，而不是尚未長大的成人。一個五歲的孩子在回答智力測驗題目時所犯的錯誤，讓皮亞傑看到他們心智運作時獨特但一致的方式。在解答「知識如何成長？」這個問題時，他看到一個漸進的、累積的心智建構，在童年時因經驗而成形。每一個孩子都經過一系列的發展階段，永遠是同樣的順序，雖然不一定是同樣的速度。第一是感覺運動期（sensorimotor stage），嬰兒還只是一堆反射和反應的集合，假如把東西藏起來，他就認爲東西不存在。第二是前操作期（pre-operational stage），一個自我中心的好奇時期。然後是具體操作期（concrete operation stage）。最後，在進入青春期之前，終於有了抽象思考和歸納演繹的推理能力。

皮亞傑了解，發展是一個連續性的歷程。但是他堅持，正如一個孩子在還沒有「預備好」之前是不會走路、不會說話的，而所謂智慧的元素也不是僅僅從外面的世界吸收就有的，只有當大腦發展好、預備好去學習時才學得會。皮亞傑認爲，認知發展既不是學習，也不是成熟，而是兩者的組合，是主動將發展中的心智與外界互動。他認爲知識發展所必要的心智結構是基因決定的，但是正在成熟的大腦在發展歷程上，需要經驗的回饋和社會的互動。回饋可以有兩種形式：同化（assimilation）和調適（accommodation）。孩子會同化預期中的經驗，並對非預期的經驗產生調適。

在我的照片中，皮亞傑是唯一拒絕被歸類爲經驗論者或先天論者的人。當時勞倫茲和史金納各執一方，針鋒相對（前者支持先天論，後者支持後天論），而皮亞傑則很小心的走中庸之道。他強調發展是有階段性的，所以他有點預示了幼年發展經驗的想法。他有很多論點是錯的，他認爲孩子只有在動手接觸過東西以後，才會了解物體的空間性質，這個想法現在已經知道是不對的。空間概念似乎較接近先天，即使很小的嬰兒都能了解他從未接觸過的物體的空間特性。然而，皮亞傑是第一個嚴肅看待人類本質的時間維度的人。[2]

發展學家的挑戰

下面這個觀念是一九五〇年代到一九六〇年代勞倫茲和李曼（Daniel Lehrman）的先天後天辯論中最主要的一點，後來被動物學家重新發揚光大。李曼是個熱情洋溢、能言善道的紐約客，熱愛賞鳥，他發現一項斑鳩的行爲可以應用在人類身上。公斑鳩的求偶舞會引發母斑鳩體內荷爾蒙的改變，也就是說，外在經驗可以透過神經系統來引發生物體內在的生理改變。他當時並不知道這個反應是經由基因的開和關所控制的。

一九五三年，在他研究斑鳩之前，李曼決定用他半吊子的德文把勞倫茲的書翻譯成英文（他的德文是在二次世界大戰時替美國情報局解截收下來的無線電訊息時學的），他翻譯的目的不是爲了介紹勞倫茲的研究，而是爲了要批評他。他強有力的批評的確影響了一個世代的行爲生態學家，連丁伯根在閱讀了他的批評後也修正了他的看法。奧地利的勞倫茲是極端的本能主義者，他認爲有些行爲是天生的，因爲即使動物在一出生便被帶離正常的環境，長大後這個行爲還是會出現。勞倫茲說，大部分的動物將行爲模式精緻化、複雜化，並不是因爲經驗的影響，而是受到基因的驅使。李曼則批評勞倫茲完全忽略發展對行爲的影響，行爲並不是從基因直接產生的，基因建構大腦，大腦吸收經驗，然後在行爲中表現出來。在這種系統中，「天生」是什麼意思？[3]

勞倫茲以很長的篇幅回答，李曼又再回應，但是兩人還是沒有交集。李曼認爲，不能因爲行爲是天擇的產物，就認爲它是先天的（不需要經驗即可產生）。在鴿子發展出求偶偏好之前，牠需要先知道牠的父母是什麼樣子，才會找牠自己的同類；但是牛鸝（cowbird）就不需要，牠像布穀鳥一樣從來沒有看過牠的雙親，所以的確有天生的交配偏好。勞倫茲根本不在意那個行爲是怎麼產生的，只要它很顯然是天擇留下來的，而且在成年動物身上表現出來時跟正常長大的動物一樣就好了。對勞倫茲來說，「天生」是指「不可避免」；勞倫茲一向對「爲什麼」的興趣高過「如何」。

丁伯根解決這個問題的方式讓很多人都很滿意。他說研究動物行爲的人對於某一個行爲應該問四個問題：引起這個行爲的機制是什麼？這個行爲怎麼發展出來的（李曼的問題）？這個行爲如何演化出來的？這個行爲的功能或在演化上的價值是什麼（勞倫茲的問題）？[4]

他們的辯論在一九七二年因李曼過世而終止。然而最近幾十年，李曼的發展論點又被拿來炒作，集結那些認爲行爲遺傳學和演化心理學家太過分的人。這個「發展學家的挑戰」有好幾個版本，但它的中心思想是：許多現代生物學家振振有詞地說「造成某個行爲的基因」，卻忽略了基因影響行爲的系統是很複雜的、充滿不確定性，且是循環的。根據哲學家肯・薛夫納（Ken Schaffner）的說法，「發展學家的挑戰」有五點聲明如下：基因應該跟其他原因一視同仁；基因不是預先成形論者（preformationist）；基因的意義主要決定於情境；基因和環境的效果是沒有界線、不可分的；精神是在發展的過程中無預期冒出來的。[5]

最強勢的「發展學家的挑戰」是由動物學家瑪莉・魏斯特艾伯哈（Mary Jane West-Eberhard）提出來的，她認爲第二次演化綜合（發展機制與遺傳機制的並重）會推翻第一次演化綜合（指一九三〇年代孟德爾和達爾文兩家思想的綜合）。[6]例如，你可以看看你手背上的血管分布型態，雖然這些血管都到了它應該到的終點，但是它所走的路線在每個人都不一樣。這並不是因爲每隻手都有不同的遺傳程式，而是因爲遺傳程式很有彈性，它授權地方自己作決定。發展會對環境作調適；它能夠應付不同的情況，而依然達成任務。

假如同一組基因可以導出不同的發展，那麼不同的基因也可能達成同樣的成果。或是換成專業術語來說，發展並不會受到小幅基因改變的影響。這也許可以解釋兩個有趣的現象。第一是野生繁殖的動物（例如狼）對個體基因突變的敏感度，低於育種交配的動物（例如純種狗），前者受到基因變異的保護。第二，這也可以解釋一個族群中爲什麼有這麼多種不同版本的基因（人類和野生動物皆是）。許多基因有兩種略微不同的版本各在同一對染色體上，這有助於提供彈性，使身體可以適應不同的環境。

行爲的發展像生理結構的發展一樣需要有彈性。[7] 在較弱的版本中，「發展學家的挑戰」只是一個提醒，告訴行爲遺傳學家不要下太簡單的結論，不要鼓勵報紙頭條寫出「同性戀基因」或「快樂基因」這樣的字眼。基因是以團隊工作的方式，它不是直接建構有機體和本能，而是透過一個有彈性的發展過程。那些實際在研究老鼠、果蠅和線蟲的基因和行爲的人說，他們很了解過度簡化的危險，有時對發展學家也有一些厭煩。他們雖然強調複雜性和彈性，但發展基本上仍然是一個基因的歷程。實驗證明了這個系統的複雜性、可塑性和循環性，但同時也顯示出環境影響發展是透過基因的開與關：是基因允許可塑性和學習。洛夫・葛林斯班（Ralph Greenspan）這位研究果蠅求偶行爲的先驅這樣說：

> 就像表現求偶行爲的能力是基因指導的，透過經驗去學習的能力也是基因指導的。對於這個現象的研究，更加支持了行爲是由無數交互作用的基因在調節，每一個基因負責身體中的不同功能。[8]

廚房的比喩

一旦你開始思考生物的時間維度，好幾個有用的比喩就浮上心頭，它們都很圖像化。對我來說，比喩就像好的科學文章的生命，所以我會詳細討論兩個這類的比喩。

第一是山溝（canalisation）的比喩，這是英國胚胎學家康納德・魏丁頓（Conrad Waddington）在一九四〇年提出的。[9] 你可以想像一個小球從山頂上往下滾，一開始地面很平，但是不久地面開始出現小山溝，接著小山溝變成大山溝。有些山丘的小山溝最後匯集成一條大渠道，有些山丘的小山溝則分支成好幾條路。這個球就是動物，而小山溝匯集的山丘就代表先天行爲的發展：不論生物經歷什麼樣的經驗，結果都殊途同歸。分支成好幾條路的山丘則代表多半由環境決定的行爲。但是兩者都需要基因、經驗和發展才會顯現出來。例如，文法就很符合這個比喻，詞彙則否。鷦鷯的歌聲比畫眉鳥更符合這個比喻，牠不像畫眉是靠模仿和自我發明。[10]

把先天行爲比喻爲滾下坡的發展很有用，因爲它很清楚地橫跨基因與環境的二分法：基因設定了某個行爲，但環境還是可以把它拋在不同的山溝裡。假如人格和智商在大多數的社會中是遺傳力很高的（見第三章），這表示其發展是很窄的山溝——要有非常不同的環境才會把球拋離本道而落入別的山溝。但是這不表示環境不重要，這個球還是需要山坡才可以往下滾。

下一個比喻是一九七六年英國行爲生態學家培特·貝茲生（Pat Bateson）提出的，他深受李曼的影響。這是一個廚房的比喻：

> 行爲和心理的發展歷程與烹飪有很多相似之處。兩者的材料和組合方式都很重要，時間也很重要。在烹飪的類比中，材料代表許多基因和環境的影響，而烹飪代表發展的生理和心理歷程。[11]

這個廚房的比喻在先天和後天兩邊都很受歡迎。道金斯在一九八一年用烤蛋糕作比喻，強調基因的角色；他的對頭史蒂芬·羅斯（Steven Rose）三年後也用同樣的比喻，但他是用來強調「行爲不在我們的基因裡」。[12] 這個烹飪的比喻並不完美，它沒有抓到發展的精髓：兩樣材料自動變出第三個東西來。但是它也有可取之處，因爲它清楚表現了發展的第四維度。就像皮亞傑注意到的，行爲的發展需要時間，而且必須依序出現，就像烤法國蛋白牛奶酥一樣，不只需要正確的材料，還需要正確的焙烤時間，和正確的攪拌順序。（譯注：這是個很好的比喻，法國蛋白牛奶酥的材料添加順序很重要，直接影響後來膨脹的高度，不像有的蛋糕可以將雞蛋、麵粉、糖一次放進去再攪拌）。

同樣的，烹飪的比喻立刻解釋了爲什麼幾個基因可以創造出一個複雜的有機體。科幻小說作者道格拉斯．亞當斯（Douglas Adams）在他突然過世前曾寄給我一封電子信件，批評「三萬個基因太少，無法設定出人類本質」的說法。他認爲蛋糕的藍圖，就像建築師所需要的藍圖，是非常複雜的文件，需要精確記載每個葡萄乾的位置，準確描述果醬的形狀和大小等等。假如人類的基因體是個藍圖，那麼三萬個基因絕對不夠設定一個身體的規格，更不要說心智。但是烤蛋糕的食譜只是一段簡單的文字，假如人類的基因體像是食譜，是一套教你如何烘焙的指示，那麼三萬個基因就足夠了。我們不但能想像四肢生長的過程，還可以看到它如何進行，一個基因接一個基因，從科學的文獻中冒出來。

但是你可以想像這樣的事情發生在行爲上嗎？大多數人一聽到由基因產生的分子會在孩子心智中形成本能，馬上就退縮放棄，聲稱這個過程是無法理解的。我給自己下一個戰帖：解釋基因如何導至行爲的發展。在這本書裡，我已經解釋過一夫一妻制的本能是催產素感受體基因的表現，以及人格受到 BDNF 基因的影響。這些系統可以提供分析，但是它們也引發很多的問題：大腦一開始怎麼會建構成這個樣子？你可以說催產素感受體基因在內杏仁核表現，活化多巴胺系統，使一個人對另一個人產生愛意，但是是誰建構這個機制的？如何建構的？

請把基因體組織機制（GOD）想成一位有名的大廚，他的工作就是烤一個法國蛋白牛奶酥，叫做大腦。他會怎麼來做這件事？

腦中的路標

先來想嗅覺。在知覺的層次，嗅覺是基因決定的感官：一個基因負責一種味道。老鼠的鼻子中有一千零三十六個不同的嗅覺感受體，每一個都是由略微不同的基因所製造。人類在這方面是很貧乏的，我們只有三百四十七個嗅覺感受體基因，再加上一些無用的老基因（叫做假基因）。[13] 老鼠的每一個嗅覺細胞都有一條神經纖維（軸突），連接到嗅球（olfactory bulb）的不同單位。奇怪的是，表現同一種感受體基因的細胞，都把軸突送到同一個或兩個單位中。

例如，老鼠的鼻子中有好幾百個 P2 神經細胞，全都表現同一個感受體基因，而它們的神經輸出只刺激大腦的兩個部位。P2 神經細胞每九十天輪替一次，它們只能活三個月，它們的替代者會到達同一個地方去取代同一個功能。哥倫比亞大學理查．艾克瑟爾（Richard Axel）的研究團隊把老鼠所有的 P2 神經細胞殺光（藉由使 P2 神經細胞產生白喉毒素），然後看 P2 的替代者會不會找到它該到的地方，因爲這時已經沒有其他 P2 神經細胞爲它們指路了。結果發現它們會。[14]

這可以解釋爲什麼嗅覺如此容易喚起我們的記憶。嗅覺細胞對大腦的同樣地方非常忠誠，即使童年的神經細胞已經死了很久，它們的後繼者還是會循著同樣的路到達大腦。當艾克瑟爾和他的同事把嗅覺感受體基因從 P2 神經細胞中剔除時，新神經細胞就不再能夠找到目標，而在大腦中毫無目的地遊蕩。當他用 P3 的嗅覺感受體基因來替代 P2 時，那些原應該是 P2 神經細胞的軸突就伸往 P3 的目標去。[15] 這證明了聞到某一個味道需要某個基因在鼻子中表現，還要大腦中有一個基因表現來呼應它，而軸突就是兩者的連接。

第一位有此洞見的人是聖提牙哥・卡哈（Santiago Ramon Cajal, 1852-1934），他具有西班牙英雄的所有特質：藝術氣息、華麗奪目、躁動不安、身手敏捷。卡哈說服了世人，大腦不是一團連續性錯綜複雜的神經纖維，而是許多分開的神經細胞彼此接觸，但不是黏在一起。大家都把這項發現的功勞歸給他，但是在他之前，至少已有五位科學家提過這種想法，包括挪威的探險家和政治家弗萊德喬夫・南森（Fridtjof Nansen）。但是南森已經夠有名了，所以他把光環讓給卡哈。不過，我感興趣的是卡哈的其他發現。他認爲神經是受到化學物質的吸引，而朝向它的目的地生長。在這一點上，他是完全正確的。

就像莎士比亞劇作《馬克白》（*Macbeth*）中的女巫一樣，我現在必須在我的食譜中添加青蛙的眼睛了。青蛙有雙眼像差（binocular vision），牠們兩隻眼睛都往前看，這使牠們更容易逮到路過的蒼蠅。但是蝌蚪的眼睛是長在兩旁的，蝌蚪變成青蛙時，還要把眼球搬到前面。問題是：現在兩隻眼睛都在前面，看到同樣的景象，青蛙大腦必須把兩隻眼睛左半邊送進來的訊息，送到同樣的地方去處理。同時，兩眼右半邊的視野也必須在另一個地方處理。要做到這點，GOD 必須改變眼睛到大腦的電路，兩個眼睛有一半的視神經必須跨過中線到另一邊的大腦去，而剩下一半的視神經則留在同一邊。這些事實是從克莉絲汀・霍特（Christine Holt）和中川伸一（Shin-ichi Nakagawa）的研究得知的。[16]

視網膜上的每一個細胞都有一條軸突連到大腦的視蓋（optic tectum），軸突的尖端是生長錐（growth cone），它就像軸突的火車頭，可以拉著軸突延伸、轉彎或停住，因爲生長錐會對化學物質起反應，被吸引或排斥。當蝌蚪的視神經生長錐到達視交叉（optic chiasm）時，就好像在十字路口一樣，兩邊的視神經在那兒交會，使蝌蚪的右腦接收到左眼的訊息，左腦接收到右眼的訊息。但是當蝌蚪變青蛙時，視交叉必須發生一些改變。右眼的左邊及左眼的左邊視神經必須到達同樣的地方，而右眼的右邊及左眼的右邊視神經必須到達另一個地方，這樣青蛙的視覺才可以產生立體感，比較容易判斷蒼蠅的遠近。新神經細胞從視網膜往大腦生長，但是這次只有一半在視交叉處相交，剩下的一半繼續往同一邊的大腦前進。

霍特和中川發現這個改變是如何發生的：視交叉中有一個基因被啓動了。這個基因負責製造一種蛋白質稱爲 ephrin B，這種蛋白質會排斥生長錐。但是它只能逐退一半的生長錐，因爲只有一半的視神經表現 ephrin B 感受體。被逐退的生長錐會繼續往同一邊的大腦前進，而另外一半的視神經因爲沒有 ephrin B 感受體，所以會忽略 ephrin B 所送出來的訊息，跨過中線到另一端的大腦去。這使青蛙有了雙眼像差，比較容易捕捉到食物，生存下去。

只用兩個基因—— ephrin B 和 ephrin B 感受體——在對的時間、對的地方，以對的方式表現出來，青蛙就得到這個神經線路，使牠可以產生立體視覺。老鼠胚胎也是這兩個基因以同樣的方式表現，而在魚或小雞，這兩個基因沒有活化，所以沒有雙眼視覺。不過沒有關係，因爲魚和雞的眼睛是在頭的兩側，不在前方，本來視野就無法重疊。

ephrin B 是「軸突引導者」，是這類蛋白質中的極少數。軸突引導者有四種常見的蛋白質家族：netrin、ephrin、semaphorin 和 slit。netrin 是軸突的吸引者，而其他三種是軸突的排斥者。還有其他分子也可當軸突引導者，但是數量不多。現在看起來，這少數幾個分子就足夠建構大腦了，因爲這四種軸突引導者隨處可見，而且幾乎所有的動物身上都有，包括最低等的線蟲。這個系統眞是簡單到讓人難以置信，但是它卻能建構出有一兆個神經細胞的大腦，而每個神經細胞又有上千個連結。[17]

讓我再說一個神經引導者的分子生物個案歷史，我就讓你回到心理學透透氣。就像青蛙一樣，果蠅也有一些神經軸突需要跨越中線到大腦的另一邊去。要達到這個目的，牠們需要壓抑對 Slit 的敏感度，Slit 是在中線排斥生長錐的軸突引導者。要跨越中線，軸突必須先要壓抑 Robo 基因的表現，這個基因會產生 Slit 的感受體。壓抑 Robo 基因會使軸突對 Slit 不敏感，允許軸突自由通過中線的檢查哨。一旦軸突過了邊界，Robo 又回到「開」的狀況，這樣可以防止軸突再回頭。接著軸突會關掉過多的 Robo 基因（Robo 2 和 Robo 3），以決定過了中線以後還要走多遠。關掉的 Robo 基因越多，軸突走得越遠（離中線越遠）。

雖然這些基因是在果蠅身上發現的，但是科學家一點也不驚訝他們在突變的斑馬魚（zebra fish）身上發現了等同於 Robo3 的基因出問題，而這些魚都有神經越過中線的問題。然後科學家又在老鼠身上發現了三個 Slit 和二個 Robo 基因，也是掌管同樣的工作，在前腦形成時在中線指揮交通。然而在老鼠身上，Slit 的任務更多了些：它們可以實際引導軸突到大腦的特定位置上。[18] 看起來 Slit 和 Robo 基因在老鼠出生很久後，還在大腦的不同部位不停地開開關關，指引軸突到它們的目的地去。[19] 對這些基因來說，人類不過是大號的老鼠而已，所以這項發現對了解人類心智網路如何建構是一大突破。

你可能會說，這跟行爲還差得很遠。的確是。我的目的只是讓你看一下基因如何運用幾個簡單的規則，透過非常複雜的程序來建構大腦，以及讓你看一下遺傳學的第四維度——時間。我並不是說，我們已經完全了解大腦的發展過程，而科學家只是在塡補空隙而已。完全不是這樣。科學本來就是了解得越多，越知道自己的無知。直到現在，濃霧還是遮蔽一切，我們所知道的只是濃霧偶爾吹散的一角，下面還是一片未知的深谷。我還無法告訴你 netrin 和 ephrin 如何受到經驗的影響，也無法告訴你軸突引導者如何使布穀鳥的大腦發展出本能，唱出「布穀」的歌聲。但是現在藉著基因還原法，科學家已經展開第一步了。想要了解心智的建構，而不先去了解軸突引導者的基因，就好像要造林而不先種樹一樣。

卡曼徵候群

軸突引導者站在它們的檢查站，指揮路過的生長錐，這只是故事的一部分而已。這只解釋了神經細胞怎麼到達它們應該到達的地方，但是不能解釋神經到達目的地後如何產生正確的連結。這可能又是「時間」這個因素。假設一位倫敦來的女士在紐約找到股票經紀人的工作。她從倫敦前往紐約，一路上依照火車站、飛機場、出境櫃台、候機門、入境大廳、計程車招呼站、旅館、地下鐵等等的指標行事，直到她到達她的新辦公室爲止。這時，突然間，她轉換到另一種操作模式。她開始跟她的新老板、新同事打交道，有些同事也是來自外地。她認識新同事不是依照方向指示，而是依照名字和職位。神經細胞也是一樣，當 GOD 把神經細胞引導到它的目的地之後，還必須將它與其他到達的神經細胞作正確的連結。這時線索不再是方向的指標，而是名牌。

在一九八〇年代晚期，科學家偶然發現了第一個可以告訴軸突它已經到達目的地的基因。這個故事開始於一八五六年，西班牙醫生奧里安諾·聖璜（Aureliano Maestre de San Juan）解剖了一位四十歲男性的屍體，這個人沒有嗅覺，陰莖很小，睪丸也很小。聖璜在這個人的大腦裡找不到嗅球。幾年以後，奧地利也發現一個像這樣的病歷。於是醫生開始詢問陰莖很小的病人，他們的嗅覺能力如何。性學家非常興奮地拿這些案例當作證據，聲稱鼻子和陰莖的相似性就跟你看到的一樣。一九四四年，我在第四章提過的心理學家卡曼描述了一種罕見的遺傳缺陷，患者沒有嗅覺，性器官很小。這個缺陷發生在一個家族內，但主要出現在男性。這個病現在稱爲卡曼徵候群（Kallmann syndrome），而不是以最初發現它的西班牙人命名。這有點不公平，但誰叫他的名字這麼長！

科學家開始在 X 染色體上尋找卡曼徵候群的致病基因（男性只有一條 X 染色體，而且是從母親得到的），他們很快找到一個基因叫 KAL-1。在其他染色體上還有另外兩個基因也會引起卡曼徵候群，但是目前還沒定位出來。最近科學家已經知道 KAL-1 是怎麼運作的，以及當它損壞時會發生什麼結果。這個基因在懷孕五週時開始啓動，但既不是在鼻子，也不是在性器官，而是在未來要變成嗅球的地方。它製造一個蛋白質叫 anosmin，這是一種會使細胞互相黏結的分子。anosmin 對朝向嗅球遷徙過來的生長錐有很大的作用，當這些生長錐在懷孕第六週到達大腦時，已經在那邊等候的 anosmin 就使它們展開、分散。假如一個人沒有 KAL-1 基因，也沒有 anosmin，那麼軸突就不會跟嗅球連接，於是軸突就萎縮了。[20]

所以卡曼徵候群的患者沒有嗅覺。那麼爲什麼陰莖會小呢？很奇怪的，啓動性器官發展的必要細胞也在鼻子中開始它們的生命：在一個古老的費洛蒙感受體，叫做犁鼻器（vomeronasal organ）。它不像嗅神經只送軸突到大腦，這些神經細胞自己遷徙到大腦去。它們沿著嗅神經軸突的路線前進，如果沒有anosmin，它們就無法到達目的地，開始它們主要的工作：分泌促性腺激素釋放激素（gonadotropin-releasing hormone）。沒有這種荷爾蒙，腦下垂體就不會釋放黃體生成素（luteinising hormone）進入血液；而沒有黃體生成素，性器官就不會成熟，這個人的睪固酮濃度低，所以性慾低。即使過了青春期，仍然對女性無動於衷，沒有性慾。[21]

好極了！我終於找到一條路，可以從基因透過大腦影響行爲。貝茲生以卡曼徵候群爲例，強調基因的確可以影響行爲，但其連結是迂迴、間接的。我們不能把 KAL-1 基因稱爲「導致性功能不正常的基因」，因爲只有當它不工作時才會造成功能失常。除此之外，anosmin 在身體其他部位可能也有其他功能。KAL-1 基因對性發展的效應是間接的。還有好幾個基因假如損壞，也會造成部分或全部的徵狀，而這又可能牽涉到其他更遠的因果關係。事實上，大部分遺傳的卡曼症都是由 KAL-1 以外的基因突變所引起的。[22]

雖然我們找不到基因與行爲一對一的關係（總是多對多的），但是 KAL-1 在因果關係上，仍然是負責部分性功能的基因之一。就如李曼和皮亞傑會說的，基因透過神經系統的生理發展影響到行爲。基因設定身體該如何發展，進而設定行爲該如何出現。隱諱不明的事實終於揭曉：科學家可以把行爲當作發展的極致形式。鳥巢就跟牠的翅膀一樣是基因的產品。在我的花園及全英國的花園中，畫眉都是用泥巴來築巢，黑鸝都是用野草，知更鳥用毛髮，蒼頭燕雀用羽毛，一代一代皆是如此，因爲築巢是基因的表現。道金斯創了一個新詞來表達這個觀念：延伸的表現型（extended phenotype）。[23]

黏合與剪接

我前面提到過，anosmin 是細胞黏合分子，這讓它成爲 GOD 的基因產物中最有趣的一個。目前對細胞黏合分子還不甚了解，但是它們很可能就是大腦建構時，神經細胞辨識同事的名牌；它們是細胞在群衆中認出彼此的關鍵。我敢這樣說是因爲下面這個實驗，這是我所讀過最了不起的一項大腦基因研究。

這個實驗的主導者是賴瑞・倪波斯基（Larry Zipursky），實驗對象是果蠅。果蠅的眼睛是複眼，可以分成六千四百個六角形的管子，每一個管子都對環境中的一小部分聚焦。每一個複眼小管都有八條軸突連到大腦，告訴大腦它看到了什麼——大部分是動作。有六條軸突對綠光反應最佳，第七條對紫外線有反應，第八條對藍光有反應。前面六條到大腦最外層就停止了，第七條及第八條伸入較深的部位，而第七條最深。[24] 倪波斯基首先發現，這八條軸突要到達它們的目的地，必須要開啓 N-鈣黏素（N-cadherin，一種細胞黏合分子）基因，不但神經細胞要開，目標地的也要開才行。

他的團隊接著完成了不可思議的任務。他們用基因工程的方法，讓果蠅的部分第七條軸突表現出突變的 N-鈣黏素基因，而且讓這些突變細胞發出螢光綠色，使研究者可以區分同一隻果蠅中正常和突變細胞的發展。他們做到這一點的方法眞是令人大開眼界：他們讓你看到科學仍是可以展現創意和技巧的地方。如果沒有 N-鈣黏素，第七條軸突仍然會正常發展，到達它的目的地，但是不會產生連結，所以只有縮回來，茫然不知何處去。倪波斯基對前面的六條神經細胞也重複同樣的實驗，結果還是一樣：沒有 N-鈣黏素的幫忙，它們無法達到目的地。因此他下結論說， N-鈣黏素（後來又加上另一個基因叫 LAR，也是細胞黏合分子）是軸突辨認目標的必要條件。[25]

鈣黏素家族是目前生物學中最紅的分子，因爲它們在大腦建構電路系統時，讓神經細胞可以找到彼此。它們黏在神經細胞的表面，就好像海底長的海草葉。當鈣離子出現時，它們立刻變成棒狀，抓住鄰近細胞的鈣黏素分子。它們的作用似乎是將兩個神經細胞連結在一起。但是只有當它們的尖端形狀相容時，才會結合在一起。GOD 似乎儘量讓不同種細胞表面的棒子有不同的形狀，這是透過許多不同的鈣黏素基因，還有另一個截然不同的機制：選擇性剪接（alternative splicing）。請稍微忍耐一下，我必須帶你看一下基因是如何工作的。基因是一連串的 DNA 字母，記載了製造蛋白質的配方。在大部分的情況下，基因又分成好幾段「有意義」的短片段，中間被比較長的「無意義」片段隔開；前者稱爲表現子，後者稱爲插入子（intron）。在基因被轉錄成可以工作的 RNA 之後，在它被轉譯成蛋白質之前，這些無意義的插入子會被剪除，這個過程叫做「剪接」。

這個現象是一九七七年理查・羅勃茲（Richard Roberts）和菲利浦・夏普（Philip Sharp）發現的，他們因這項發現拿到諾貝爾獎。接著瓦特・吉爾勃特（Walter Gilbert）發現，剪接其實不只是剪除插入子，有些基因的表現子可以有好幾種不同的版本，所以同一個基因可以得出稍微不同的蛋白質，端看哪一個版本被選中。直到最近，科學家才了解這個發現的重要性。選擇性剪接並不罕見，也不是偶爾才發生。估計有一半的人類基因有這個現象；[26] 甚至不同基因的表現子也可以剪接在一起；在某些基因中，得出的不只是一兩個變異，而是幾百、甚至幾千個變異。

二〇〇〇年二月，倪波斯基讓他的研究生舒惠狄（Huidy Shu，音譯）去研究 Dscam 這個分子。這是最近吉姆・克萊門斯（Jim Clemens）從果蠅中分離出來的基因產物，戴瑪・施馬克（Dietmar Schmucker）證明這是引導果蠅神經細胞到大腦目的地的必要分子。這個果蠅基因跟人類對等基因有一小部分非常不同，人類的 Dscam 基因可能跟引起唐氏症的一些症狀有關（Dscam 就是 Down syndrom cell-adhesion molecule 的頭一個字母組成的）。舒開始尋找 Dscam的其他剪接形式，希望找到類似人類基因的序列。雖然沒有找到這樣的序列，但是舒分析的三十個 Dscam 剪接形式，每一個序列都不一樣。接著突然之間，果蠅的基因體首度全部解開，你可以從網路下載賽雷拉公司（Celera）所公布的果蠅基因體序列。那個週末，舒和克萊門斯用這個資料庫去比對 Dscam 基因，當結果出來時，他們簡直不敢相信自己的眼睛。他們發現這個基因的表現子不只有幾種版本，而是有九十五種。這個基因有二十四個表現子，其中四個有多種版本：表現子 4 有十二個不同的版本，表現子 6 有四十八個，表現子 9 有三十三個，表現子 17 有兩個。這表示如果基因依所有排列組合來剪接的話，一共有 38016 種不同的蛋白質，而這都是從同一個基因得來的！[27]

Dscam 的消息像野火一樣傳遍了基因學界。許多基因體專家覺得很沮喪，因爲突然之間，他們的工作變得非常複雜。假如一個基因可以得出幾千種蛋白質，那麼把人類的基因序列解出來只不過是個開端，後面還有幾千萬種蛋白質待解。從另一方面來說，這個複雜度立刻使那些質疑人體只有三萬多個基因太少，不足以解釋人類天性的說法不攻自破。那些強烈主張這種說法的人突然發現自己是作法自斃。他們說三萬個基因太少，不足以決定人的本性，所以人類應該是經驗的產物；但是現在他們不得不承認，能夠製造幾千萬種不同蛋白質的基因體，應該足夠鉅細靡遺地設定人類的本性，甚至不必動用到後天的因素。

但是千萬別笑過頭，因爲過猶不及。很少有基因的選擇性剪接會出現這麼多的變化。在我寫書的當下，人類的 Dscam 還沒有找到剪接的版本，更別說像果蠅這樣多樣化了。此外，現在也不知道果蠅的 Dscam 基因是否眞會製造出 38016 種不同的蛋白質來，現在只知道表現子 6 的四十八個版本在功能上是可以互換的。但是倪波斯基已經知道，表現子 9 的不同版本偏好出現在不同的組織中，他猜想其他表現子應該也是一樣。目前在做這方面的科學家都認爲，他們就好像在敲秘室之門。基因如何剪接，RNA 在細胞中如何表現，是打開新生物學基本原理的眞鑰。

無論如何，倪波斯基希望他找到了細胞辨識彼此的分子基礎。Dscam 在結構上跟免疫球蛋白相似，這是免疫系統中專門辨識不同病原體的蛋白質，它的變異性很高。辨認病原體跟大腦中辨認神經細胞很相似。[28] 鈣黏素跟另一種大腦中的細胞黏合分子——原鈣黏素（protocadherin）——都有免疫球蛋白的特性，它們都用選擇性剪接的方式使自己有最獨特的名牌。此外，它們所製造的蛋白質都黏在細胞膜外面，各自向外揮舞著不同的尾巴，碰到相合的尾巴就彼此黏住。一旦兩個細胞黏在一起後，這兩條尾巴便形成堅固的橋樑。這很像是物以類聚的系統：表現同樣表現子的細胞可以結合在一起，形成突觸的連接。

原鈣黏素相當有趣，它的基因分成三群，依序坐落在人類第五號染色體上，總共約六十個基因。每個基因都有一串的表現子可以挑選，每個表現子都是由不同的啓動子所控制。[29] 它們甚至可以使用不同的基因進行選擇性剪接，重新排列它們的遺傳訊息。這使大腦可以有數十億種不同的原鈣黏素，而不只是數千種。結果發現，大腦中相似類型的鄰近細胞，的確表現出略微不同的原鈣黏素，因此原鈣黏素提供了大腦中細胞黏結的多樣性，以及神經連接的分子密碼。[30]

大約四十年前，神經科學家羅杰・史培利（Roger Sperry）想推翻他的指導教授所設下的教條，即大腦是從一堆沒有分化、隨機的神經網絡，經由學習和經驗而逐漸發展出來的。他從實驗中看到的大腦並非如此；他發現神經在發展初期就已經確認它的身分，而且不容易重新設定。他用蠑螈的神經再生實驗，證明了每一個神經細胞都會找到路，去它應該在的位置上。他重新設定老鼠和青蛙的腦神經電路，證明了動物心智的可塑性是有限的。他把老鼠的右腳神經連到左腳神經的位置上，結果刺激右腳時，左腳會動。他強調神經系統的決定論，將先天論帶進神經科學，就像喬姆斯基帶動了心理學的革命一樣。他甚至假設每個神經細胞跟它的目標都有化學上的吸引力，使它知道該去找誰；大腦是由一大群各式各樣辨識分子建造出來的。在這一點上，他遙遙領先同時代的人（不過他是因其他比較不重要的貢獻得到諾貝爾獎，譯注：史培利是近年來最有遠見、最偉大的神經科學家，他的許多實驗都設計得巧奪天工，遠哲基金會出版過《大腦比你先知道》，非常值得一看）。

新的神經細胞

發展的故事一開始好像跟皮亞傑和李曼所預期的大不相同。就像雙生子的研究，原本是預期環境扮演重要的角色，基因不怎麼重要，但是結果發現正好相反。所以看起來，發展好像是基因設計好、計畫好的歷程。我是否應該下結論說，先天贏了這個回合，發展學家的挑戰輸了呢？

不對，因爲已經被決定的機器還是可以改的。我的電腦有特別設定的電路，但這並不影響新程式的安裝。此外，自從史培利之後，神經的可塑性又回到了舞台中央。這有部分是因爲先天後天爭論的戰火再起：今天的科學家對過度先天論的反應，就像史培利當年對過度經驗論的反應一樣。但是還不只這樣。多年來，神經科學家巴斯寇・拉基許（Pasco Rakic）建立了一個教條：動物的大腦皮質在成年後不會再長出新的神經細胞。後來弗南多・諾特邦（Fernando Nottebohm）發現，金絲雀在學新歌時會長出新的神經細胞來。所以拉基許說，鳥類會長新的神經細胞，而哺乳類不會。後來伊莉莎白・顧德（Elizabeth Gould）發現，老鼠可以長出新的神經細胞，所以拉基許又改口說，只有靈長類不能。顧德又發現樹鼩（tree shrew）可以，拉基許就說只有高等靈長類不行。顧德又發現狨猴（marmoset）可以，所以拉基許又說只有舊世界靈長類不行。顧德發現獼猴也可以，現在確定所有的靈長類，包括人類在內，都可以因爲經驗的重複刺激長出新的皮質神經細胞，也會因爲忽略不用而失去神經細胞。[31] 現在有很多證據指出，一開始是先天設定大腦的電路，但是後天的經驗會修正、改進這個電路。在卡曼徵候群中，嗅球因爲不用而萎縮。就像審理政府預算的那句老話：「不用就刪」——在大腦中似乎也適用。

反面的證明往往是最有力的。要證明後天經驗的重要性，最好的方法就是剝奪動物的經驗。以視覺皮質爲例，實驗者把動物的一隻眼睛從一出生就矇起來，結果這隻眼睛在大腦的視覺感受區會被另一隻眼睛搶去（下一章會談更多）。然而，就在我寫這章時，霍莉絲・克萊（Hollis Cline）剛完成一項實驗，首次正向證明經驗如何影響大腦的發展。她研究當視神經快要到達大腦的目的地時所發生的情形。結果並不是如原來想像的，神經細胞一路向目的地勇往直前，而是先伸出一堆觸角，尋找可連接的神經細胞，很多觸角後來就縮回去了。克萊讓正常發展中的蝌蚪接受四小時的光刺激，另一組則接受四小時的黑暗，然後比較兩組的視神經系統。結果發現，接受光的那一組神經伸出較多觸角去尋找連結。「我收到了刺激，」神經細胞喊叫道，「我希望告訴別人這個消息。」這可能就是經驗影響大腦發展的過程，正如皮亞傑所說的。克萊的同事卡爾・史沃波達（Karel Svoboda）從小鼠腦殼上的一個小洞，觀察到大腦神經細胞的突觸如何因爲經驗而作出連結或萎縮的反應。[32]

整個教育的目的便是去運作這些大腦的電路，使它符合未來生活的需求，而不是把心智塞滿事實。所以，腦部的運作會使神經更旺盛。令人驚訝的是，線蟲（*Caenorhabditis elegans*）也是一樣。線蟲是化約主義者的最愛，牠沒有大腦，全身只有三百零二個神經細胞，依照先天的設定一絲不苟地連接著。牠是最不可能有任何學習行爲的動物，更不要說發展的可塑性和社會行爲。牠的行爲只不過是扭曲向前或退後而已。但是，假如這條蟲重複在某個溫度之下有食物吃，牠就會記錄這個事實，以後會對這個溫度有偏好。假如在這個溫度沒有食物吃了，它就會慢慢失去對這個溫度的偏好。這種學習跟一個叫做 NCS-1 的基因有關。[33]

線蟲不但可以學習，牠們還可以發展出不同的「性格」，依牠們童年期的社會經驗而定。凱西・倫金（Cathy Rankin）送一些線蟲去上學（即把牠們放在同一個實驗皿中養大），把幾隻留在家裡（單獨放在一個實驗皿中）。然後她輕敲實驗皿的邊緣，這會使線蟲朝相反方向移動。社會化的線蟲對敲的震動比較敏感，因爲牠們經常碰來碰去。

倫金將線蟲進行基因改造，以研究究竟是哪些神經間的突觸在作反應，使社會性和獨居的線蟲產生差異。結果發現，某些感覺神經元和中間神經元之間的麩胺酸鹽突觸較弱。很令人驚訝的是，她發現這些突觸可以在學習時改變。在敲了八十次實驗皿之後，兩組線蟲都習慣了這個事實：牠們住在一個震動的世界，因而逐漸消除反轉方向的反應。社會化和習慣化這兩種過程都是作用在同樣的突觸，改變同樣基因的表現。[34]

母性的傳遞

證明低等線蟲的行爲是環境造成的，強調了發展學派的挑戰。假如一個沒有大腦的動物，可以因上學而得到好處，想想看人類的教養會帶給我們多大的影響。我們非常清楚地看到，早期的社會接觸對哺乳類往後的行爲有長期且不可逆轉的效應。一九五〇年代，哈利·哈洛（Harry Harlow，第七章還會再談到他）偶然發現，如果一隻母猴單獨在空洞的籠子中長大，只有鐵絲網做成的母親模型，上面有個奶瓶，沒有別的玩伴，她長大後會變成忽略自己孩子的壞母親。牠把自己生的小猴當作大的蝨子看待，童年的經驗缺乏不但銘記在牠腦海中，還會禍延子孫。[35]

同樣的，從小與母親隔離或被人類豢養的小鼠，會永久性受到這些經驗的影響。孤獨長大的下一代會變得焦慮、具攻擊性、比較容易毒品上癮。小時候受到母鼠經常舔舐的老鼠，長大後也會經常舔舐她的小孩。如果將這兩種老鼠交換飼養，會發現這是非基因性的遺傳，被收養的老鼠長大後會像牠的養母，而不像牠的生母。無疑地，這個效應是透過小老鼠的基因來調控的。[36]

如果把一窩小老鼠擺在母老鼠面前，牠一開始會不理牠們，但是慢慢會發展出母性來。這個反應發生的速度，在每隻老鼠都不一樣。一隻從小經常被舔舐的老鼠，牠的母性反應會快很多。麥克·

米尼（Michael Meaney）的研究發現，這個現象與催產素感受體的基因有關，小時候經常被舔舐的老鼠比較容易啓動催產素感受體基因。不知爲何，早期的舔舐改變了這些基因對動情素（oestrogens）的敏感度。至於爲什麼，現在還不知道，但是可能跟腦中的多巴胺系統有關，因爲多巴胺會模仿動情素。現在，劇本開始變複雜了。早期受到母親忽略已確定會影響參與多巴胺系統發展的基因表現，而這顯然關係到下面這件事實：過去缺乏接觸的動物，後來較容易對那些透過多巴胺系統作用於大腦的藥物上癮。[37]

伊瑟爾實驗室的達林・法蘭西斯（Darlene Francis）將兩個品系的老鼠在出生前和出生後交換母親。C57 品系的老鼠在受精後就被移植到另一隻老鼠的子宮內長大，而代理孕母是同一品系的母鼠或 BALB 品系的母鼠。接著出生後，則被 BALB 或 C57 品系的母鼠養大。在這樣交換飼養之後，他們讓這些老鼠做各種能力的標準測驗，一個是在乳白色水的游泳池中找到藏在水裡的平台，並記住它的位置（因水爲白色不透明，老鼠看不見，只能憑方位的記憶去找），這叫水迷宮；另一個測驗是鼓起勇氣去探索新環境，實驗者把老鼠空降到一個空曠的空間，計算牠多久才敢開始四處探索；第三個測驗是探索十字形的迷宮，其中兩個跑道是封閉的，兩個是開放的。

結果發現，純品系老鼠在這三個測驗的表現都不相同，表示基因設定了這些行爲。BALB 老鼠較快開始探索空曠的地方，在關閉的十字型迷宮跑道中待較久，較快記住水裡平台的位置。而在交換飼養的老鼠中，被 C57 母親養大的 C57 老鼠，不論是在出生前或出生後交換的，牠們的表現都跟正常的 C57 一樣。但是被 BALB

母親孕育並養大的 C57 老鼠，表現會像 BALB 的老鼠。和米尼的老鼠一樣，BALB 母親比較少舔舐牠的小鼠，所以 BALB 母親會改變C57 孩子的行為，但是這效果必須在 BALB 的子宮中長大才成立。在 C57 的子宮中長大的 C57 老鼠，出生後交給 BALB 的母親養育，只會像 C57 的老鼠，而不像 BALB 的老鼠。伊瑟爾說，這是先天母親遇到後天母親。[38]

這眞是令人驚訝的發現。這表示出生前和出生後短暫期間所受到的待遇，會對哺乳類的大腦發展產生極大影響，但它同時表示這個效果是透過基因表現出來的。這是李曼觀點的最好佐證，他認為發展會影響成年後的行為。事實上，不僅如此，它還顯示基因如何受到環境中其他動物行為的影響，尤其是父母。跟過去一樣，它既不支持絕對的後天論（因為這是基因作用所造成的現象），也不支持絕對的先天論（因為它顯示基因表現如何受到環境的影響）。它支持的是我的說法，基因是先天和後天的僕人。在發展的時候，你應該永遠準備好去吸收外面環境的訊息，並因而修正你的活動。

烏托邦

「你難道從沒想過艾匹西蘭的胚胎必須要有艾匹西蘭的環境以及艾匹西蘭的遺傳嗎？」這是一九三二年赫胥黎（Aldous Huxley）的小說《美麗新世界》（*Brave New World*）中，孵育暨制約中心主任所說的話。他正在給學生看孵化室中人工受精的人類嬰兒，在不同的制約情境下變成社會中不同階級的人，從極端聰明的領袖到工廠的木工。

從來沒有一本書像《美麗新世界》這樣被人誤解。今天，大家幾乎都自動假設這是一本諷刺極端遺傳科學的書，是攻擊先天論的。事實上，它說的全都是關於後天。在赫胥利想像的未來世界中，人類胚胎被人工受精或複製後，發展出社會各個階層的分子；他用仔細控制的營養、藥物和配給的氧氣來達到這個目的。在童年時，經由睡眠中的洗腦和巴夫洛夫的制約，使每個人都喜歡他指定的生活方式。那些在赤道工作的人會習慣熱，那些駕駛火箭飛機的人則習慣搖動。

女主角蕾妮娜是在孵化室和學校就已事先設定好了——她喜歡飛行，與孵化員交往，性生活開放，常打高爾夫球及嗑快樂藥丸。追求她的馬克斯敢反抗這種一切都安排好的生活，因為在他出生前不小心有酒精加到他的輸血器中。他帶列妮娜去新墨西哥州的野蠻人保留區度假，他們在那裡遇到「白野蠻人」琳達和她的小孩約翰。他們把約翰帶回倫敦去見他的父親，而他的父親竟然就是孵育暨制約中心主任。約翰被莎士比亞的作品啓蒙，很想去看文明的社會，但是很快就夢碎了，於是他退休到薩里郡去做守燈塔的人，在那裡他被拍電影的人找到，受到闖入者的刺激，上吊自殺。[39]

雖然他們有藥來讓人們快樂，但這地方卻像是人間地獄。整本書的細節及特色，都是環境作用在發展中的身體和大腦的影響。這是後天造成的地獄，不是先天的地獄。

第六章

發展

童年反映出這個人，就像早晨反映出白天。

——約翰・米爾敦（John Milton），

《找回樂園》（*Paradise Regained*）[1]

後天可以轉變，先天不可以。這是爲什麼學者花了一個世紀的時間支持環境論，而不喜歡基因論。假如有一個星球是正好相反的，會是什麼情景？假設有科學家發現了一個新世界，那裡住著智慧生物，他們的後天環境是自己無力改變的，但他們的基因卻對環境非常敏感。

不要再假設了。在這一章中，我要說服你，你就住在這樣一個顚倒的星球中。從人是教養的產物來說，早期童年的不可逆事件塑造了我們。從人是基因的產物來說，基因的效應一直延續到成年，而這些效應通常受到生活方式的影響。這是科學最喜歡發表的矛盾驚奇點，也是近年來最不被注意卻最重要的發現。即使是它的發現者，都不知道這個發現多麼具有革命性。

勞倫茲的銘印

在一九〇九年，奧地利東部艾頓堡（Altenberg）附近的多瑙河溼地，有個六歲的男孩名叫康瑞（Konrad）。鄰居送給他和他的朋友格麗托（Gretl）兩隻剛孵出來的小鴨。小鴨對這兩個孩子產生銘印，跟著他們到處走，誤以爲他們是牠的媽媽。康瑞在六十四年後回憶說：「當時我們沒有注意到，是我被小鴨子銘印了，我一輩子的工作就在童年那個經驗中決定了。」[2] 一九三五年，勞倫茲（那時已和格麗托結婚）用較科學的方法，來描述剛孵出的小鵝會凝視牠所看見第一個會動的物體，此後就跟著它走。通常，這個會動的物體應該是牠的母親，但是偶爾卻是一位蓄著山羊鬍的教授。勞倫茲發現，銘印可發生的期間很短，只有在小鵝出生後十五小時到三天內，銘印才會發生。一旦產生銘印，一輩子都不會改變。[3]

勞倫茲並非第一個描述銘印的人。在他之前六十年，英國自然學家史鮑汀就已經說過，早年的記憶會「烙印」（stamped in）在動物身上——這幾乎是同樣的比喻。我們對史鮑汀的了解不多，但光是這一點就足以讓我們知道他的與衆不同。米爾曾經在亞威農（Avignon）見過史鮑汀，還把他介紹給羅素的哥哥當家庭教師。羅素的雙親安伯利子爵及夫人認爲，史鮑汀有肺病，不應該生小孩。但他們同時又覺得，壓抑天生的性慾也是不對的，所以他們決定用最顯而易見的方式解決這個兩難的問題：用安伯利夫人自己。她很盡責，但是她在一八七四年過世，兩年後她先生也過世了，他把史鮑汀列爲羅素的監護人之一。緋聞的揭露迫使年老的祖父羅素伯爵來接管羅素的監護權，直到他一八七八年過世爲止。史鮑汀則在一八七七年因肺病去世。

這個希臘悲劇式的英雄在他留下的少數作品中，似乎預測到二十世紀心理學的許多重要主題，包括行爲主義在內。他也描述了一隻剛出生的小雞，「會跟著任何會動的東西。當只靠視覺引導時，小雞對跟隨母雞、鴨子或人並沒有特別偏好……追隨是個本能；而在經驗發生之前，聽覺使牠們跟對物體。」史鮑汀甚至談到，牠讓小雞在出生後四天都罩著頭罩，當頭罩一打開時，牠會立刻逃跑；但是如果早一天把頭罩拿掉的話，小雞就會跟著他。[4]

但是人們並沒有注意到史鮑汀，因爲是勞倫茲把「銘印」這個詞放進科學的地圖中，是勞倫茲創造了「關鍵期」的觀念——即環境對發展中的行爲有不可逆轉作用的時期。對勞倫茲來說，銘印的重要性在於它是個本能。剛出生的小鵝對父母產生銘印是天生的傾向，不可能由學習而來，因爲這是小鵝的第一個經驗。當所有的行爲研究都被制約反射和聯結所壟斷時，勞倫茲把自己看成是天生論的復辟者。一九三七年，丁伯根與勞倫茲在艾頓堡共渡一個春天，這段時間他們共創了行爲生態學這個學門，專門研究動物的本能行爲。他們創造了一些觀念，例如移置（displacement，因爲不能做想做的事，而做另一件事來替代）、誘發者（releaser，引發本能的環境因子）和固定的動作型態（fixed action pattern，本能的次程式）。丁伯根和勞倫茲因爲這項貢獻在一九七三年拿到諾貝爾獎。

然而，還有另一個角度可以解讀銘印：把它當作環境的產物。畢竟，若沒有可跟隨的物體，小鵝也無從跟隨。一旦牠開始跟隨「母親」之後，就偏好跟隨看起來像「母親」的物體。但是在選定之前，牠對「母親」的樣子並沒有任何偏好。從不同的觀點來看，勞倫茲發現的是外在環境如何「塑造」行爲，就跟內在驅力使行爲出現一樣重要。銘印放在後天的營隊中，與放在先天的營隊中一樣說得過去。一隻小鵝可以被教會去跟隨任何會動的物體。[5]

小鴨就不同了。雖然勞倫茲童年時曾經成功地使一隻小鴨跟著他，但是成年後的他卻一直無法使野鴨（mallard）對他產生銘印，直到他試著發出野鴨的叫聲，牠們才追著他不放。小野鴨需要同時看到和聽到牠們的母親才行。在一九六〇年代初期，吉爾伯特・蓋特利（Gilbert Gottlieb）做了一系列的研究探討銘印的機制。他發現剛出生的小鴨——不論是野鴨或是鴛鴦（wood duck）——都偏好牠們同類的叫聲。也就是說，雖然在實驗室中孵出，從來沒有聽過同類的叫聲，但是當牠們聽到時，牠們就知道這是對的。接著，蓋特利把還在蛋殼內的小鴨胚胎聲帶切除，使牠們出生後無法發聲。他很驚訝地發現，這些小鴨對同類的叫聲就沒有偏好了。所以蓋利利下結論說，小鴨知道什麼是對的叫聲，主要是因爲牠們在未孵出前就聽到自己的聲音了。（譯注：美國國家科學院院士、赫斯金實驗室〔Haskins〕負責人李伯曼教授〔Alvin Lieberman〕提出的「語言知覺的運動理論」〔motor-theory of speech perception〕與蓋特利的結論不謀而合）。他認爲這一舉擊垮了本能的所有堡壘，因爲他把環境的誘發帶入出生之前。[6]

出生前的印記

假如環境的影響可以發生在出生前，那麼環境就越來越像是命運，而不像可以改變的力量。只有鴨和鵝如此，還是人類也一樣？我們先從醫學上的線索來看。在一九八九年，醫學科學家大衛・巴克（David Barker）分析了一九一一到一九三〇年間出生在英格蘭南部哈特福郡（Hertfordshire）六個地區的五千六百名男性的命運。出生及一歲時體重最輕的人，因心臟病死亡的機率比體重較重的人高了三倍。[7]

巴克的研究結果引起廣泛的注意。重的嬰兒可能比較健康，這沒什麼稀奇的，但令人驚訝的是，這竟然會影響到老年時的疾病，而且心臟病的成因大家都已經相當清楚了。現在這個證據說，心臟病跟你吃多少奶油沒啥關係，而是跟你一歲時有多重有關係，的確令人好奇。巴克從世界各地收集到的心臟病、中風和糖尿病的資料，也都支持這個結果。例如，一九三四到一九四四年出生在芬蘭赫爾辛基醫院的四千六百名男性中，出生和一歲時體重較輕者，死於冠狀動脈阻塞的機率較高。巴克說，假如這些人在嬰兒時期胖一點的話，世界上冠狀動脈疾病的數量會少一半，這對公共衛生來說是很大的利益。

巴克認爲，心臟病不能用環境效應的累積來解釋，「而是許多因素的結果，包括童年時的體重，這些因素跟早期發展的關鍵期有關。這隱藏了一個觀念，即環境啓動了發展的『開關』。」[8] 根據這個「節約的表現型」（thrifty phenotype）假設，巴克認爲這是對飢荒的適應。一個營養不良的嬰兒，身體中銘印著他父母的經驗，一出生就預期要活在食物不足的環境中。他身體的新陳代謝被設定好要用小量的卡洛里，減少運動的消耗，以求生存。假如這個嬰兒後來有很多食物可吃，身體就以長胖來補償，因而使心臟不勝負荷。

這個飢荒理論甚至有更奇特的應用，這是在二次世界大戰時偶然發現的。話說一九四四年九月，丁伯根和勞倫茲都被關了起來。勞倫茲在蘇俄的戰俘營中，剛被俘；丁伯根則在德國集中營關了兩年，即將被釋放。在一九四四年九月十七日，英國傘兵部隊空降荷蘭的安恆市（Arnhem），控制萊茵河一座具有戰略意義的橋。八天之後，德軍強迫他們投降，盟軍就放棄了荷蘭，直到冬天過去之後再說。

荷蘭的鐵路工人罷工，希望阻止德國的支援部隊到達安恆市。爲了報復，德國的司令下了禁運的命令，不准糧食物資運往安恆市，結果產生七個月之久的飢荒，有一萬多人餓死。但是醫學界注意到，這個突如其來的飢荒對尚未出生的嬰兒產生了影響。那年飢荒的四萬個胎兒，出生體重及後來的健康狀態都有記錄。一九六〇年代，哥倫比亞大學的團隊研究了這份資料，發現母親營養不良的影響都如他們所預期的：嬰兒營養不良、嬰兒死亡率高及死產率高。他們也發現，只有在懷孕最後三個月的胎兒，才會出現體重較輕的影響。這些嬰兒出生後生長正常，但是後來都有糖尿病，可能是節約的表現型和戰後充裕的食物之間不配合所致。

在飢荒時處於懷孕前六個月的胎兒，出生時體重正常，但是在成年後懷孕生子時，孩子體重較輕。這個奇怪的隔代現象，很難用節約的表現型理論來解釋，雖然貝茲生注意到，蝗蟲需要經過好幾個世代，才能從害羞、獨居的形式轉換爲群居的形式。假如人類需要好幾個世代才能切換節約和富裕的表現型，這或許可以解釋爲什麼芬蘭心臟病的死亡率是法國的四倍。自從一八七〇年代普法戰爭之後，法國政府開始額外配糧給懷孕婦女，但是芬蘭比較窮，這情形一直到五十年前才改善。或許得心臟病的兩個世代是因爲後來得到較充裕的食物。或許這是爲什麼美國心臟病死亡率快速下降，而英國遠遠不及的原因：英國糧食充裕的時間比美國晚一些。[9]

生命的長手指

想不到，出生前的事件會對以後有這麼深遠的影響。即使個人健康上的些微差異，也可以找到出生前的銘印。手指的長短正是一個例子。大多數的男人是無名指比食指長，而女人的這兩個指頭則差不多長短。約翰・曼寧（John Manning）發現，這個跟出生前子宮中的睪固酮濃度有關。子宮中的睪固酮越多，無名指越長。這在生物上有很好的理由。控制性器官生長的 hox 基因，同時也控制指頭的生長，而子宮中荷爾蒙出現時間的些微差異，可能會引起手指長度的些微差異。

曼寧的無名指測量可以粗略估計出生前的睪固酮濃度，但是那又如何？這不是看手相，這是眞正的預測。無名指特別長的男性較容易得到自閉症、失讀症（dyslexia）、口吃、免疫系統功能缺失，而且他們生兒子的比例較高。[10] 無名指特別短的男人較容易得心臟病和不孕症。因爲男性的肌肉也與睪固酮有關，所以曼寧在電視上預測無名指最長的運動選手會贏，結果他說對了！[11]

無名指的長度及指紋都是在子宮中銘印的。它們是後天的產物，因爲子宮就是後天的化身。但是這並不表示它們可以改變。我們一般認為，後天是可以改變的，而誤以為後天是指出生以後，先天是指出生以前，這是錯誤的。或許你現在可以想到第三章所談到的矛盾解釋了。行為遺傳學家告訴我們基因與環境的角色，但是幾乎沒有談到共享環境的影響。兄弟姐妹無法共享出生前的環境（除了雙胞胎以外），每一個嬰兒的孕育過程都是他獨特的經驗；那時所受到的傷害，例如營養不良、流行性感冒或睪固酮，是決定於母親當時的身體狀況，而不是發生在全家的事情。假如出生前的環境因素越重要，出生後的環境因素就越不重要。

經驗的烙痕

銘印非常有佛洛伊德學派的味道。佛洛伊德認為人類心智帶有早年經驗的烙痕，這些烙痕深埋在潛意識中，但它們是存在的。重新發現這些烙痕是心理分析師沙發椅上最大的樂趣。佛洛伊德認為透過重新發現的歷程，一個人可以治療他自己的神經官能症。一百年之後，對這種方法已有很明確的判決：很好的診斷，很糟的治療。心理分析根本無法改變病人，這就是為什麼心理醫師的生意這麼好，永遠是「下星期見！」。但它的前題是對的，的確有「發展期經驗」（formative experience），而且從非常早期就已經開始，對成年後的潛意識有很大影響。但是同樣的推理，假如它們還存在，還在發揮影響力，那麼它們也很難改變。假如發展期經驗一直持續存在，它們一定是無法改變的。

佛洛伊德可能不是第一個想到嬰兒期性慾的人，但他絕對是最有影響力的一個。在這點上，他是個唱反調的人。對客觀的觀察者來說，性是開始於青春期，這是再明顯不過的事。直到十二歲左右，人對裸體還沒什麼感覺，對羅曼蒂克沒有興趣，對生活的事實有些不相信。但是到了二十歲，人們對性幾乎到了執著的地步，絕對有什麼改變了。但是佛洛伊德認爲，孩子的心中就已經有性慾了，甚至在嬰兒期就有了。

回到小鵝。勞倫茲注意到，銘印的小鵝（及其他鳥類）不但把他當作媽媽，而且後來還把他當作交配對象。牠們不理會其他的同類，而對人類示愛。我和我妹妹也發現同樣的情形，我們小時候飼養了紅鳩，從出生直到牠們成年，結果牠們都瘋狂愛上我妹妹的手指和腳趾，可能是因爲牠們從一睜開眼睛，我們就用手指餵食，牠們把我的手指和腳趾當作情敵。這實在非常有趣，因爲這表示有性吸引力的東西在一出生不久就固定了（至少對鳥類來說）。後來有一系列實驗（包括實驗室以及野外觀察）發現，有好幾種鳥類當雄雛鳥被另一種母鳥帶大時，會對另一種鳥類產生性銘印，而這個性偏好也是有關鍵期的。[12]

那麼人類是否也相同呢？二十世紀的大部分人會說不是，人並沒有本能，所以這個問題不值得討論。但是想想看，假如本能是如此有彈性，可以讓一隻鵝跟人類調情，那麼人類會不會是擁有較少彈性的本能呢？還是他們必須學會該愛什麼對象？不論是哪一種，主張我們缺乏本能所以我們有彈性的說法，開始聽起來很空洞了。

同性戀和子宮

無論如何，同性戀者的經驗已經告訴我們，人類的性偏好不但很難改變，而且是很早就設定的。在科學界，已經沒有人相信性傾向是青春期的事件所引起的；青春期僅僅是沖洗出以前攝影所留下的底片內容而已。如果想要知道爲什麼大多數男人會被女人吸引，而有些男人會被男人吸引，你必須回到更早的童年，甚至回到子宮。

在一九九〇年代，有好幾個同性戀的研究重新支持這個觀念：同性戀是個生理狀態，而不是心理狀態，它是宿命而非選擇。有研究顯示同性戀者在童年期的人格就不一樣，也有些研究顯示同性戀者的大腦結構與異性戀者不同。有些雙生子的研究顯示，在西方社會中同性戀有很高的遺傳力。有很多同性戀者說，他們自小就感覺與別人「不一樣」。[13] 個別來看，這些研究都不完整；但是整體看來，結論相當明顯。再加上幾十年來，不論是「厭惡療法」（aversion therapy）、藥物治療、觀念矯正，都無法「治癒」同性戀。因此同性戀是個早期、不可逆轉、可能在胚胎期就已設定好的性偏好，青春期只不過是火上加油而已。[14]

究竟什麼是同性戀？它只是整套不同的行爲特質。男同性戀者比較像女人；他們會被男性吸引，他們較注重自己的外表、打扮，他們通常對人的興趣大於足球。女同性戀者則像異性戀的男性；她們買黃色書刊、容易濫交等等。現在發現，《花花公主》（*Playgirl*）雜誌中的裸男照吸引的讀者主要是男同性戀，而不是當初以爲的女性。[15]

像所有的哺乳類一樣，人類的胚胎原來都是女性，有 Y 染色體表現的胚胎才會轉成男性（鳥類正好相反）。在 Y 染色體上，有一個基因叫 SRY，它會啓動一連串的作用，使胚胎發展出男性的外表和行爲。假如沒有這個基因，胚胎就會長成女性的身體。因此，假設男同性戀是胚胎期的大腦男性化過程出了問題是很合理的，它的問題在大腦而不在身體（請見第九章）。

關於同性戀的成因，到目前爲止最可信的發現是雷・布蘭查德（Ray Blanchrad）的兄弟排行理論。在一九九〇年代中期，他調查了同性戀者的兄姊數目，與一般人口的平均數做比較。他發現男同性戀比女同性戀或男異性戀較可能有哥哥（但不是姊姊），他在十四個不同地方的取樣中都發現了這個現象。每增加一個哥哥，他成爲同性戀的機率就增加了三分之一（這並不是說，一個人如果有很多的兄長，他就一定會成爲同性戀；舉例來說，當機率從 3% 增加到 4% 時，就是增加了三分之一）。[16]

布蘭查德計算出，七個同性戀中至少有一個人可以歸因到他的兄弟排行。[17] 這不只是排行的問題，因爲姊姊並不會有影響，一定是哥哥的什麼引起了同性戀。他認爲這個機制是在子宮中，而不是在家庭。一個線索是同性戀男嬰的出生體重。一般來說，第二個孩子會比同性別的第一個孩子重。如果前面有一個或好幾個姊姊，接下來的男孩通常會特別重。但是前面有一個哥哥的男孩，只會比他的哥哥重一點。而前面有兩、三個哥哥的男孩，通常出生體重會比兩個哥哥還輕。布蘭查德分析男同性戀、一般男性和他們父母的問卷調查資料，他發現身爲弟弟的同性戀者比身爲弟弟的異性戀者平均體重少了一百七十公克。[18] 他在另一項研究中，調查二百五十個希望改變性別而看精神科醫師的男孩（平均年齡爲七歲），發現他們的排行比控制組小，出生體重也比控制組低；童年期希望改變性別的行爲已知是成年後同性戀的指標。[19]

像巴克一樣，布蘭查德也認爲子宮中的情況對孩子的一生都有影響。他認爲，已經孕育過男嬰的子宮偶爾會使下一個男嬰體重較輕、胎盤較大（可能是爲了補償胎兒生長上的困難），而且比較有機率成爲同性戀。他猜測，引起這些現象的原因是母體的免疫反應。每懷過一個男孩，母親的免疫反應會更強烈。在輕微的狀況下，這會使胎兒的體重減輕；在嚴重的狀況下，這會增加胎兒成爲同性戀的機率。

是什麼引起母親的免疫反應？有一些基因是只有男性才會表現的，在這些基因中，有部分已知會引發母體的免疫反應。有些基因是在胎兒的大腦表現，例如最近發現Y染色體上的 PCDH22 基因，只有男性才有，它跟大腦的建構有關，負責製造原鈣黏素（沒錯，又是它）。[20] 是不是就是這個基因使男性的大腦特別像男性呢？如果母體的免疫系統阻礙了那部分大腦功能的設定，最後大腦就可能會像女性。

顯然並非所有的同性戀皆如此。有些是基因直接引起的，並沒有經過母體的免疫反應。布蘭查德的理論可以解釋爲什麼「同性戀基因」這麼難找。尋找這類基因的主要方法，是比較同性戀者和他的異性戀兄弟在染色體上有什麼不同，但是假如很多同性戀者都有正常的哥哥，這個方法就不甚有效。此外，最主要的基因差別可能在母親的染色體上，因爲是母體發生免疫反應。這就是爲什麼有人說，同性戀是從母方遺傳而來的：「同性戀基因」似乎就是會使母體產生強烈免疫反應的基因，這種基因不在同性戀者的身上，而是在母親身上。

但是請注意這對先天後天對立論的影響。假如是後天（排行）引發同性戀，也是透過母體的免疫反應，而這個過程是直接由基因調控的。這麼說來，它到底是算環境，還是基因呢？這幾乎沒有關係，因爲所謂可逆轉的後天因素和不可避免的先天條件根本就是無稽之談，現在已經打入冷宮，沒有人再提它了。在這裡，後天跟先天一樣不可逆轉，只怕還多些。

從政治上來講，這個混淆還更大。大部分的同性戀者較歡迎一九九○年代中期的新發現，認爲同性戀是生理因素。他們希望被看成是先天的、宿命的，而不是他們自願選擇的，因爲這可以減輕大衆對同性戀者的排斥。假如同性戀是可選擇的，那麼他們就有道德上的問題；假如是先天的，自然就不是他們的錯。他們的反應是可以理解的，但是很危險。暴力傾向也是天生的，但這並不表示暴力就可以被接受；暴力是不對的。先天論者的謬誤是一種定義上的謬誤，他們把「是」解釋爲「應該」，把自然事實（無論是先天或後天）作爲道德判斷的基準，無疑是自找麻煩。在我的道德標準中，有些先天特質是不好的，例如說謊和暴力；也有些好的特質不是先天的，例如慷慨和忠貞。

打開大腦的開關

我們很容易推論出關鍵期的存在，但是要了解它的運作過程就沒那麼容易了。小鵝的大腦到底發生了什麼事，讓牠一孵出來便跟著教授走？即使是問這個問題，都會被人認爲是化約主義者，這是很糟的稱號。我們應該欣賞整體的經驗，而不是把它拆開來看。對於這個批評，我只能回答：在微小的電路設計中，常常有更美麗、更具詩意、更神秘的事物存在，它比滿滿一屋子的藝術品更讓你驚喜。但我也不願當個不懂藝術的庸俗人，所以我只能說，化約並沒有減少整體的光芒，反而是添增令人驚奇的新層次到經驗中。

那麼，小鵝的大腦如何對教授產生銘印？這一直是個謎，直到最近幾年，這層神秘的面紗才逐漸被揭開，露出裡面的新面紗。第一層面紗揭露它在大腦的哪些地方發生？當一隻小雞對父母產生銘印時，實驗顯示記憶先要發生，而最快產生的部位是在大腦的左 IMHV（intermediate and medial hyperstriatum ventrale）。銘印會造成大腦的這個部位（而且只在左邊）發生一系列的變化：神經細胞形狀改變，突觸形成，基因啓動。假如左 IMHV 受了傷，這隻小雞就不會對母親有任何銘印行爲。

第二層面紗是產生銘印所需要的化學物質。布萊恩・麥克凱布（Brian McCabe）在小雞發生銘印後檢查牠的大腦，他發現有一種神經傳導物質叫 GABA（gamma-aminobutyric acid，胺基丁酸），從左 IMHV 的腦神經細胞中被分泌出來。他以前就注意到，GABA 感受體的基因在小雞產生銘印後十小時會被關掉。[21]所以在小雞產生銘印時，牠的左腦會先釋放出 GABA，然後在關鍵期尾聲減少對 GABA 的敏感度。

故事繼續發展下去，我們再來看另一種比較容易研究的關鍵期：雙眼像差的發展。少數嬰兒一出生就有白內障，使他們雙眼看不見。一九三〇年代以前，醫生都認爲最好等到十歲以後再開刀，因爲手術對小孩子的危險性很高。但是醫生後來發現，這些孩子在手術後仍然無法辨識深度或形狀，他們的視覺系統已經無法「學會」看東西了。同樣的，出生後六個月都在黑暗中長大的猴子，需要好幾個月才可以學會區分圓圈和正方形，而正常的猴子幾天就學會了。在出生後第一個月如果沒有視覺經驗，大腦就不知如何解釋眼睛所看到的東西——已經過了關鍵期。

在主要視覺皮質有一層神經元叫 4C，會接受兩隻眼睛傳進來的訊息，然後把兩眼的視神經訊號分開。一開始時，視神經的分布是隨機的，但是在出生前，它們已被分類成條狀，每一條對應到一隻眼睛。在出生後幾個月，分隔越來越明顯，所有對右眼反應的細胞聚集到右眼的神經條中，所有對左眼反應的細胞聚集到左眼的神經條中，這些條被稱作視覺主控柱（ocular dominance column）。假如動物在一出生就被剝奪光的刺激，這些視覺主控柱就不會形成。

大衛．休伯（David Hubel）和托爾斯頓．魏索（Torsten Wiesel）發明了一種方法將這些視覺柱染成不同的顏色：他們將染色的胺基酸注射進一隻眼睛。接著他們觀察當一隻眼睛被縫住時，大腦發生了什麼事。對成年動物而言，這個手術不會對視覺柱有任何影響。但是假如在小猴子出生後六個月內，把牠的一隻眼睛縫住一個星期，那麼被剝奪視覺刺激的眼睛的神經條會幾乎消失，這隻眼睛就等於是瞎了，因爲它的神經沒有地方去報告它所接受到的訊息。這個效果是不可逆的，就好像兩隻眼睛的神經細胞在競爭 4C 的空間，而活動力強的才是贏家。

這些一九六○年代的實驗，首次展現出在出生後關鍵期大腦發展的可塑性。也就是說，在出生後幾週，大腦開放給經驗去塑造，接著便定型了。只有在用眼睛去經驗這個世界後，動物才能把視神經輸入分隔成神經條。經驗似乎啓動了某些基因，而這些基因又去啓動別的基因。[22]

視覺關鍵期

一九九○年代晚期，很多人在搜尋視覺關鍵期可塑性的分子鑰匙。他們用的方法是基因工程：創造出多一個基因或少一個基因的老鼠。老鼠也有視覺發展關鍵期，在這段期間，兩隻眼睛的視神經會競爭大腦的空間，雖然牠們不像貓或人類一樣有清楚的視覺柱。在波士頓的利根川進（Susumu Tonegawa）實驗室，黃喬許（Josh Huang）認爲他看到了視神經在競爭什麼：腦源神經滋養因子，簡稱 BDNF，這種分子似乎也跟神經官能症有關（見第三章）。BDNF 是一種大腦的食物，它會促進神經細胞的生長。黃推想，或許帶有最多訊號的視神經細胞會得到較多的 BDNF，所以有視覺輸入的神經細胞會取代被縫起來那眼的神經細胞。當 BDNF 不足時，最會搶的神經細胞會生存下來。

黃用基因工程製造出多一個 BDNF 基因的老鼠，這應該會使兩隻眼睛的視神經都有足夠的食物可以生存，但他很驚訝地看到不同的結果。基因改造老鼠的關鍵期比較短，牠們的大腦在睜開眼後二週就固定了，而不是原來的三週。這是第一次看到關鍵期可以用人工的方式變動。[23]

一年之後，在二〇〇〇年日本科學家（Takao Hensch）發現，缺乏 GAD65 基因的老鼠無法將眼睛的神經輸入分類成條。但是這種老鼠在注射鎮靜劑二氮平（diazepam）之後，便可將視覺輸入分類。二氮平就像 BDNF 一樣，似乎會使銘印提早發生。若是在關鍵期後注射二氮平，就不能恢復大腦的可塑性。在剔除 GAD-65 的老鼠中，科學家隨時可以用二氮平開啓大腦的可塑性，即使在成年後也行，但是只能開啓一次。在二氮平使視覺系統重組後，這個系統就失去了對它的敏感度，好像大腦中有一個主控的程式在管理電路的重新設定，它可以被啓動一次，但是只有一次。[24]

再回到波士頓，黃又有驚人的發現。他與義大利比薩的藍伯圖．馬費（Lamberto Maffei）合作，將多一個 BDNF 基因的老鼠在黑暗中養大。正常老鼠假如在眼睛張開後三週都處在黑暗中，牠就永遠盲掉了；牠們需要光的刺激來使視覺系統成熟。簡單的說，牠們的大腦需要先天和後天兩者同心協力。但是在黑暗中長大的基因改造鼠，竟然對視覺刺激產生正常的反應，表示雖然牠在關鍵期沒有見到光，但是牠還是可以看得很清楚。黃和馬費發現了一項很特殊的事實：基因在某些層面上可以取代經驗。經驗的角色顯然不是微調大腦，而是啓動 BDNF 基因，讓這個基因去微調大腦。假如你把老鼠的一隻眼縫起來，牠的大腦視覺皮質區中的 BDNF 製造在半個小時內會馬上減量。[25]

雖然得出這個結果，黃還是不敢相信經驗可以被取代。他注意到這個系統似乎可以延遲大腦的成熟，直到經驗發生。BDNF、GAD65 和二氮平這三種影響關鍵期的東西有什麼共同點？答案是神經傳導物質 GABA：GAD65 製造它，二氮平模仿它，BDNF 調節它。既然 GABA 跟小雞的銘印有關，GABA 系統可能跟所有的關鍵期都有關。GABA 是一種神經抑制物質，它會抑制鄰近的神經細胞發出訊號，而被抑制的細胞會萎縮死亡。因爲 GABA 系統的成熟倚賴視覺經驗，而且是 BDNF 驅駛的，這中間的連接應該是成立的。

雖然還不完整，但是 GABA 的故事是個很好的例子，說明我們現在可以了解銘印背後的分子機制，這在以前是不可能做到的。這也顯示出指控化約主義破壞了生命中的詩意是不公平的。如果不去一探究竟，誰會想到頭殼底下竟然有這麼精巧設計的機制。有了

BDNF 和 GAD65 基因之後，大腦才可能吸收視覺所傳進來的經驗。這些是後天的基因。

語言能力的發展

關鍵期的銘印到處都是，童年有一千個方式來改變這個人，但是一旦成年就定型了。就像小鵝在出生後幾個小時會對牠的母親產生銘印，小孩子也會對許多事物產生銘印，從身上汗腺的數量，到對某種食物的偏好，到對文化儀式的欣賞。小鵝對母親的印象或孩子對文化的印象都不是天生的，但是吸收它的能力卻是。

一個很明顯的例子是口音。人在小時候很容易改變口音，通常會受到生活週遭同年齡孩子的影響。但是在十五歲到二十五歲之間，這個彈性就消失了。從那以後，即使一個人移民到不同的國家，在那裡住了很多年，他的口音也不會改變。他可能會從新的語言環境中，學習到一些新的抑揚頓挫和說話習慣，但是不會很多。無論是方言或國語的口音皆如此：成人會保留兒時的口音，兒童則採用週遭環境的口音。例如尼克森時代的美國國務卿亨利．季辛吉（Henry Kissinger）和他的弟弟華特（Walter）。亨利出生於一九二三年五月二十七日，而華特出生於一九二四年六月二十一日，他們都在一九三八年以難民身分從德國逃到美國。今天華特說話很像美國人，而亨利則有很重的德國腔。有一次一位記者問華特，爲什麼亨利有德國口音而他沒有，他開玩笑地說：「因爲亨利不聽人說話。」但是更可能的是，亨利到美國時正好失去銘印口音的彈性；他剛離開那個關鍵期。

一九六七年，哈佛大學心理學家艾瑞克．萊納博格（Eric

Lenneberg）出版了一本書，主張學習語言的能力有關鍵期，而且在青春期突然終止。現在支持萊納博格理論的證據很豐富，不只是克里歐語（creole）和洋涇濱語（pidgin）。所謂的洋涇濱語，是指好幾個不同語言背景的成人在溝通時，將某種語言簡化所說的半調子語言，它沒有一致性或精緻的文法。但是洋涇濱語被他們下一代還在語言關鍵期的孩子學去，並用它來溝通時，就轉成克里歐語了；克里歐語是指一種有完整文法的新語言。尼加拉瓜政府在一九七九年首次設立聾啞學校，當聾啞的孩子聚在一起時，他們發明了一種新的手語，將各人原來使用的溝通方式融合成一個有文法的新語言。[26]

對於語言關鍵期最直接的測試，應該是剝奪孩子接觸所有語言的機會，直到十三歲再教他說話。幸好這種故意的實驗很少，但歷史上至少有三位君王做過：西元前七世紀的埃及君王沙提克（Psamtik）、十三世紀神聖羅馬帝國的腓德列大帝（Frederick II）以及十五世紀蘇格蘭的詹姆士四世。據說他們曾試著剝奪人類新生兒與別人接觸的機會，只讓他們接觸一位喑啞的養母，然後看他們長大會不會說希伯來文、阿拉伯文、拉丁文或希臘文。在腓德列大帝的例子裡，這些孩子都死亡了。蒙兀兒帝國的阿克巴大帝（Akbar）據說也做了一個類似的實驗，想知道人天生是印度教、回教還是基督教，但是他所得到的只是聾啞的孩子。遺傳決定論者在那個時候是心狠手辣的人。

到了十九世紀，注意力轉移到自然發生的語言剝奪實驗，即所謂的「狼孩」。第一個例子是一八〇〇年在法國南部發現的亞維農野男孩（the wild boy of Aveyron），名叫維多（Victor），他獨自在森林中過了十二年。雖然經過幾年的努力，他還是沒辦法學會說話，他的老師說：「我只好放棄，將他歸類爲不可治癒的啞巴。」[27] 第二個例子是一八二八年在德國紐倫堡（Nuremberg）救出來的十六歲少年蓋斯帕・豪瑟（Kaspar Hauser），他一直被關在一間單人房，幾乎沒有跟任何人接觸。後來雖然經過很多年的細心教導，他的文法仍然是一團糟。[28]

這兩個例子雖然支持了萊納博格的理論，但都不夠有說服力。就在萊納博格的書出版四年之後，突然有第三個例子出現。這是一個十三歲的女孩，名叫吉妮（Genie），她在洛杉機度過無法想像的可怕童年。她的母親是瞎子，長期被毆打，無力保護她；她的父親有妄想症，素不與人來往。她從小被關在一間單人房中孤獨長大，不能出一絲聲音，否則就會被她爸爸毒打。她白天被綁在訓練大小便的小椅子上，晚上被關在有欄杆的床上。她被救出來時雖然十三歲了，身高只有六歲兒童的高度，膝蓋是彎的，不能站；她聽得見，但不說話，唯一懂的詞彙是「閉嘴」和「夠了」。

她的復健故事與她的童年故事一樣悲慘。她在科學家、寄養家庭、政府社工人員及她母親之間被傳來傳去（譯注：她的父親在法院開庭前一天在家中客廳自殺，死前還用報紙把客廳地毯舖好，站在中央用手槍自殺，以確保血液沒有弄髒牆壁和地毯，後來發現她父親有精神分裂症），剛開始抱著樂觀態度照顧她的人，漸漸感覺到自討苦吃，甚至惹上官司。現在她居住在智障之家。她的智力很高，也學了很多，她的非語言溝通能力是一流的，她解魔術方塊的能力也超越同年齡的孩子。

但是她學不會說話。她懂得很多詞彙，但是完全不懂文法。她沒有辦法學會更改字序以形成問句，或在回答時把「你」改成「我」。（德國的豪瑟也是同樣的問題。）雖然一開始時，研究她的心理學家認為她可以反駁萊納博格的關鍵期理論，但最後還是承認萊納博格是對的。她小時候沒有機會接觸語言，所以大腦中的語言模組沒有發展出來，現在已經太遲了。[29]

維多、豪瑟和吉妮（還有其他例子，包括有一位女士直到三十歲才被診斷出是聾子）讓我們看到，語言不是光靠基因設定就能發展的能力，也不是光從外界吸收就能學會的。語言是一種銘印，它是靠著暫時的先天能力從環境的經驗中學習的。它是習得教養的先天本能，假如你有本事的話，把它們分開來試試看！

雖然語言是吉妮適應這個世界最大的困難，但不是唯一的困難。她被救出來以後，瘋狂地喜好收集彩色的塑膠品。她也非常懼怕狗。這兩項行為都可追溯到她童年成長的經驗。她整個童年唯一的玩具就是兩件塑膠雨衣。她怕狗是因為假如她出了一點聲音被她父親聽到，他就會到她門邊以狗叫的方式嚇她。有多少人的偏好、恐懼或習慣是童年銘印的結果？我們很多人都能非常詳細地回憶童年發生的事件，卻記不得很多成年後的經驗。記憶並沒有關鍵期，它不會在某個時間關掉，但是俗語說「兒童是成人之父」是有道理的。佛洛伊德強調童年成長歲月的重要性，雖然他有時候引伸得過分了，但是這個概念本身是對的。

兄妹與情人

人類銘印理論中最具爭議性的便是「亂倫」。性別定位的發展關鍵期使年輕人開始被異性吸引，或許它也決定了你的「夢中情人」

是什麼樣子，但是它是否能決定你厭惡的對象呢？

法律禁止兄妹通婚有很好的理由，因爲近親結婚容易使兩個罕見的隱性基因聚在一起，因而產生可怕的遺傳疾病。但是假設有個國家宣布，從現在起，兄妹通婚不但合法，而且還是好事，那會怎麼樣？什麼都不會發生。大部分的女性都不會對她們的兄弟有「那種感覺」，即使他們是很談得來的朋友，在各方面都很相配。一八九一年，芬蘭的社會學先驅愛德華．韋斯特馬克（Edward Westermarck）出版了一本書叫《人類婚姻史》（*The History of Human Marriage*），他認爲人類避免亂倫是本能，而不是遵守法律。人們會很自然地對近親交配有反感。他很聰明地說，這不是指人們天生有能力去分辨親兄弟姐妹，這只是一種感覺：從小跟我們一起長大的就是近親。他預測，童年時一起長大的人，成年後會本能性地厭惡與對方上床。

韋斯特馬克的理論在二十年內就被遺忘了。佛洛伊德批評他的理論，認爲人類是被亂倫吸引，只是因爲社會習慣認爲這是個禁忌，人們才不敢去做。沒有亂倫慾望的伊底帕斯王（Oedipus，譯注：希臘神話中因命運作弄而弒父娶母的底比斯英雄），就好像沒有發瘋的哈姆雷特。但是假如人對亂倫有厭惡感，他們就不可能對亂倫有慾望。假如他們需要禁止亂倫，這顯然表示他們是有慾望的。韋斯特馬克爭辯說：「社會學習理論暗示家庭是法律、習俗或教育所管不到的地方，即使社會禁止亂倫，還是無法防止這種慾望產生，性慾本能是很難因爲禁止而改變的。」[30]但是沒有人理會他的說法。

韋斯特馬克死於一九三九年，當時正是佛洛伊德的聲望開始上昇、生物性的解釋開始不流行的時候。又隔了四十年之後，才有人再度回顧這些事實。這個人是漢學家亞瑟・沃爾夫（Arthur Wolf），他曾經詳細分析十九世紀被日本佔領的台灣人口資料。他注意到中國傳統上有兩種媒妁婚姻，一種是雙方在成親那天才第一次見面，雖然這門親事早在幾年前就說定了；另一種是童養媳，女方很早就被男方收養。沃爾夫發現，這是驗證韋斯特馬克理論的最好機會，因爲童養媳知道她以後要嫁給她的哥哥。假如韋斯特馬克是對的，童年一起長大會帶來性厭惡感，那麼這種婚姻應該不會美滿才對。

沃爾夫收集了一萬四千位童養媳的資料，將它與結婚那天才見到丈夫面孔的媳婦相比較。令人驚訝的是，童養媳比一般媳婦的離婚率高 2.65 倍。與一個認識一輩子的人相守，竟然比跟一個素昧平生的人過一輩子還更難！童養媳式的婚姻所生的子女較少，外遇較多。沃爾夫排除了其他的可能性，例如童養媳的健康狀況比較不好、不容易懷孕等等。同住一個屋簷下的經驗不但沒有把兩人拉在一起，反而使他們彼此無法產生性吸引力。但是這只限於三歲以前被收養的童養媳，那些四歲以後才送給人家作童養媳的人，婚姻狀況跟成人後才見面的一樣。[31]

此後，有許多研究確認了這個現象。在同一個集體農場長大的以色列孩子，很少彼此結婚。[32] 睡在同一個房間一起長大的摩洛哥孩子，也不願意接受彼此的媒妁之約。[33] 這種厭惡感似乎女性強於男性。即使是在小說中，這種厭惡的迴響也久久不散。瑪莉・雪萊（Mary Shelley）小說中的科學怪人，發現自己被安排與他從小一起長大的表妹結婚時，他的惡魔本性介入殺死了他的新娘，使他不必履行婚約。[34]

亂倫的禁忌的確存在，但是仔細檢視，它其實跟近親結婚沒有關係；它規範的是表兄弟姐妹結婚。[35] 看起來，人們好像對亂倫很感興趣，它在中古世紀的小說裡扮演著重要的角色。在維多利亞時代的醜聞和現代都市傳奇中，你都還可以看到它的蹤影。讓人恐懼的事物同時也會讓人著迷；很多人很怕蛇，但也有很多人對蛇很感興趣。我們也看到從小失散的兄弟姐妹，成年後相逢時發現彼此深深吸引（譯注：台灣最近發生一件事，一位從小送人領養的人認祖歸宗時，發現公司中跟他最談得來的朋友，原來是他親哥哥的兒子）。[36] 不過這些證據說起來還是支持韋斯特馬克的理論。

韋斯特馬克效應顯然不是全球性的普遍效應，在文化層次和個人層次都有很多例外。許多童養媳可以克服她的性厭惡，而有美滿的婚姻；綿延後代的本能比逃避亂倫的本能更強。同時也有一些證據顯示，一起長大的兄弟姐妹也有一些不軌之事，而那些在幼年曾經分離過一年以上的，更可能發現實際性交之事。換句話說，童年的兄妹關係不一定會造成性反感而無法上床。[37]

不過，在同一家庭長大的孩子厭惡亂倫，就像語言一樣，是在幼年關鍵期銘印於心的習慣。從某方面來講，這純粹是後天的——心智並沒有成見會厭惡誰，只要他是童年的伴侶。然而它又是先天的，因爲它是個不可避免的發展，可能是在某個年齡時基因所設定的。所以我還是那句話：你需要先天的設定才能吸收後天的影響。

和勞倫茲的小鵝相反，我們是對厭惡的對象產生銘印，而不是對依附的對象產生銘印。有趣的是，勞倫茲跟他的童年玩伴格麗托結婚了，就是在他六歲時與他一起使小鴨子產生銘印的女孩。她是鄰村菜農的女兒。爲什麼勞倫茲跟她不會彼此厭惡？或許是因爲她比他大了三歲，這表示當他們相遇時，她已經超過韋斯特馬克效應的關鍵期。或許勞倫茲只是他自己理論的例外。有人曾說，生物學是個例外的科學，而不是規則的科學。

納粹烏托邦

勞倫茲的銘印理論是個偉大的洞見，經得起時間的考驗。它在「先天和後天的交互作用」這個拼圖中扮演關鍵性的角色，完美地結合兩者。銘印理論的發明確保了本能的彈性，可以說是天擇理論的主要骨幹。假如沒有銘印，我們就變成生來只有固定的語言，自石器時代以來就不曾改變過，不然我們就得奮力去重新學習每一個文法結構。但是勞倫茲的另一個想法就沒有這麼好的歷史評價了。雖然這個故事跟銘印沒什麼關係，但是還是值得說一下。讓我們來看勞倫茲是如何像別人一樣落入二十世紀常見的陷阱——建構烏托邦。

在一九三七年，勞倫茲失業了。他對動物本能的研究受到維也納大學的禁止，因為牽涉到天主教的教義，所以他只好回到艾頓堡去繼續研究他的鳥類。他向德國政府申請研究經費，一位納粹官員在他的申請書上寫道：「奧國所有的審查委員都一致同意勞倫茲博士的政治立場在各方面都無懈可擊，他在政治上並不活躍，但是在奧國，他從不諱言他贊成納粹社會主義……他也是純正的亞利安人血統。」在一九三八年六月德奧合併後，勞倫茲加入納粹黨，成為該黨種族政策部的一員。他立刻開始演講及寫作，聲明他的動物行為研究是符合納粹理想主義的。在一九四〇年，他被任命為康尼斯堡大學（Konigsberg University）的教授。往後幾年裡，他一直提倡「以科學為基礎的種族政策」、「民族與種族的人種改良」、「排除道德卑劣的人」等等這些烏托邦的理想，直到一九四四年他被俄國人俘虜。

在俄國的戰犯營關了四年以後，勞倫茲回到艾頓堡，他設法掩飾他過去的納粹行為，說他在政治上並不活躍。但是事實上不只這樣，他曾扭曲他的科學去迎合新政權。在他活著的時候，大家接受了這個解釋，但是當他死後，訊息一點一點露出來，顯示他對納粹主義的擁護有多深。一九四二年，當他在波蘭作軍中心理學家時，勞倫茲參加了納粹情報局出資，由心理學家魯道夫・希皮爾士（Rudolf Hippius）主持的研究計畫，目的在找出分辨德國人和波蘭人的特質，以便區分波蘭德國混血兒中該被選為「重新德國化」的人。並沒有證據顯示他曾參與戰爭犯罪，但是他很可能知道他們在幹什麼。[38]

在納粹統治時期，勞倫茲的主要立論在於馴化。勞倫茲很看不起被豢養的動物，他認為牠們跟野生動物比起來是貪婪、愚蠢和好色的。有一次他在拒絕銘印的莫斯科鴨求愛時，曾經大叫：「醜惡無比的野獸！」[39] 拋開輕蔑不談，他的話尚有幾分道理；通常為了豢養而選擇交配出來的動物，都是比較肥、很會生、聽話、遲鈍的；豢養的牛和豬的大腦比野生的小了三分之一；母狗的生育期一年有兩次，而母狼只有一次；家豬比野豬肥了許多。

勞倫茲開始把這些看法應用到人類身上。在他一九四〇年惡名昭彰的論文〈因馴化而造成的種族特定行為病症〉（Disorders Caused by domestication of species-specific behavior）中，他認為人類會自我馴化，而這使人類在身體上、道德上和基因上退化。「我們種族對美和醜的敏感度，跟馴化所造成的退化症狀有密切關係，這會危害我們的種族……所以種族政策是我們國家的基本政策。」事實上，勞倫茲的馴化論點在優生學的爭論中開啓了一個新戰場，提供了另一個理由去增產報國，以及消滅不適合的個體和低劣的種族。勞倫茲好像沒有看到他的論點有個大漏洞：他的莫斯科鴨是好幾代近親繁殖的結果，因為他想把基因範圍縮小，而文明化對人的效果正好相反。文明化使選擇更多樣化，允許更多的突變在基因群中存在。

現在並沒有證據指出，勞倫茲的論點對納粹有任何影響，因為納粹已有很多理由來說明他的種族政策和屠殺猶太人，有些甚至比勞倫茲的還更科學。勞倫茲的論點被忽略，甚至不被黨所信任。奇怪的是，他的馴化論點穿越大戰，重新被編入他的書中——一九七三年出版的《文明人的八大死罪》（*Civilized Man's Eight Deadly Sins*）。這本書綜合了勞倫茲以前的想法（天擇鬆懈後所引起的人類退化）加上比較新的環保看法，這八大死罪是：基因衰退、人口爆炸、環境破壞、過度競爭、尋求立即滿足、行為主義技術的灌輸、代溝和核子毀滅。滅種（genocide）並沒有在勞倫茲的名單上。

第七章

學習

「所有的人都彼此相似，無論肉體或靈魂。我們每個人都有大腦、脾臟、心臟和肺臟，結構都一樣；至於所謂的道德素養，也無多大差別，即使有一點偏差，也沒有多大意義……道德的偏差來自教育的偏差，來自童年開始塞滿人們頭腦的垃圾，來自病態的社會。改造好社會，病根也就清除了……無論如何，在一個有組織的社會中，人是愚笨或聰明、是好是壞都沒有關係了。」

「是的，我明白，因爲所有人的脾臟都一樣。」

「正是這樣，夫人。」

——巴札羅夫與奧丁索夫夫人的對話，出自《父與子》，屠格涅夫（Ivan Turgenev）[1]

巴夫洛夫的制約反應

一八九三年，阿弗列德・諾貝爾（Alfred Nobel）這位瑞典的炸藥發明者，開始感覺到自己老了。他已六十多歲，身體不太好，他聽說輸長頸鹿的血可以返老還童，青春永駐。當有錢人出現這種心情時，機靈的科學家立刻伸手要錢。諾貝爾被說服出資一萬盧布，在聖彼得堡的俄國皇家實驗醫學院蓋一棟新的心理研究大樓。諾貝爾在一八九六年過世，而這個實驗室從來沒有買過長頸鹿，但是它變得越來越有名。這棟實驗大樓以商業方式經營，聘有超過一百位的研究人員，很像科學工廠。它的負責人是個很有野心、很自信的年輕人，名叫巴夫洛夫。[2]

巴夫洛夫是賽契諾夫（Ivan Mikhailovich Sechenov）的門生，賽契諾夫非常相信反射反應，他甚至認爲思想也是反射反應，只是動作沒有出現而已。他專心致力於後天論，就像跟他同時代的高頓完全致力於先天論一樣，他認爲「每一個動作的眞正原因在於動作者之外」，「心智內容的千分之九百九十九決定於教育，而且是廣義的教育，只有千分之一決定於這個人的個性」。[3]

賽契諾夫的哲學領導了巴夫洛夫實驗室的研究走向三十年。這些實驗的受害者大部分是狗。一開始時，巴夫洛夫專注在研究狗的消化器官，後來他的興趣轉移到腦。一九〇三年在西班牙馬德里的一場研討會上，他宣布了他最有名的實驗。就像所有偉大的科學一樣，他是無意中發現的。一開始他只是想研究狗的唾腺對食物的反射反應，他把管子連接到狗的唾腺上，以測量流出的唾液。然而，狗只要聽到在準備食物的聲音，口水就會立刻流出來，甚至一套上做實驗的儀器，牠就開始流口水了——因爲牠預期食物要來了。

這個「心理的反射反應」本來不是巴夫洛夫要的結果，但是有一天他突然看到這件事的意義，開始注意這種反應。這隻狗只要一聽到節拍器的聲音，就會有食物吃，後來只要聽到節拍器開始啓動，就會流口水（這是他最原始的實驗，後來改用鈴聲）。後來他證明，沒有大腦皮質的狗仍然能在進食時流出口水，但是聽到鈴聲時卻不會流口水，所以制約的反射反應是在大腦皮質產生的。[4]

巴夫洛夫發現了一個機制，叫做制約或聯結，大腦可以透過這個機制學會世界的規則。這是一項偉大的發現，它是正確的，但當然不是全部的答案。然而跟以前一樣，有些巴夫洛夫的追隨者又衝過頭了。他們開始說，大腦不過是透過制約來學習的設備罷了，這個傳統傳到美國後成爲行爲主義的根基，其領導人是華森，我們後面還會再談到他。

近代的學習理論在一個關鍵點上修正了巴夫洛夫的想法。他們說主動學習不是發生在刺激和回饋連續發生的時候，而是在期待與結果中間出了問題的時候。假如心智產生「錯誤預期」——預期某個刺激後會有某個回饋，但是沒有得到，或是沒有預期而得到回饋——那麼心智就必須改變它的預期，它必須學習。所以，假如鈴聲不再帶來食物，而閃光可以預測食物，這隻狗就必須學習牠的預期與新事實之間的差距。驚奇帶給我們的資訊遠大於預期，不論這驚奇是愉快的，還是不愉快的。

「錯誤預期」不但可以從心理形式看到，也可以在大腦中的生理形式看到。在一系列的猴子實驗中，渥夫蘭・舒茲（Wolfram Schultz）發現猴子腦中分泌多巴胺的神經細胞——位在黑質（substantia nigra）和腹側蓋區（ventral tegmental area）——會對驚奇產生反應，但對預期中的事物則沒有反應。當猴子得到食物的回饋時，這些神經細胞較活躍，而當猴子本來應該得到食物卻沒有得到時，這些神經較不活躍。換句話說，這些多巴胺細胞本身就載有學習規則，工程師現在把這套學習規則運用在機器人身上。[5]

巴夫洛夫可能會喜歡這個化約主義的結果，但是他可能對這個結果帶來的哲學諷刺不太高興。他原是要證明狗的大腦是從外界學到情境的，用賽契諾夫的話來說就是「眞正的原因在人體之外」。巴夫洛夫是經驗論的傳人，一路傳承自米爾、休姆和洛克：人性是寫在心智白紙上的一連串經驗。然而，這個心智要在白紙上書寫時，一定要有多巴胺神經細胞，這是特別設計來對驚奇產生反應的。但這是怎麼設計的？是透過基因。今天，巴夫洛夫所做的實驗在全世界頂尖的基因實驗室中都在做，因為巴夫洛夫的現代傳人都忙著證明基因在學習中扮演的角色。這是本書的主題：基因不但跟先天有關，它跟後天的關係也一樣密切。

現代的巴夫洛夫實驗多半是使用果蠅來做，但原則是相同的。實驗者在噴出化學味道後，立即給果蠅的腳電擊，果蠅很快就學會這個味道後面是電擊，所以會立刻飛到空中以逃避電擊：牠學會了這兩者之間的關係。最早進行這項實驗的人是一九七〇年代加州理工學院的吉普・昆恩（Chip Quinn）和賽莫・班瑟（Seymour Benzer），他們證明果蠅可以學會味道和電擊之間的聯結，還會記住它，這個結果震驚了全世界！

這個實驗也證明，只有當果蠅擁有某些基因時，才能學會這種聯結；缺少這些基因的突變果蠅就學不會。果蠅中至少有十七個基因與新記憶有關，這些基因的名字都是輕蔑的字眼：笨蛋（dunce）、健忘（amnesiac）、包心菜（cabbage）、蕪菁（rutabaga）等等。這有點不太公平，因爲果蠅就是缺少了這個基因，才會變成笨蛋的，而不是因爲這基因變成笨蛋的。這一組基因叫做CREB基因，是所有動物都有的，包括人類在內。在學習的過程中，這些基因必須開啓（也就是必須製造蛋白質），記憶才能儲存。

這是一項驚人的發現，很少人能了解這個震撼有多大。一九一四年華森在談到聯結學習時說：

> 大多數的心理學家大言不慚地說大腦形成新的神經通路，好像有一群鍛鍊之神（Vulcan，編注：羅馬神話中司火及鍛冶之神）的僕人在那裡忙來忙去，拿著鐵鎚和鑿子要把神經系統挖出一條溝來，或是把舊的加深。[6]

華森嘲笑這個想法，但是後來他自己變成了笑話。心智聯結的形成是由於兩個神經細胞之間連結的形成和加強，鍛鍊之神的僕人的確存在，他們叫做基因。基因！這個命運的主人一直被人以爲它們在建構好大腦後，就離開去做別的事了。但是它們並沒有離開，它們也參與學習。現在，在你的頭腦內的某個地方，有一個基因正被啓動，製造出一連串的蛋白質，以改變腦細胞之間的突觸，因此你才會把這一段閱讀跟廚房飄過來的咖啡香聯結在一起。

下面這句話非常重要：這些基因是受到行爲的支配，而不是行爲聽從基因。造成巴夫洛夫的聯結之物質，就是構成染色體的遺傳物質。記憶「在基因裡面」，我的意思是形成記憶需要使用基因，而不是記憶來自遺傳。後天受到基因的影響，就像先天受到基因的影響一樣。

果蠅的學習與記憶

下面請看這個基因的例子。在二○○一年，賈許・杜布拿（Josh Dubnau）與杜利做了一個非常巧妙的果蠅實驗。請給我幾分鐘，讓我告訴你這個方法的細節，你才會感受到現代分子生物學已經可以提供如何精巧的研究工具（也請停下來想一想，再過幾年這個領域會進步到什麼地步）。首先，他製造出一個對溫度敏感的基因突變，叫做 shibire，這個基因負責製造一種運動蛋白，叫做 dynamin。也就是說，在攝氏三十度時，這隻突變果蠅不能動彈，但是當溫度降到二十度時，牠就完全恢復活動力。接著，他又製造出另一種果蠅，讓這個突變基因只有在大腦的某個部位才活化；這個部位叫蕈狀體（mushroom body），對果蠅學習味道和電擊的聯結很重要。所以這種果蠅在攝氏三十度並不會癱瘓，但是牠卻無法提取記憶。如果在熱的時候訓練這種果蠅，使牠對氣味和電擊產生聯結，然後在涼的時候提取記憶，牠可以表現得很好。但是反過來，如果在涼的時候給牠氣味和電擊，當溫度調高時，牠就無法提取記憶了。[7]

結論是：記憶的習得跟提取截然不同，不同的大腦部位需要不同的基因。蕈狀體跟記憶的提取有關，但是跟記憶的形成無關，而開啓記憶需要開啓基因。巴夫洛夫可能夢想有一天，有人可以解開聯結學習的大腦機制之謎，但是他絕對想不到有人走得更深，實際描述了分子的作用，更別說發現這個過程的關鍵在於孟德爾的小小遺傳因子。

與記憶和學習有關的基因研究，是一門剛起步的科學，內含許多不爲人知的寶藏。杜利現在想要找出與記憶有關的基因如何改變自己的神經細胞與鄰近神經細胞之間的突觸，而不改變其他的突觸。每一個神經細胞平均有七十個突觸跟其他細胞連接。在細胞核中，第一號染色體上的 CREB 基因可以啓動一組基因，而這些基因會把它們的轉譯子送到正確的突觸上，用來改變連接的強度。杜利終於找到一個方法可以了解這是怎麼做到的。[8]

然而，CREB 只是故事的一部分而已。席斯・葛倫（Seth Grant）找到證據認爲，許多對學習和記憶必要的基因，並不是一個接著一個序列作用的；它們會組成一套機器叫「海伯體」（Hebbosome，等一下你就明白了）。一個海伯體至少包含七十五個不同的蛋白質（也就是七十五個基因的產品），它們共同運作，就像是一個複雜的機器。[9]

嚇哭寶寶

我剛剛說要再回來談談華森。他是在南卡羅萊納州的貧苦鄉下長大的，他的父親拈花惹草，不務正業，在他十三歲那年便拋下他們母子離家出走了。他的母親信仰虔誠，獨力把他扶養成人。這個背景——不論是透過基因還是經驗——給了他粗暴的個性，他是個血氣方剛的青少年、不忠誠的丈夫和專制的父親，他使兒子自殺、孫女酗酒，最後變成一個嫉世憤俗、不與人來往的老人。他也在人類行爲研究上引起了革命。他受不了心理學的那些廢話，一九一三年在一場題爲「行爲主義者眼中的心理學」的演講中，他提出了改革的大綱。[10]

他宣稱內省法（introspection）必須要停止。據說他很厭惡被要求去想像老鼠在跑迷宮時，心中在想什麼。他很嫉妒物理學，心理學需要有客觀的基礎才能成爲科學。行爲才是重要的，不是思想。「人類心理學的主題是人類的行爲。」換句話說，因爲心理學家應該研究有機體受到什麼刺激、做出什麼事，而不是內在的歷程。學習的原則應該可以從任何動物身上看到，再類化到人身上。

華森從三個主流思想中得出他的主張。詹姆士雖然是先天論者，但是他非常強調習慣形成對人類行爲的重要性。桑代克進一步創出「效果律」（Law of Effect）這個概念：動物會重複可以產生快樂結果的行爲，而不會重複產生不愉快後果的行爲。這個概念有其他的名字，例如：增強學習（reinforcement learning）、試誤學習（trial-and-error learning）、工具制約（instrumental conditioning）或操作制約（operant conditioning）——心理學家喜歡用他們的術語。在桑代克的實驗中，一隻貓透過試誤學習打開了籠子的門，使牠可以吃到籠子外面的魚；幾次以後，牠就知道怎麼去開籠子的門。雖然巴夫洛夫的著作直到一九二七年才被翻譯成英文，但華森早就從他的朋友羅伯特・耶克斯（Robert Yerkes）那兒得知巴夫洛夫的研究，而且立刻將巴夫洛夫的古典制約視爲學習理論的中心。終於有心理學家像物理學家一樣嚴謹了：「我看到巴夫洛夫的偉大貢獻，這個制約反應多麼輕易就能解釋我們所謂的『習慣』。」[11]

在一九二〇年，華森和他的助理蘿莎莉・蕾娜（Rosalie Rayner）做了一項實驗，使他相信情緒反應是可以被制約的，人的確可以被當成巨大無毛的老鼠。這是一個影響深遠的實驗。這裡我要提一下有關蕾娜的事。她是美國著名參議員的姪女，這位參議員因質詢鐵達尼號的沈沒而出名，美貌多金、芳齡十九歲便作了華森的助理，因此兩人很快就墜入愛河。華森的太太在華森的大衣口袋裡找到蕾娜寫給他的情書，但是律師告訴她要找到華森寫給蕾娜的情書才算數。所以華森的太太就去蕾娜家裡喝咖啡，然後假裝頭痛，要求去蕾娜的閨房躺一下休息。她一上樓進房間後便反鎖房門，搜到十四封他先生寫給蕾娜小姐的情書。這個緋聞使華森失去教職。跟太太離婚後，華森與蕾娜結婚，並加入廣告業，成功策畫了嬌生嬰兒爽身粉的廣告行銷，並且說服了羅馬尼亞皇后來爲旁氏面霜背書。

這對戀人在一九二○年的實驗主題是一個名叫阿爾拔（Albert B）的小男孩，他從出生就在醫院長大（有人說他是華森與護士的私生子，但是我沒有找到證據）。當阿爾拔十一個月大時，華森和蕾娜給他看一系列的東西，包括一隻白老鼠。阿爾拔都不害怕這些東西，而且很喜歡跟白老鼠玩。當阿爾拔在與老鼠玩時，他們突然用鐵槌敲金屬欄杆，發出巨響。當然，河爾拔被嚇得大哭。後來每次阿爾拔去摸白老鼠時，他們就敲鐵欄桿。不到幾天，河爾拔一看到白老鼠出現便開始哭——這是制約的恐懼反應。他現在看到白兔也會害怕，他甚至不敢接近白色的海豹皮大衣。顯然地，他已經將恐懼移轉到任何白色有毛的東西上。華森以他慣有的諷刺口氣說：

> 二十年以後，除非佛洛伊德派的人改變假設，否則當他們分析阿爾拔對白色海豹皮大衣的恐懼時，可能會從他的夢來解析說，這是阿爾拔在三歲時，因爲玩他母親的恥毛被重責後所造成的行爲。[12]

（假如你問我的話，華森才是該被責罵的人。）

到一九二〇年代中期，華森不但相信制約是人類學習外界事物的機制，而且是主要的機制。他加入當時學術界對後天論的狂熱，說了下面這段非常極端的話：

給我一打健康、四肢健全的嬰兒，在我特定的世界中養大，我保證我可以隨機指定一個嬰兒，把他訓練成任何我想要的專家——醫生、律師、藝術家、企業家，是的，甚至小偷、乞丐，不論他的天資、興趣、性向、能力、稟賦和種族。[13]

重新設計人類

很諷刺的，在華森說上面那些話的五年前，有一個很有權勢的人也有同樣的想法，這個人就是列寧。如同巴夫洛夫一樣，列寧深受賽契諾夫的影響，相信環境論。在俄國革命後兩年，據說列寧曾秘訪巴夫洛夫的實驗室，問他是否可能改造人性。[14] 這次會面並沒有留下記錄，所以巴夫洛夫對這件事的看法如何，我們不得而知。或許他那時有更緊急的事要處理，因爲內戰帶來飢荒，巴夫洛夫的狗都在挨餓，研究人員必須將他們微少的口糧分給狗吃，才能避免牠們餓死。連巴夫洛夫都開始在實驗室的空地種菜，以身作則鼓勵他的學生從事園藝，就像他鼓勵他們從事科學一樣。[15] 巴夫洛夫對列寧有無政治上的鼓勵，我們並不清楚。巴夫洛夫曾公開批評革命，但是當蘇俄的人民委員（相當於部長）對他禮遇有佳時，他就封口了。

列寧顯然看到，人性可以被訓練的這個假設，對共產主義是很有利的。他說：「人是可以被矯正的，我們可以使人成爲我們想要的人。」托洛斯基（Trotsky）回應說：「製造一種改進版的新人類是共產主義的任務。」[16] 馬克斯主義者的許多爭論都環繞著這個問題：要多久才能製造出一個「新人類」。除非人性是可以完全改變的，不然這個目標就沒有意義。在這一點上，共產主義一直對後天論有很大的興趣，但是政府還是遲遲沒有將這個想法付諸實行。在一九二〇年，連蘇聯都感染到全球性的優生學熱潮。瑟馬斯高（N. A. Semashko）在一九二二年規畫了一個很有野心的社會主義優生學計畫，宣稱優生學「將把社會的集體利益放在個人利益的前面」。新人類即將培育出來。但是在史達林時代，蘇聯的優生學垮台了，因爲共產主義的領導人發現，這不但要花好幾個世代才能完成，而且用選擇育種的方式保留知識份子，跟黨書記迫害知識分子的偏好是相抵觸的。在德國的納粹黨執政後，又有另一個理由來拒絕優生學：研究人類遺傳跟法西斯主義畫上了等號。俄國的優生學家很快就因爲他們的遺傳學信仰飽受批評，說他們「沒有抓緊社會的槓桿」。[17]

這個抓緊社會槓桿的人，來自一個出乎意料的地方。一九二〇年代，俄國在飢荒的籠罩之下，政府發現了一個有妄想症的老人，他在柯茲洛夫（Kozlov）附近種蘋果，叫做伊凡・米契林（Ivan Vladimirovich Michurin）。這個人宣稱他可以使梨子更甜；他用糖水澆樹，所結的種子種出的第二代梨子會更甜。他也會接枝種出各種混種的水果。突然間，他得到很多獎狀和獎金，因爲政府迫切需要提高糧食的產量。米契林被升級爲新科學的代言人，取代了孟德爾的遺傳學。

整個背景已經準備好，就等著科學的最後一擊。有一個年輕人名叫李森科（Trofim Denisovich Lysenko），他主動找上蘇聯共產黨中央機關的《眞理報》（*Pravda*），宣稱他可以用米契林的方式種出更高產量的麥子。當時除了南部地方之外，冬麥皆因霜寒而凍死，春麥又因太遲結穗被乾死。李森科一開始時宣稱，他已經「訓練」出耐寒的冬麥。在一九二八到一九二九年間，俄國政府撥了七百萬公畝的地給他種冬麥，結果都死掉了。他又轉去種春麥，宣稱只要浸泡種子就可以提早收成——也就是他所稱的春化作用（vernalisation）。這次還是失敗了，只有更加重飢荒。到了一九三三年，就不再有人提起春化作用了。

但是李森科這個人顯然做官比做科學拿手，他並沒有因此而受譴責，反而水漲船高，開始到處宣揚他的想法是新科學，推翻了基因理論和達爾文主義。他說演化的關鍵在互助，不是競爭，基因只是形上學中虛構的東西，化約論根本是錯誤的。「在生物中除了普通的身體以外沒有別的特殊物質，我們否認有小片段或微粒的遺傳物質。」在一九六一年以後，俄國科學家又被允許去研究 DNA，但是一向混淆是非的李森科又說，雙股螺旋是個愚蠢的看法：「它指的是兩倍，而不是把一個東西分割成對立的兩半，也就是重複和增加，但不是發展。」[18]（你聽得懂他在說什麼嗎？）李森科主義是個本質的、「整體的」科學，是「對人和他所居住的環境自然結合的禮讚」，它一直藐視數據的證明，而喜歡引用鄉野民俗的智慧。

整個一九三〇年代，李森科主義跟蘇聯生物學界的遺傳學家惡戰，爭取龍頭老大。他們逐漸佔上風，到一九四八年，李森科贏得政府的支持，遺傳學被打入冷宮。遺傳學家不是被逮捕就是流放，許多人死亡。一九五三年史達林的去世並未對李森科造成影響，因為繼任的赫魯雪夫是他的老朋友和支持者。但是俄國科學家逐漸發現，李森科根本是個瘋子。他的確是瘋子，他竟然宣稱他可以使鵝耳櫪樹結出榛子，讓小麥結出黑麥，讓黃鶯的蛋中孵出布穀鳥來。

李森科跟赫魯雪夫在一九六四年一起下台。事實上，他是赫魯雪夫下台的原因之一。李森科也被列在中央委員會的清算名單中，而一九五八年以來的農業蕭條是赫魯雪夫下台的主要原因。雖然李森科被免職，但是批評他的聲音還是不敢出來，直到很多年後，人們才敢開始討論。他一手建立的新科學現在已銷聲匿跡。[19]

史金納的箱子

俄國農業的故事好像跟人性無關，畢竟，如同專門研究李森科主義的歷史學家喬拉夫斯基（Darid Joravsky）所說：「任何類似真正科學的思想都是純屬巧合。」但是它提供了一個背景，讓我們了解俄國的生物學是怎麼運作的。極端的後天論在賽契諾夫的革命之前就開始了，在李森科時到達最頂點，設定了俄國將近一百年的生物學研究環境。而且，不論有意或無意，它的回響傳遍西方。巴夫洛夫和華森將它帶進學習理論，使許多人相信人是透過學習而來的。馬克斯主義清楚的替人類獨特主義背書，宣稱人類歷史已從生物性移轉到文化（李森科說，「人已經脫離動物很久了，這都是拜心智所賜」）。馬克思也被讚譽超越「是」和「應該」的矛盾——這是休姆和摩爾（G. E. Moore）有名的自然主義學派之迷思。到一九四〇年代晚期，「人類是教養和文化的產物，跟動物完全不同」以及「這是道德和科學上的必然性」這兩個看法，已經傳遍西方和社會主義的國家。

史蒂芬・古爾德（Stephen Jay Gould）寫道：「假如基因決定論是對的，我們也可以活得下去，但是我必須要說，目前並沒有任何證據支持它。過去幾個世紀的粗糙版本已經被完全反駁了，它的持續流行完全是社會偏見造成的，因爲有人會因這個說法得到利益。」[20] 這種推理會引出問題。就如生物學家恩斯特・麥爾（Ernst Mayr）和平克所說的，根據人性可調教的假設來製定政策和道德標準不但是錯誤的，而且是危險的。一旦生物學家發現行爲有某種程度的先天或基因上的原因，就得馬上發明出另一種說法來圓場，平克說：

一旦〔社會科學家〕認同種族主義、性別歧視、戰爭和政治不平等都是邏輯上站不住腳或不符事實的，因爲根本沒有人的本性存在（相對於道德卑劣），那麼以他們的邏輯來說，每一種人性的發現都等於是說種族主義、性別歧視、戰爭和政治不平等並沒有那麼壞。[21]

我再重複一次，以確定我說清楚了。人類可以學習、可以被制約、可以對獎賞或懲罰產生反應，以及所有學習理論所說的都沒有錯，這些都是事實，也是我建構這座牆的重要磚塊。但是這並不代表人類沒有本能，就像你不能說因爲人類有本能，所以不能學習一樣。這兩方都是對的，錯的是只允許選擇一方，也就是哲學家瑪莉・米吉莉（Mary Midgely）所謂的「別無他說」（nothing buttery）。

別無他說的大祭司是史金納，他是華森的信徒，將行為主義帶到教條主義的新高點。史金納說，有機體是個黑盒子，不需要去打開它；它只是把從環境來的訊息，轉變成適當的反應，不需要任何天生知識。史金納對心理學的定義比華森更偏執，他認為人是沒有本能的。即使在晚年，他承認人的行為有天生的成分，他還是把它視為宿命——「先天的特質在受精後就不能被改變了」——這再次證明了我的觀點：批評先天論的人比支持它的人更相信基因決定論的模式，後天論者比先天論者更相信基因宿命論。

我在讀史金納的研究時，一直努力想保持正向的觀點。他的操作制約實驗無疑是很聰明的，他所發明的史金納箱（Skinner box，鴿子可以在箱中依照實驗設計得到獎賞或懲罰）是技術上的傑作，他在學術上的誠實是不容置疑的。不像有些行為主義者，他不會假裝環境主義不是一種決定論。在我自己的生活裡，我常常遵循他的教義。當我去釣魚時，我感覺自己就像史金納箱中的鴿子一樣；史金納派的學者發現，不可預測的隨機獎賞特別有效，可以使鴿子在箱中鍥而不捨地啄一個鍵，或讓釣魚者不斷地拋竿到河流中。當我想要我的孩子習慣餐桌上的禮儀時，我就像史金納箱一樣用獎賞或懲罰的方式。

然而，我沒有辦法喜歡一個把自己的孩子關在史金納箱中的人。在他女兒黛比出生後，史金納做了一個隔音的箱子當作「嬰兒床」，上面有一扇窗戶，供應過濾過的空氣。黛比兩歲以前都被關在這個箱子中，只有在他父親設定好的遊戲和吃飯時間才可以出來。史金納也出版了一本書攻擊自由和尊嚴，認為那是過時的觀念。在一九四八年，他出版了一本小說，描寫他心目中的烏托邦，我在後面還會談到。在這裡我只想先談史金納主義的敗落，因爲它的敗落爲學習理論打開了新的一頁，這要從威斯康辛州的一隻小猴子說起。

鐵絲網媽媽和絨布媽媽

哈洛是美國中西部的一位心理學家，非常喜歡雙關語及押韻詩。他雖然受行爲主義的訓練，卻敢反抗這個傳統。他在史丹佛大學的指導教授是作風專制的路易斯・特曼（Lewis Terman），哈洛原本的姓氏是以色列，特曼一定要他改名，因爲哈洛聽起來比較不像猶太人，比較容易找到工作。他從來不認爲只有獎賞和處罰可以決定心智，一九三〇年當他到麥迪遜市（Madison）的威斯康辛州立大學教書時，由於沒辦法建立老鼠實驗室，所以他開始在自製的實驗室中養猴子。他把小猴子從母親身邊帶離，飼養在乾淨、沒有病菌的獨立空間，但是不久他卻發現，這些小猴子變得容易恐懼、反社會、非常不快樂。牠們會緊抓著布，好像那是茫茫大海中唯一的救生圈。在一九五〇年代晚期，有一天當哈洛從底特律搭飛機回麥迪遜市時，他從飛機上往下看，透過雲層看到密西根湖，他想到那些小猴子緊抓著牠們的布。他突然想到一個實驗：何不給小猴子一個絨布做的媽媽，和一個鐵絲網做的媽媽，但是後者身上有奶瓶，小猴子可以得到獎賞——牛奶。小猴子會選擇那一個呢？

哈洛的學生和同事聽到這個想法都嚇壞了，這個假設完全不適合像行爲主義這種硬科學。最後他終於說服了研究生羅伯特・辛默曼（Robert Zimmerman）做這項實驗，因爲他答應他以後可以用這些小猴子去做別的實驗。他們把八隻小猴子各自單獨放在籠子中，裡面有絨布做的媽媽和鐵絲網做的媽媽，兩者後來都添上木製的頭，主要是爲了取悅來參觀的人（譯注：這個實驗後來變成心理學上最有名、影響最深遠的實驗）。在四個籠子裡，絨布媽媽身上裝有奶瓶，小猴子可以從奶頭上喝牛奶；在另外四個籠子中，鐵絲網做的媽媽才有牛奶。假如這四隻小猴子讀過華森或史金納的書，牠們應該會很快就學到鐵絲網跟食物的聯結，而比較喜歡鐵絲網；牠們的鐵絲網媽媽很大方地給獎賞，而絨布媽媽都不理牠們。結果發現，小猴子幾乎把所有的時間都花在絨布媽媽身上，只有在肚子餓時才暫時離開一下去喝奶。有一張著名的相片是，小猴子用後腳勾住絨布媽媽，斜伸著身子到鐵絲網媽媽那裡吸奶。[22]

後來他又做了許多類似的實驗，發現會搖的媽媽比不動的媽媽受歡迎、溫暖的媽媽比冷冰冰的媽媽受歡迎。在一九五八年的美國心理學年會上，哈洛在他的主席演說中報告了這些實驗結果，還爲這場演講訂了一個很聳動的題目：「愛的本質」。他對史金納主義打出了致命的一擊，因爲史金納派的人竟然離譜到主張，嬰兒對母親的愛是因爲母親是營養的來源。但是我們知道，愛不僅是獎賞和懲罰；嬰兒依戀母親還有一些先天的、自我回饋的偏好，例如溫暖和柔軟。哈洛譏諷地說：「人不能僅靠牛奶而活，愛是一種情緒，不是奶瓶或湯匙可以餵的。」[23]

聯結是有限度的，這個限度來自先天的偏好。現在看起來，這個結論簡直明顯極了，任何讀過丁伯根引發海鷗和刺魚的行爲研究的人都知道。但是心理學家並不去讀行爲生態學的研究，他們被行爲主義牢牢抓住，所以哈洛的演講對很多人而言是極大的震驚。行爲主義的堅固城堡已經出現裂縫，這個裂縫以後還會持續擴大。

恐懼的限度

很辛苦的，整個一九六〇年代，心理學家都在重新發現一些普通常識，比如說人和動物都有比較容易學會的事：鴿子擅長在史金納箱中啄圖鍵，老鼠擅長跑迷宮。到了一九六〇年代晚期，馬汀·賽利格曼（Martin Seligman）發展出一個重要的觀念：「準備好的學習」（prepared learning）。這與銘印恰好相反。小鵝會對第一個會動的物體產生銘印，無論是母鵝或是教授；這種學習是自動的，不可逆轉的，但是它可以對許多不同的目標物產生作用。而準備好的學習是，動物可以很容易學會害怕一條蛇，但是很難去害怕一朵花；這種學習只對有限的目標物產生作用，如果沒有這些目標物，學習就不會發生。

在哈洛之後一個世代，威斯康辛大學的另一個研究團隊展示出這項事實。蘇珊·米內卡（Susan Mineka）是賽利格曼的學生，她在一九八〇年到威斯康辛大學去教書。她設計了一個實驗來測試「準備好的學習」，最原始的實驗錄影帶到現在都還放在她辦公室的紙箱中。自從一九六四年以來，心理學家知道在實驗室長大的猴子不會害怕蛇，但是在野外長大的猴子對蛇非常恐懼。但是不可能每隻野生的猴子都被蛇咬過，產生巴夫洛夫的制約經驗，因爲被蛇咬通常是致命的，不太可能有機會經由制約學習。米內卡認爲，猴子一定是看到其他猴子對蛇的反應，才學會害怕蛇。在實驗室長大的猴子沒有這種經驗，所以不會害怕。

她先把六隻出生在實驗室中的小猴子跟野生的母猴關在一起，然後在小猴單獨關在籠子裡的時候，讓牠們接觸蛇。牠們並沒有特別害怕，當牠們必須越過蛇才拿得到食物時，飢餓的小猴子會很快地伸手過去拿食物，然後立刻縮回。接著，當母親在牠們旁邊時，米內卡又給小猴子看蛇。母親立刻爬到籠子頂上，嘴唇發出響聲，動耳朵、皺眉頭——這些恐懼反應立刻被小猴子學去，從這以後，小猴子就一直害怕蛇，連塑膠製的蛇都不例外（此後，米內卡就用玩具蛇，因為比較好控制）。

後來，她又證明小猴子向陌生人學習這種反應，與跟父母學習一樣容易，而且很容易傳下去：小猴子對蛇的恐懼會一隻傳一隻。接下來，米內卡想知道小猴子能不能照樣學會對花的恐懼。不過問題是，如何使第一隻猴子對花產生恐懼。米內卡的同事查克·史諾頓（Chuck Snowdon）建議她用新的技術：錄影帶。假如猴子能夠看錄影帶，然後從錄影帶中學習，那麼錄影帶就可以移花接木，使猴子以為錄影帶中的猴子是在害怕一朵花，其實牠是在害怕蛇。

這個方法果然有效。猴子會看錄影帶來學習另一隻猴子的反應，所以米內卡準備了剪接過的錄影帶；她將螢幕的下半部剪接成另一個場景，使猴子看起來好像很冷靜地伸過玩具蛇去拿食物吃，或是對花產生恐懼的反應。米內卡把這些帶子放給實驗室長大的小猴子看，看真正的帶子時（對蛇恐懼，對花無反應），猴子很快就學會蛇是個可怕的東西；看假的帶子時（對花恐懼，對蛇無反應），猴子只是覺得這些猴子瘋了，牠們並沒有對花產生恐懼。[24]

在我看來，這是心理學實驗中最偉大的時刻，跟哈洛的鐵絲網媽媽一樣偉大。實驗者用各種不同的方法測試，得出同樣的結果：猴子很容易學會害怕蛇，但是不容易學會害怕別的東西。它顯示學習有某些天生的成分，就像銘印顯示本能有某些學習的成分。米內卡的實驗被很多相信心智是白板的人檢驗過，他們很希望發現錯誤，但是到現在爲止都還沒有。

猴子不是人，但是人也怕蛇，對蛇的恐懼是最常見的一種恐懼症。很巧的是，很多害怕蛇的人從來沒有碰過蛇，他們是從父母的反應中學會害怕蛇的。[25] 很多人也害怕蜘蛛、黑暗、高度、深水、狹小的空間和打雷，這些對石器時代的人來說都是生命的威脅；但是人們對現代生活的更大威脅——車、槍、滑雪、電擊——卻不會產生這樣的恐懼。我們很難不將它視爲演化的結果：人的大腦是先天設定去學習害怕石器時代害怕的事。而演化能夠把過去的訊息傳到今天只有靠基因，基因是資訊系統的一部分，它收集過去世界的事實，透過天擇把它們納入好的設計以備將來之用。

當然，我無法證明最後幾個句子。我只能證明恐懼的制約跟杏仁核（大腦底部一個很小的結構）有很大的關係（在人類或動物都一樣），[26] 我甚至可以告訴你，哪幾個鍛鍊之神的僕人在挖壕溝到杏仁核（似乎是透過麩胺酸鹽突觸）。我可以告訴你，雙生子研究顯示恐懼症是可遺傳的，這表示基因有參與作用。但是我不確定這些是依照基因指示在大腦中設定好的電路，我只是想不出更好的解釋。恐懼學習看起來是個模組，是心智瑞士刀中的一個部件，它幾乎是自動化的。這個模組自成一體，而且是有選擇性的，它是透過選擇性的神經迴路在操作（譯注：上述特質為佛德所述之模組特質）。

然而，恐懼還是必須經過學習的。你也可以學會害怕汽車、牙醫師的鑽牙器，或是海豹皮大衣。很顯然的，巴夫洛夫的制約可以創造出任何一種恐懼，但是無疑地，它所建立的對蛇的恐懼，比對汽車的恐懼更強烈、更快、更持久，而經過社會學習來的恐懼也是如此。在一項實驗中，人類受試者被制約去害怕蛇、蜘蛛、電插座或幾何圖形，結果對蛇和蜘蛛的恐懼維持得比其他兩個久。在另一項實驗裡，實驗者以巨響制約受試者對蛇或槍產生恐懼，結果對蛇的恐懼維持得比槍久，雖然蛇不會產生巨響。[27]

不過，害怕很容易學並不代表它不能預防或逆轉。那些看到錄影帶中的猴子對蛇沒反應的小猴子，很難再學會對蛇的恐懼，即使後來再讓牠看恐懼反應的錄影帶也沒用。從小養蛇作寵物的人，顯然可以使他的朋友不容易怕蛇。所以米內卡說，這不是一種封閉式的本能。這仍然是學習的一個例子。學習不僅需要基因去設定一個可供學習的系統，同時還需要基因去操作。

這個故事最令人興奮的地方是，它把本書前面所講的幾個主題都帶在一起了。從表面上看，對蛇的恐懼像是本能，它是模組的、自動的，是適應的結果。它的遺傳性很高，雙生子的研究發現，恐懼就像人格一樣，跟一起長大的家庭環境無關，跟基因卻很有關。[28] 然而，米內卡的實驗顯示它完全是學習而來的。難道還有任何例子比恐懼制約更清楚地表達出先天是透過後天來表現的嗎？學習本身是一個本能。

神經網路和連結

近年來，強硬派的行爲主義者已經很少見了，但是少數人仍然不理會認知革命或米內卡的實驗，也不認爲人類心智是去學習它所擅長的，而且學習需要的不只是一般性功能的大腦。學習需要的是特殊裝置，每個裝置都對它自己的內涵敏感，專精於從環境中擷取規則。巴夫洛夫、桑代克、華森和史金納最大的貢獻，在於讓我們看到這些裝置是如何運作的，但是它們與先天並不是相對的，它們依賴先天所建構的架構。

但是仍然有一群科學家反對把太多的先天論注入學習理論中，他們叫做連結學派。跟過去一樣，他們對大腦運作的看法，跟大多數的先天論者沒什麼兩樣。但是跟過去一樣，在爭論先天和後天時，雙方都把對方描述成極端分子，情緒就開始激動起來。在我看來，雙方唯一的差別就是連結學派強調大腦神經迴路的開放性，可以接受新的技術和經驗，而先天論者強調它們的特殊性。連結學派所看到的是有一半空白的白板，而先天論者看到的是有一半寫好字的白板。

回歸主題，連結學派其實根本不是在談大腦，他們是要建構一個可以學習的電腦網路。他們的靈感來自兩個簡單的觀念：海伯的相關（hebbian correlation）以及錯誤倒傳遞網路（error back-propagation）。前者指的是加拿大心理學家唐納德・海伯（Donald Hebb），他在一九四九年說的這段話使他名留青史：

> 當A神經細胞的軸突靠近到足以激發B神經細胞，而且重複或持續激發時，這個細胞或這兩個細胞的生長過程或新陳代謝會發生一些改變，使A激發B的效率提昇。[29]

海伯要表達的是，學習就是透過頻繁使用來強化神經連結。羅馬鍛鍊之神的僕人所挖的壕溝如果天天使用，水流就會更暢通無阻。海伯並不是行為主義者，他完全反對史金納說黑盒子不可以打開研究。他想知道學習時大腦內部發生了什麼改變，他猜測是神經突觸的連結強度改變了。他猜對了，在分子層次，記憶的現象完全依海伯法則行事。

在海伯的洞見發表後幾年，弗蘭克・羅森布拉特（Frank Rosenblatt）寫了一個電腦程式叫做感知機（perceptron），由兩層「神經節」（或開關）組成，這兩層之間的連接值是可調整的。這個程式的工作是改變上下層之間的連接強度，直到它的輸出有「正確」的模式。感知機的表現不盡理想，但是三十年後，第三層的「隱藏式」神經節加在輸入和輸出層之間，連結學派的網路開始有點像原始的學習機器，尤其在有了「錯誤倒傳遞網路」之後。這是當輸出有誤時，可調整隱藏層與輸出層的單位連接強度，然後回過頭去調整前面的連結強度——將錯誤的連結回傳給程式。這其實就是現代巴夫洛夫學派所說的「從預測的錯誤中學習」，而渥夫藍・舒茲（Wolfram Schultz）在人類多巴胺系統中也發現這個現象。[30]

如果設計得好的話，連結學派的網路可以學習外在世界的規則，而且有點像大腦的學習方式。例如，它可以把字分類成名詞／動詞、有生命／無生命、動物／人類等等。假如受到損壞，它們所犯的錯誤也跟中風病人很相似。難怪連結學派的人非常興奮，認爲他們已經開始可以創造一個具有基本功能的大腦。

連結學派的人否認他們只相信聯結論。他們不像巴夫洛夫，宣稱學習是反射反應的一個形式；也不像史金納，認爲大腦可以被制約去學習任何東西，而且都一樣容易。連結學派的隱藏式單位扮演了先天的角色，這是史金納不願賦予大腦的部分。[31] 但是他們的確認爲一個擁有最少設定內容的一般性網路，就可以學習外界運作的各種規則。從這一點看來，他們是繼承經驗論的傳統，他們不喜歡過度的先天論，不喜歡過度強調模組理論，更厭惡行爲基因說。像休姆一樣，他們認爲心智的知識大部分是來自經驗。

哲學家佛德諷刺地說：「這就是爲什麼經驗論的認知科學聽起來這麼好：你可以跳過兩個世紀，而一點都沒有遺漏任何東西。」雖然佛德對過度的先天論發出尖刻批評，但他對連結學派也沒有好臉色。他認爲連結學派「完全沒有希望」，因爲它既不能解釋邏輯電路的形狀，也不能解釋整體的推論。[32]

平克的反對比較具體。他說連結學派的成就跟他們網路中的先設知識成正比（譯注：表示很少，因為前面講過，連結學派的網路只要一點點最少的必要知識，便能自己學會外界的規則）。只有預先設定連結，才能讓網路學到任何有用的東西。他把連結學派比做一個宣稱會做「石頭湯」的人——他加的蔬菜越多，湯的味道越好。平克認爲，連結學派最近的成就，就是對先天論的明褒暗貶。[33]

連結學派則回應說，他們並沒有否認是基因設定了學習的舞台，只是認爲顯示學習的突觸網路改變是有規則的，而且在大腦的其他部位也有類似的網路存在。他們最近發現許多大腦可塑性的例子，例如聾人和截肢者沒有用到的大腦部位，會被重新分配去做別的功能，表示它們是多功能的。語言通常是左腦的功能，但是有些人的語言區在右腦。小提琴家腦中的左手體感覺皮質區比一般人大。

我無法爲這些論點作出仲裁。我只能做出我一貫的判斷：有些事情是部分正確的，但不是完整的答案。我相信將來會發現大腦中有一些網路，就像是學習裝置，運用它們的一般性質來學習外在世界的規則；它們使用的原則跟連結學派的網路相似，而這個網路可能在大腦的其他心智系統也存在，所以學習辯識一張臉所用到的神經結構，與學習害怕一條蛇相似。發現這些網路和描述它們的相似性，將會是非常有趣的工作。但是我同時也相信，負責不同工作的網路彼此之間是有差異的。經驗論者強調相似性，先天論者強調相異性。

近代的連結學派，就像以前的經驗論者——海伯、史金納、華森、桑代克、巴夫洛夫、米爾、休姆和洛克——都對建造這座牆提供了有用的磚塊。他們唯一的錯誤是想把別人的磚塊抽出來，或是堅持這座牆全都是由經驗論的磚塊堆成的。

牛頓的烏托邦

上面的討論使我回到史金納。你記得他曾寫過一本有關烏托邦的書，裡面描寫的可怕地方很像赫胥黎的《美麗新世界》或高頓的《不能說在哪裡》，而且都是因為同樣的理由：那是一個不平衡的社會。一個純粹經驗論的世界，跟純粹遺傳主義的世界一樣可怕。

這本書叫《桃源二村》（*Walden Two*），講一個充滿法西斯主義標語、令人透不過氣來的人民公社。年輕男女在公社的走廊和花園散步，面帶微笑，隨時準備好去幫助他人，就像納粹或蘇俄的宣傳電影一樣。所有的東西都整齊一致，連天上的雲也是，而男主角法蘭茲最噁心，因為他的創造者極度崇拜他。

這個故事是以伯里斯教授為第一人稱來敘述的，他的兩個以前的學生帶他去看他以前的老同事法蘭茲，法蘭茲創建了一個人民公社叫「桃源二村」。這位教授、他的兩位學生、兩位學生的女朋友，還有一個憤世嫉俗的人，名叫凱索，在桃源二村住了一個星期，非常羨慕這個看起來很快樂的社會，裡面所有人的行為都是受科學控制的。凱索嘲笑的離開了，伯里斯一開始跟著他離開，但是後來又回來了，因為他聽到法蘭茲的憧憬而被吸引：

我們的朋友凱索很擔心獨裁和自由之間的衝突。難道他不知道他只是重新提起宿命論和自由意志的老問題嗎？所有發生的事都已在原始計畫中，只不過每一個階段的個人看起來像是可以做選擇及決定結果。在桃源二村也是如此。我們的社員基本上都在做他們想要做的事——是他們「選擇」要做的——不過是我們使他們去選擇對他們最好、對公社最好的事。他們的行爲是被決定的，但是他們是自由的。[34]

我是在凱索這一邊的。但至少史金納是誠實的，他認為人性完全受外在的影響，像牛頓的世界那種線性的環境決定論。假如行為主義是對的，這麼這個世界應該像這樣：一個人的本質只是他所承受的外在影響力的總和，行為控制的技術是可能實現的。在他一九七六年第二版的序言中，史金納表示了一些不同的想法。像勞倫茲一樣，他不可避免地把桃源二村跟環保運動聯在一起。

只有把城市和經濟打垮解散，用行為主義的人民公社來取代，我們才能戰勝污染、資源耗盡及環境的災難，史金納說：「像桃源二村這種公社是個不壞的開始。」真正可怕的是，史金納的想法吸引了一批門徒，真的建立了一個公社，嘗試用法蘭茲的方式來治理。它到現在還存在，叫做華敦道斯（Walden Dos），位於墨西哥的洛斯霍康斯（Los Horcones）附近。[35]

第八章

文化之謎

有些人天生體型壯碩，有些人生性害羞，有些人充滿自信，有些人謙虛，有人溫順，有人頑固，有人好奇，有人粗心，有人動作快，有人動作慢，這些都是不可改變的性質。

——洛克[1]

今天誕生到這個世界的孩子遺傳到一套基因，也從經驗中學到許多教訓。但是他同時還學到別的東西：很久很久以前的人所發明的文字、思想和工具。人類可以成爲地球的主宰，而大猩猩面臨絕種的原因，並不在於我們擁有 5% 特別的 DNA，也不在於我們可以學習聯結，更不在於我們有文明的行爲，而是因爲我們能累積文化、傳承資訊，不但穿越海洋，更穿越世代。

文化（culture）這個字至少有兩個意義。它表示高水準的藝術、洞察力和品味：例如歌劇。它也可以表示儀式、傳統和種族：例如鼻子穿根骨頭圍著營火跳舞。這兩者其實殊途同歸，穿著西式禮服坐在台下聆聽茶花女，只是西方版本的鼻子穿根骨頭圍著營火跳舞。前者的字源來自法國文藝復興時期：La Culture 意指文明。後者來自德國的浪漫主義運動：Die Kultur 是德國特有的一支民族，文化與其他民族迥然不同，是條頓民族優越論（Teutonism）的原始來源。在英國，文化出自宗教福音運動，又與達爾文主義發生作用，最後變成人性的反義詞——使人高於猿的靈丹妙藥。[2]

鮑亞士的文化平等觀念

鮑亞士是我那張想像照片中的十二個大鬍子之一，他將德國文化帶到美國，並把它變成一個學門：文化人類學。他對先天後天辯論的影響非常大，他強調人類文化的可塑性，將人性擴展到無限的可能，而不是把文化看成規範的牢籠。是他的高聲疾呼，讓「文化將人們從本性中釋放出來」的概念深植到人們心中。

鮑亞士的領悟來自加拿大北極圈巴芬島（Baffin Island）沿岸的昆伯蘭灣（Cumberland Sound）。那是一八八四年一月，鮑亞士二十五歲，正在尋找愛斯基摩人的遷移路線。他的興趣剛從物理學（他的論文是水的顏色）轉到地質學和人類學。那個冬天，在只有一個歐洲人（他的僕人）的陪伴下，他變成了愛斯基摩人。他跟巴芬島居民住在他們的帳篷和冰屋中，吃海豹肉，用狗拉的雪橇代步。這個經驗使他謙卑，他不但欣賞他們的謀生技術，同時也欣賞他們精緻的歌謠、豐富的傳統和複雜的習俗。他也看到他們面對死亡的尊嚴和堅忍；那年冬天，很多愛斯基摩人死於白喉和流行性感冒，他們的狗也因一種新疾病而大量死亡。鮑亞士知道人們認為是他帶來這場瘟疫。當他躺在冰屋中聽著愛斯基摩人的呼喊、狗的嗥叫、孩子的哭聲時，他在日記中寫道：「這些是所謂的『野蠻人』，在文明的歐洲人看來，他們的生命是一文不值的。但是我不相信我們如果在同一種情況下生活，會這麼願意去工作或這麼歡欣快樂的過每一天。」[3]

事實上，文化平等的觀念已經在他心中萌芽了。他的父母是萊茵區擁有自由思想的猶太人。他的母親是一位教師，常鼓勵他要有「一八四八年的精神」（德國革命失敗那年）。在大學時，他為了對方的反猶太言語而與他決鬥，在臉上留下終身不去的疤痕。他從巴芬島寫信給他的未婚妻說：「人權平等是我的願望和目標，我願為它而死。」鮑亞士是席德·魏茲（Theodor Waitz）的熱情擁護者，他鼓吹人類是同源的：世界上所有的種族都源自同一祖先。這個想法使保守者分裂；篤信創世紀的人歡迎他，但是販奴者和主張種族隔離者反對他。鮑亞士也深受柏林學派影響，尤其是自由主義人類學家魯道夫·凡維丘（Rudolf von Virchow）和亞道夫·貝群（Adolf Bastian），他們都強調文化決定論，反對種族決定論。所以難怪鮑亞士會對他的愛斯基摩朋友下這個結論：「野蠻人的心智可以感受詩與音樂的美，只有膚淺的觀察者才會認為他們愚蠢、沒有感覺。」[4]

鮑亞士在一八八七年移民到美國，為現代人類學打下了基礎，成為文化而不是種族的研究。他想要建立這樣的觀念：「原始人的心智」（這是他最具影響力的書的名字）跟文明人一模一樣，而且不同民族的文化彼此迥異，也不同於文明的文化。所以種族的差異來自歷史、經驗和環境，而不是生理和心理上的差異。他甚至想要證明歐洲人移民到美國後，頭顱的形狀有所改變：

東歐的希伯來人頭顱非常圓，移民後慢慢拉長；南義大利人的頭顱特別長，到美國後就變短了；所以這兩者都朝一致的形狀演化。[5]

假如頭顱的形狀（這一直是種族分類的要項）會受到環境影響的話，那麼「心智的基本特質」應該也會。很不幸的是，最近重新分析鮑亞士的頭顱資料，並沒有看到這個情形。不同種族的人的確有不同形狀的頭顱，既使在他們融入新國家之後仍然如此，鮑亞士的解釋是受到他心中期待結果的影響（譯注：人類視覺也是如此，常只見自己預期想看到的東西）。[6]

雖然鮑亞士強調環境的影響，但他並不是極端的白板主義者。他在個人和種族之間做了重要的區分。正因爲他看到個體間巨大的人格差異，所以他才不注重種族之間的先天性差異。這個觀點後來被李察・陸文汀（Richard Lewontin）證明在遺傳上是正確的。如果隨機挑選兩個人來作基因比對，那麼同一種族的兩個人的基因差距，會大於兩個不同種族的平均差異。的確，鮑亞士在各方面都非常先進。他狂熱地反對種族岐視，他相信文化決定而不是反映出每一種族的獨特性。他對人人機會平等的主張，在這個世紀的下半變成政治理想的最大訴求，可惜他已經看不到了。

就像過去一樣，他的一些門徒又走過頭了。他們逐漸放棄鮑亞士對個別差異的信念，以及他對人類特質普遍性的認識。他們犯了同樣的錯誤，將一個命題的眞實性與另一個命題的虛假性畫上了等號。因爲文化影響行爲，所以行爲就跟先天沒有關係。瑪格麗特·米德（Margaret Mead）是最先開始高唱這個看法的人，她對薩摩亞人（Samoan）的性風俗研究顯示，西方社會反對婚前性行爲及相關性禁忌的原因，是種族與文化上的差異。事實上，現在知道她被幾個惡作劇的薩摩亞年輕婦女騙了，因爲她在島上停留的時間太短，所以無法發現眞相——一九二〇年代的薩摩亞對性的約束比美國還嚴格。[7] 不過傷害已經造成，人類學就像在華森和史金納底下的心理學一樣，變成白板理論的忠實信徒，認爲所有的人類行爲都是社會環境的產物，不受基因影響。

涂爾幹的白板理論

在鮑亞士重整人類學的同時，他的看法也變成新社會學的主流。與鮑亞士同時代的涂爾幹（也是我的大鬍子之一），對社會因果關係提出更強烈的主張：社會現象只能從社會事實來解釋，不能用任何生物上的原因。涂爾幹比鮑亞士大一歲，出生在法國的洛林省（Lorraine），與鮑亞士的出生地隔邊界相望。他也是猶太人的孩子，但跟鮑亞士不同的是，他的父親是一位拉比（rabbi，猶太教士），他們世代都是拉比，所以他童年時讀過許多猶太教經典。後來他進入巴黎極負盛名的高等師範學院就讀，當鮑亞士在環遊世界、住在冰屋、與美洲原住民交朋友時，涂爾幹都在念書、寫作和辯論。除了曾去德國做短期研究外，他都在法國大學的象牙塔中渡過一生，他在經歷上是很貧乏的。

然而，涂爾幹對社會學的影響卻非常巨大，是他將社會學的研究奠基在白板理論上。人類行爲的原因是在人體之外，不論是性嫉妒或是集體歇斯底里症。社會現象是眞實的、可重複的、可界定的，也是科學的，但是不能化約成生物學。涂爾幹羨慕物理學家有可靠的事實，這種心態在人文科學（如社會學、心理學、政治學）中是很常見的。人類本質是社會作用力的結果，不是原因。

人類本質的一般特性是社會生活的結果，不是它的原因，人類特性不能給它特別的形態，只是使它成爲可能。集體的表現、情緒和傾向並不是由個體的某個意識狀態造成的，而是由社會團體所在的情境造成的。個人的本質只是尚未成形的材料，社會因素使它定型與轉變。[8]

鮑亞士和涂爾幹，加上心理學界的華森，讓白板理論達到如日中天的盛況。至於對所有先天論的負面拒絕，平克在他最近一本新書《白板》（*The Blank Slate*）中已徹底推翻。[9]但是正面的說法是不可否認的，即人在某個程度上是受社會因素的影響。涂爾幹幫助鮑亞士放進人類本質這座牆中的，是一塊舉足輕重的磚塊——這塊磚叫做文化。鮑亞士認爲，所有的人類社會都有一些受教育的年輕人將來可以成爲英國紳士，文化會逐層上升最後達到文明階段。他推斷有一種普遍的人性本質，透過不同的傳統形成不同的文化。人的行爲與他的本性有關，但是也與習俗、儀式和他朋友的習慣有關。他會從他的族人中吸取訊息，最後成爲他的人格特質。

文化差異何來？

鮑亞士提出了一個矛盾，到現在仍未解決。假如人的能力都是相同的，德國人和愛斯基摩人擁有同樣的心智，那麼爲什麼文化會有這麼大的差異？爲什麼巴芬島和萊茵區不會發展出相同的文化？或是說，假如文化是造成社會差異的原因，那麼我們怎麼能說文化是平等的？文化的改變這個事實表示，有些文化可以比別的文化更先進，假如文化會影響心智，那麼有些文化就可以製造出比較優等的心智。鮑亞士的門徒柯立弗德．吉爾茲（Clifford Geertz）回答了這個矛盾，他認爲心智的普遍性不重要，並沒有「所有文化的心智」這種普遍性存在。人類的心理並沒有共同的核心，除了感覺（視覺、聽覺、嗅覺等）之外。人類學要關心的是相異點，不是相同點。

我對這個回答非常不滿意，不只是因爲它有政治上的危險——一旦去除了鮑亞士「心智平等」的結論，立刻出現的危機便是偏見。這會犯了天生論者的錯誤——從事實推衍出道德，從「是」推出「應該」，這是 GOD 所不允許的。這同時也犯了決定論的錯誤，忽略了混沌理論的教訓：一套規則不一定只會產生一套結果。下棋的規則很少，但是只要幾步，就能產生幾千億種不同的棋局。

我不認爲鮑亞士有這麼想過，但是以他的立場所推出的合理結論是：技術進步和心智停滯之間有很大的矛盾。鮑亞士自己的文化有蒸氣船、電報、文學，但是這個社會並沒有製造出在精神上和感受度上比不識字的愛斯基摩採集狩獵社會更優越的心智。這是與鮑亞士同時代的小說家約瑟夫．康拉德（Joseph Conrad）所關心的主題，康拉德認爲進步只是幻覺，人類本性從未進步過，它註定每一代要重複同樣的遺傳。人類本質是有普遍性的，它重蹈祖先的榮辱與成敗。技術與傳統只是將這個本質融入當地的文化中；領結和小提琴在一個地方，鼻環和部落跳舞在另一個地方。但是領結和舞蹈並不會塑造心智，它們只是展現心智。

在觀賞莎士比亞的戲劇時，我常因莎翁對人格的深入了解而感到震撼。他筆下沒有天眞無邪的角色，他們都是憤世嫉俗、玩世不恭、後現代主義者或是自我覺識的人，想想憤世嫉俗的碧翠絲（Beatrice）、艾哥（Iago）、愛德蒙（Edmund）或傑克斯（Jaques）。我不得不感到奇怪，他們用的武器是如此原始、他們的交通工具是如此笨拙、他們的衛浴設備是如此古舊，然而他們的愛、絕望、憤怒和背叛，卻如同現代一樣複雜和微妙。這怎麼可能？莎翁從未讀過珍・奧斯汀或杜斯妥也夫斯基（Dostoevsky）的小說，也沒有看過伍迪・艾倫（Woody Allen）的電影，或是看過畢卡索的畫、聽過莫札特的音樂、讀過相對論、搭過飛機，或瀏覽過網路。

鮑亞士絕對不是在證明人類本質的可塑性，他對文化平等的論點必須奠基在接受一個不變的、普遍的本質。文化可以決定文化，卻不能決定人性。諷刺的是，證明這一點的竟是米德。爲了找到一個年輕女孩不受性壓抑的社會，她必須四處去尋找。像之前的盧梭，她到南太平洋去尋找人類的「原始」本質。但是根本沒有原始的人類本質，她沒有發現人類本質的文化決定論。

所以，把決定論反過來問，爲什麼人類本質普遍都可以創造出文化——有累積性、技術性、遺傳性的傳統？在只有雪、狗和死海豹的情況下，人類慢慢發展出一種生活形態，有歌謠、有神祇，還有雪橇和冰屋。人類的大腦中究竟有什麼，使他們可以達到這些成就？這個天賦是什麼時候出現的？

首先要注意的是，文化的產生是個社會的活動；單獨一個人的心智是沒有辦法產生文化的。一九二○年代，俄國人類學家維高斯基（Lev Semenovich Vygotsky）指出，描述一個單獨的人的心智就是沒有掌握到重點。人的心智從來沒有孤立過，它們都在文化的海洋裡游泳。人們學習語言、運用技術、觀看儀式、分享信念、學習技能，他們有集體的經驗，也有個別的經驗，他們甚至有集體的意圖。維高斯基在一九三四年去世，得年三十八歲，他的作品只有用俄文發表過，因此西方世界到很晚才知道他的大名。但是最近他在教育心理學界很紅，有一些人類學家也注意到他的看法。對我的重點來說，他最重要的洞見在於他堅持工具的使用和語言之間的關係。[10]

假如我要維持我的論點，堅持基因是先天和後天的根本，那麼我必須要能解釋基因如何使文化產生。同樣的，我不從「文化的基因」著手，而從對環境產生反應的基因著手，把基因當成機制而不是原因。這是一個很難的任務，我乾脆現在就承認我會失敗。我認為人類創造文化的能力，不是來自與文化共演化的基因，而是來自一組偶然適應好的能力，突然賦予人類心智一個幾乎沒有限制的能力去累積及交流想法。這些事先適應好的能力是基因主宰的。

知識的累積

發現人類與黑猩猩有 95% 的基因相似性，更加深了我的問題。在描述與學習、本能、銘印和發展有關的基因時，我都可以舉出動物的例子，因爲人和動物在這些方面只是程度上的差別而已。但是文化就不同了。即使是最聰明的動物，如猿或海豚，牠們與人類在文化上的差異就像一道深深的鴻溝。只要把食譜稍微改一下，就可以把猿類的腦變成人類的腦，都是同樣的材料，只是在烤箱裡烤久一點而已。然而這一點點的改變，卻造成天壤之別：人類有核子武器、錢、神、詩、哲學和火。他們從文化中得到這些，他們能一代一代累積知識和發明，並且傳播出去，所以人類可以集合所有人類的心智，不論是活的或死去的，作爲自己的資源。一個現代商人沒有亞述人的拼音文字、中國人的印刷術、阿拉伯人的算數、印度人的數字、義大利人的記帳、荷蘭人的商事法、加州矽谷的積體電路，以及其他的發明，是無法存活下去的。是什麼使得人類能夠如此累積，而黑猩猩不能？

無疑的，黑猩猩也有能力發展文化。牠們在進食行爲上有很強烈的地方色彩，可以透過社會學習傳下去。有些黑猩猩群體會用石頭擊碎堅果，有些用棒子。西非的黑猩猩會把短樹枝伸入螞蟻巢中，把螞蟻一隻一隻送到嘴裡。東非的黑猩猩會把長樹枝伸入螞蟻巢中，等枝上爬滿螞蟻後再把樹枝抽出來，將螞蟻弄到手掌中，再送進嘴裡。在非洲，有超過五十種像這樣的進食方法，每一種都是在小時候仔細觀察長輩怎麼做學會的。如果是成年後才加入這個群體，則較難學會當地的習慣。這些傳統對牠們的生活非常重要，法蘭斯・狄瓦（Frans de Waal）說：「黑猩猩完全依賴文化來存活。」像人類一樣，牠們無法離開傳統而生活。[11]

黑猩猩也不是唯一有文化的動物。一九五三年九月，在日本沿海的小島（Kohima）上，有一位年輕的日本女性（Satsue Mito），五年來都一直餵麥子和番薯給島上的猴子吃，使牠們習慣被人觀賞。在那個月，她第一次看到一隻年輕的猴子用海水洗掉番薯上的沙土，這隻猴子名叫伊莫（Imo）。在三個月之內，伊莫的兩隻玩伴及牠的媽媽也開始洗番薯。五年之內，所有的小猴子都加入洗番薯的行列，只有老的公猴沒有這樣做。伊莫又很快學會分離麥子和沙的方法：牠把麥子放入水中，沙便會沈下去，而麥子會浮起來。[12]

腦容量大的動物才有文化。殺人鯨的每個群體都特殊的獵食傳統，而且可以經由後天學習。舉例來說，南大西洋的殺人鯨會衝上岸來抓海獅，這個技巧需要練習很久才會精純。所以人類絕對不是唯一可以用社會學習的方法把傳統習俗傳遞下去的動物，但是這只是使問題更複雜而已。假如黑猩猩、猴子和殺人鯨都有文化，爲什麼牠們的文化沒有進展？牠們的文化沒有延續性、累積性的創新和改變，牠們的文化不會進步。

那麼再問一次這個問題：人類是如何使文化進步的？我們如何可以累積文化？這個問題最近引起很多理論上的臆測，但是實驗的資料卻很少。其中最努力想要找出答案的哈佛大學科學家麥克·托瑪賽洛（Michael Tomasello），對成年黑猩猩及人類兒童做了一系列的實驗，他下結論說：「只有人類可以了解其他人也像自己一樣是有意圖的，所以只有人類有文化學習。」這個差別大約在九個月大時出現，這就是托瑪賽洛所謂的「九月革命」（nine-month revolution）。在這一點上，人類發展某些社會技術的能力遠超過猿類。例如，人類會指著一個物體，只爲了要使別人注意。他們也會去看別人所指的方向，或是跟隨別人的視線。猿類從來沒有出現這種行爲，自閉症的孩子也不會；自閉症的孩子似乎不了解別人也是有意圖和心智的。托瑪賽洛說，沒有任何一隻猩猩或猴子顯示能將錯誤的想法歸咎於別人，但四歲的孩子就已經會這麼做了。所以，托瑪賽洛推論說，人類是唯一能站在別人的立場思考的動物。[13]

這個說法遊走在人類獨特主義的邊緣，這是達爾文所痛恨的。就像所有這類說法，只要找到一隻猿可以站在其他猿的立場思考，這個說法便不攻自破了。許多靈長類學家覺得他們在野外和實驗室都看過這種行爲，[14] 而托瑪賽洛則完全不予理會。其他猿類可以了解三方之間的社會關係（大部分的哺乳類都不行），而且牠們可以透過競爭而學習。假如讓牠們看到翻開木頭底下有昆蟲，牠們就學會可以在木頭底下找到昆蟲。但是托瑪賽洛說，牠們無法了解其他動物行爲的目的，這限制了牠們的學習能力，使牠們只能透過模仿去學習。[15]

我不確定我被托瑪賽洛說服了。我深受米內卡的猴子所影響，牠們無疑地有社會學習的能力，至少在對蛇的恐懼上。學習不是一般性的機制，它是爲每一種輸入特別設定的，也許有一些輸入可以透過模仿學習。即使托瑪賽洛可以用模仿來解釋靈長類的文化傳統——猴子學會在水中洗蕃薯，黑猩猩學會敲開堅果——他還是很難證明海豚無法站在對方的立場想。無疑的，人類有同理心和模仿的能力是很獨特的，就像我們可以用符號來溝通一樣，這也是人類獨特的；但是這是程度上的差別，而不是種類上的差別。

不過，程度上的差別仍然可以被文化的齒輪放大成鴻溝。以托瑪賽洛的論點來看，假如模仿者可以進入模仿對象的腦中，知道他在想什麼的話，他的模仿會更有深度。同樣的，假如模仿一個想法會產生表徵，這個表徵又會變成符號，或許這就是小孩子比黑猩猩學會更多文化的原因。所以，模仿就變成羅賓・福克斯（Robin Fox）和李奧納・泰格（Lionel Tiger）所謂的「文化習得機制」（culture acquisition device）最可能的候選者。[16] 另外還有兩個候選者：語言和慣用右手。很奇怪的是，這三者都在大腦的同一邊。

鏡子神經元

一九九一年七月，吉亞科摩・瑞茲拉提（Giacomo Rizzolatti）在義大利巴馬（Parma）發現一項驚人的事實。他在他的實驗室記錄猴子腦中單一個神經元的細胞電位，想知道什麼會使神經活躍。通常這是嚴謹控制的實驗，猴子是無法動彈的，但是瑞茲拉提不喜歡這種不自然的情境，他想在猴子自然活動時記錄牠們大腦的情形。他開始餵猴子吃東西，想找出每一個動作和神經反應之間的關係。他開始懷疑，有些神經是記錄動作的結果，而不是動作本身。但是他的同事不相信，因爲這樣的證據太牽強附會了。

所以瑞茲拉提把他的猴子又關回嚴謹控制的設備內，偶爾當他給猴子食物吃時，有些運動神經元似乎會在看到抓著食物的手時起反應。有一陣子他們都以爲這是巧合，猴子一定正好在動，運動神經元才會活躍。但是有一天當實驗者以某個特定姿勢拿食物時，猴子的運動神經元又發出訊號，而這隻猴子完全沒有動。實驗者把食物給猴子，猴子用同樣的方法來抓食物，這時這個神經元又發出訊號了。瑞茲拉提說：「那一天，我確信這個現象是眞實的，我們感到非常興奮。」[17] 他們在大腦中發現了一個部位，代表動作和那個動作的影像。瑞茲拉提把它叫做「鏡子神經元」（mirror neuron），因爲它竟然能映照出知覺和動作的控制。他後來找到更多的鏡子神經元，每一個都會在看到和模仿某一個特定動作時發出訊號：例如用食指和大姆指拿東西。他下結論說，這一部分的大腦可以將看到的手動作與完成的手動作相配對，他認爲這是「人類模仿機制的演化前驅物」。[18]

瑞茲拉提和他的同事後來用大腦造影技術重複了這個實驗。他發現當受試者看到並模仿一個手指動作時，大腦有三個地方亮起來，這就是鏡子神經元活動的現象。其中有一個地方叫上顳葉溝（superior temporal sulcus, STS），這是與知覺有關的感覺皮質區。當受試者看到動作時感覺區亮起來並不稀奇，但是令人驚訝的是，當受試者後來模仿這個動作時，它也亮起來了。有趣的是，假如要一個人模仿右手的動作，他通常會用他的左手去模仿，反之亦然（你可以試試看告訴朋友他臉上有東西，同時用你的右手輕觸你的右頰，你會看到對方以左手觸他的左頰回應）。在瑞茲拉提的實驗中，當受試者用他的右手模仿左手的動作時，上顳葉溝較活躍，而當他用左手去模仿左手的動作時，上顳葉溝就沒有那麼活躍了。瑞茲拉提下結論說，上顳葉溝是知覺到受試者自己的動作，然後將它與記憶中看到的動作相配對。[19]

最近，瑞茲拉提的團隊又發現一個更奇怪的神經元，不僅在看到及執行某個動作時會發出訊號，連聽到這個動作也會發出訊號。例如，他們發現有一個神經元是在看到和聽到花生被剝開時發出訊號，但是對撕紙的聲音就沒有反應。而且這個神經元會單獨對花生剝開的聲音起反應，卻不能單獨對剝花生的畫面起反應。聲音很重要，它告訴動物牠已經成功剝開一顆花生了，所以這是有道理的。這些神經元如此敏感，它們從聲音就可以使這個動作的表徵出現。

這已經非常接近找到心智表徵的神經基礎了，這個名詞片語就是「剝開花生」。[20]

瑞茲拉提的實驗讓我們可以開始描述文化的神經科學，雖然還很粗糙，但是我們已有一組工具可以用來製造文化習得機制。在這個機制底下會有一組基因在負責它嗎？就某方面來說，答案是肯定的，因爲特定內容的大腦電路設計一定是由DNA遺傳來的。它們不一定是這部分大腦特有的，獨特性來自這個設計中的基因組合，而不是基因本身。它們可以創造出吸收文化的能力。但是這只是「文化基因」的一個解釋，在日常生活的活動中所用到的基因，完全不同於這組基因。建構這個機制的軸突引導者基因早已關閉，取而代之的是操作並修正突觸的基因，它們會從事分泌和吸收神經傳導物質等工作。這些也不是獨特的基因組合，但是它們是實際將外面的文化傳導到大腦中的機制，它們對文化來說是不可缺少的。

語言器官

最近，安東尼・摩納科（Anthony Monaco）和他的學生西席利亞・賴（Cecilia Lai）發現一個跟語言和說話異常有關的基因突變。這是第一個可能透過語言來改進文化學習的候選基因。科學家很早就知道，有些家族會出現「嚴重語言障礙」（Severe Language Impairment），它跟一般智慧沒什麼關係，它不但會影響說話的能力，也會影響寫字時一般文法規則的應用，甚至對聽或解釋語句都有影響。當這個特徵的遺傳性第一次被發現時，它被稱爲「文法基因」，這使很多反對決定論的人很憤怒。現在知道第七號染色體上的確有一個基因跟此有關，在一個大家族和一個小家族的 DNA 分析上都有看到。這個基因對文法和說話的正常發展是必要的，包括喉頭小肌肉的控制。這個基因被稱爲 FOXP2，它的工作是去啓動轉錄因子的基因。當這個基因出問題時，這個人就無法發展出正常的語言能力。[21]

黑猩猩身上也有 FOXP2，猴子和老鼠也是。但光是有這個基因是不夠的，事實上，這個基因在哺乳類身上都非常相似。史凡特·帕波（Svante Paabo）發現，幾千代的老鼠、猴子、紅毛猩猩、大猩猩和黑猩猩身上都有這個基因，因爲牠們都有共同的遠祖，而且只有兩個改變影響了它的蛋白質產物——一個發生在老鼠的遠祖，另一個在紅毛猩猩的遠祖身上。但是或許人類的 FOXP2 基因就是說話的先決條件。自從與黑猩猩分家以後，人類的 FOXP2 基因已經有兩個改變會影響其蛋白質產物。有證據顯示這個改變是最近才發生的，而且是「選擇性掃除」（selective sweep）的對象——這個術語是指把一個基因的其他版本快速排除掉。在二十萬年前左右，有一個 FOXP2 的突變形式出現在人類基因中，上面有一個或兩個重要改變，這個突變的基因成功地幫助它的主人繁殖後代，所以現在主控著人類，把先前其他版本都擠掉了。[22]

這兩個改變中至少有一個確定是改變了這個基因的開和關——這個突變是在該蛋白質的第三百二十五個胺基酸上，由絲胺酸（serine）代替魚精胺酸（arginine），而這個蛋白質的總長度爲七百一十五個胺基酸——使這個基因在大腦的某處第一次被開啓，因而使 FOXP2 做出一些新的事情來。動物的演化是給同一個基因新的工作，而不是發明一個新的基因。目前沒有人知道 FOXP2 的功能，或是它如何使語言出現，所以我只能推測。有可能不是 FOXP2

使人說話，而是說話使 GOD 讓 FOXP2 發生突變；突變是結果而不是原因。

既然我已經超越了已知的範圍，就讓我說說我認為 FOXP2 使人說話最可能的理由。我認為在黑猩猩身上，這個基因幫助大腦控制手部精細動作的部位，連接到大腦的各個知覺部位。在人類，它延長的活動時間正好讓它連接到大腦的其他部位，例如控制嘴部和喉頭動作的部位。

我認為這是因為 FOXP2 和瑞茲拉提的鏡子神經元是有關聯的。他的受試者在抓東西實驗中亮起來的大腦部位是第 44 區，正好對應到猴子大腦中的鏡子神經元所在處。這個區域在人類稱為布羅卡區（Broca's area），正是人類大腦的「語言器官」。在猴子和人類的大腦，這個部位跟移動舌頭、嘴巴和喉頭有關（這是為什麼這個部位中風的病人不能說話），但是也跟移動手和手指有關。布羅卡區同時掌管語言和手勢。[23]

語言的起源

這是語言起源的重要線索。最近幾年，好幾個不同的科學家都在想一個非常奇特的新點子。他們開始懷疑人類語言的起源是來自手勢，而不是口語。

這個證據來自許多不同的方向。第一，猴子和人製造叫聲的大腦部位，和人類製造語言的大腦部位截然不同。猿和猴的叫聲有好幾十種，有些表達情緒，有些代表特定的獵食者等等，這些都由大腦中線附近的區域指揮。人類大腦的這個區域是管喊叫：恐懼的尖叫、快樂的大叫、驚訝的呼叫、不自覺的咒罵等等。顳葉中風的人說不出話來，但是依舊可以喊叫。的確，有些失語症病人一樣仍然可以罵髒話，但卻無法揮動手臂。

「語言器官」是在左腦，位在顳葉和額葉的交會處的大裂溝：西爾維腦裂（Sylvian fissure）。這是掌管運動的區域，它可以指揮猿和猴做手勢（抓或碰觸），以及控制臉部和舌頭的動作。大部分大猿在做手勢時偏好用右手，而黑猩猩、巴諾布猿及大猩猩的布羅卡區都是左腦比右腦大。[24] 這個不對稱應該是在語言發展出來之前就存在了，人類的情形更加明顯。因此，不是左腦變大去配合語言的發展，而是語言會到左腦來，是因爲那是主要作手勢的手所對應的大腦。聽起來很有道理，但是它無法解釋下面這個事實：長大後才學手語的人的確是用左腦在打手語，但是從小就用手語的人則同時使用左右腦。語言是左腦的功能這句話，用在口語比手語恰當：這與手勢理論的預測正好相反。[25]

第三個線索來自人類表達語言是透過手，而不是透過聲音。人在講話時，多多少少都會做一些手勢，甚至在講電話時也會，即使是生下來就看不見的人也是如此。聾人所用的手語，以前曾被誤認爲只是模仿動作的啞劇。但是在一九六〇年威廉・史托基（William Stokoe）發現，手語是眞正的語言；它有武斷的符號，它有內在的文法，就像口語的文法一樣複雜，它有句法、詞形變化，以及所有口語所擁有的特質。手語也是在關鍵期內必須學會，而且像口語一樣可以從洋涇濱語變成克里歐語。口語只是語言器官的一種表達機制的最後一個證據是，聾人在布羅卡區中風後也會變成失語症。

此外還有化石證據。當人類祖先與黑猩猩在五百萬年前分家以後，他們做的第一件事就是靠兩腳站起來。雙腳走路以及身體骨骼的重新組織大約發生在一百多萬年前，當時腦還沒有變大。換句話說，我們的祖先把兩隻手空出來抓、拿、打手勢，遠在他們開始思考或說話之前。手勢理論漂亮的地方在於，它立刻解釋了爲什麼人類發展出語言，而動物沒有。雙腳站起來使手變自由了，它不但可以拿東西，還可以講話。大部分靈長類的前肢忙著支撐身體，無暇說話。

羅賓・鄧巴（Robin Dunbar）認爲，語言取代了猿、猴社會中的梳理功能——這是維持和發展社會連結的方法。的確，猿類可能用牠靈活的手指捉蝨子和採水果。在大群社會的靈長類中，梳理變得非常花時間，獅尾狒狒（Gelada baboon）每天要花五分之一的清醒時間在彼此理毛。鄧巴說，當團體大到某個程度時，必須要發明一個社會梳理的形式，使一次可以梳理很多人，這就是語言。鄧巴注意到，人類並不是用語言來傳遞有用的訊息，大部分的語言是用來閒聊的。爲什麼會有這麼多的人花這麼多的時間討論這麼少的事情？[26]

這個「梳理一閒聊理論」值得額外多提一下。假如最早的人類開始使用語言時，是打手勢來聊天，他們就會忽略了梳理的責任；假如你用你的手說話，你就沒有辦法一邊捉蝨子一邊說話。我認爲手勢語言這時替我們祖先帶來了個人衛生上的危機，只有當人的毛變少、開始穿衣服後，才解決這個問題。但是有些易怒的審查者會指控我說話沒有證據，所以我還是把最後這個想法撤回。

根據少數的化石證據，口語在人類演化史上發生的時間很晚。一九八四年在非洲肯亞發現的一百六十萬年前的納里歐柯托米少年（Nariokotome boy）的骨骸顯示，頸椎中心的空間只夠一條很窄的脊髓通過，只有現代人的一半寬；現代人需要很寬的脊髓，使很多神經到胸腔去嚴密控制說話時的呼吸動作。[27] 後來的直立人（*Homo erectus*）骨骸顯示他們的喉頭像猿一樣，無法作精密的語言發音。口語屬性的證據出現得很晚，所以有些人類學家認爲語言是最近的產物，大約在七萬年前才出現。[28] 但是語言不一定是口語。文法、句法、詞形變化可能很古老，而且是以手的方式表達而不是聲音。或許 FOXP2 在二十萬年前的突變不是代表語言的發明，而是代表語言可以從口表達。

相對的，人類的手和手臂的特徵在很早的化石上就可以看到了。三百五十萬年前的衣索比亞人露西（Lucy），已經有較長的大姆指，而且指節和手腕的關節已經發生改變，使她可以用大姆指、食指和中指來抓東西。她的肩膀也改變了，使她的手臂可以抬高越過頭擲東西，而直立的骨盤使她可以快速轉動身體。這三種特徵的改變，使人可以抓、瞄準和擲出石頭——這是黑猩猩做不到的事，牠們只會漫無目的由下往上扔，無法像我們一樣手舉過頭，由上往下扔。[29] 這是一個非常了不起的技巧，需要算準時間、轉動身體的各個關節，在最恰當的時間釋放出這個動作。計畫這個動作需要的不只是一小群腦神經元；它需要大腦各個不同區域的協調。神經科學家威廉．卡爾文（William Calvin）說，或許就是這個「擲的計畫者」發現它自己很適合製造一系列的手勢，因而形成早期的文法。這可以解釋爲什麼西爾維腦裂的兩邊都與手語有關，而中間有很粗的纖維束叫「弧形束」（arcuate fasciculus）連接著。[30]

不論是擲、工具製作、還是手勢本身，最先使西爾維腦裂的部位事先適應好作符號溝通，手無疑扮演了某種角色。就如神經學家法蘭克·威爾森（Frank Wilson）所抱怨的，我們忽略我們的手太久了，沒有把它當成塑造我們大腦的東西。研究手語的先鋒史托基認為，手勢可以代表兩種不同類別的字：手的形狀可以代表物體，手的動作可以代表行動，所以所有的人類語言都有名詞和動詞的區別。今天，名詞的功能在顳葉，動詞在額葉，跨越西爾維腦裂兩側。這兩者的結合使語言原型從符號和手勢，轉換成有文法的語言。或許最早使它們合在一起的是手，而不是口。後來，可能因為要在黑暗中溝通，口語才侵入文法。史托基在二〇〇〇年完成他的手部理論的書後不久去世。[31]

你可以舉出反對的意見，我也不是非要贊成「手勢—語言」的假設不可。但是對我來說，這個假設的優點是，它將模仿、手勢和聲音帶到一起，這三者都是人類能製造文化的必要特徵。模仿、操作和說話都是人類特別擅長的能力，它們不只是文化的中心，它們本身就是文化。有人說文化是透過人造物來表達動作。假如歌劇是文化，茶花女就是模仿、聲音和手部動作的完美結合（手部動作還包括製作和演奏樂器）。這三者合成一個符號系統，讓心智可以在裡面表現它自己。在社會論談和技術領域中，從量子物理到蒙娜麗莎到汽車，都可以讓心智找到表現的地方。但或許最重要的是，這三者使不同心智的思想可以聚在一起，它們將記憶外顯化，使人可以從社會環境得到比自己單獨學習更多的東西。很早以前的人的文字、工具和想法，可以變成現代人繼承的資產。

基因文化共演化

不論手勢理論是對是錯，符號系統在大腦擴張扮演了核心的角色，這是大家可以同意的說法。文化本身可以被繼承，而且可以選擇基因上的改變來適合它。如果以跟「基因文化共同演化理論」最有關係的三位科學家的話來說，就是：

文化領導的歷程在漫長的人類演化歷史中，很容易走上基本改造人類心理傾向的路。[32]

語言學家和心理學家托倫斯・狄肯（Terence Deacon）認爲，在早期人類發展的某個階段，模仿能力突然跟同理心結合起來，發展出武斷的符號來代表自己的想法。這使他們可以表示不在場的人、事、物，因而發展出更複雜的文化。而這個需求使大腦必須要發展得更大，來「繼承」從社會學習所得來的文化項目。因此文化就和基因一起共演化。[33]

蘇珊・布萊克摩（Susan Blackmore）甚至把道金斯的「瀰」（meme，編注：道金斯在一九七六年出版的《自私的基因》〔*The Selfish Gene*〕一書中，提出了「瀰」這個概念，並將其定義為「駐在腦中且會展現於學習行為的文化傳遞單位」）運用在這個過程上。道金斯認爲演化是「複製子」（replicator，通常是基因）彼此競爭「載體」（vehicle，通常是身體），好的複製子必須具備三個特性：精確、多產和長命。如果是這樣，複製子的之間的競爭就不可避免；它們必須區分出存活率，透過天擇而逐漸進步。布萊克摩認爲，很多理念和文化單位具有上述三個特性，所以它們可以競爭大腦的空間。文字和概念提供了演化上的壓力，使大腦變大；大腦越能複製想法，就越能使這個身體存活下去。

有文法的語言並不是任何生物需要的直接結果，但是瀰用增加精確度、多產和增加壽命的方式，改變了遺傳天擇的環境。[34]

人類學家李・克隆克（Lee Cronk）舉了一個很好的例子來說明瀰。耐吉（Nike）球鞋公司曾經拍過一個電視廣告，主題是東非部落的人穿耐吉的登山鞋。在廣告結尾，一個非洲人轉過頭對著攝影機說了一些話，底下的字幕翻譯是：「Just do it」，這是耐吉的廣告標語。耐吉很不幸，因爲這個廣告被克隆克看到了，他剛好懂得馬賽語（Masai）。他說這個人說的話是：「我不要這個，給我大一點的鞋子。」克隆克的太太是位記者，她把這個故事報導出來，後來還上了《今日美國報》（*USA Today*，編注：美國發行量最大的報紙）的頭版和卡森主持的電視節目《今夜》。耐吉送給克隆克一雙登山鞋，克隆克去非洲時把它轉送給部落的人了。

這是日常生活中常見的跨文化惡作劇，在一九八九年只上演一週就被撤下，後來人們就淡忘了。但是幾年以後，網際網路上又開始流傳克隆克的故事，人們把日期剪去，假裝這是新近發生的事，克隆克每個月都會接到詢問的訊息。這個故事的意義是，瀰需要一個媒介才能複製。人類社會是一個很好的媒介，網際網路更是。[35]

一旦人類有了符號的溝通之後，文化的齒輪開始轉動：更多的文化需要更大的腦，更大的腦可以創造更多的文化。

大靜止

然而，什麼都沒有發生。在一百六十萬年前納里歐柯托米少年活著的時候，地球上出現了一個偉大的工具：阿歇手斧（Acheulean handaxe)。無疑的，它是這個男孩的族人所發明的，這些匠人(*Homo ergaster*)的腦是前所未有的大。這種手斧跟過去簡單、不規則的奧都萬(Oldowan)工具比起來是一大進步，它的斧身兩面對稱，形狀像淚珠，四周都很鋒利，是用燧石打造的。這是件美麗的工藝品，但是它滿了神秘，沒有人知道它是用來擲、切、還是刮。它跟著直立人的遷徙而向北分布到歐洲，直到五十萬年前都還在使用。假如這是一種瀰的話，它特別精確、多產且耐久。然而，令人驚奇的是，在那段時間，從英國的薩塞克斯郡(Sussex)一直到南非幅員這麼廣大的地方，幾十萬人中竟然沒有人發明其他的新版本；沒有文化的齒輪，沒有發酵的新點子，沒有實驗，沒有競爭的產品。這一百萬年間就只有一種手斧——阿歇手斧公司獨霸市場，眞是厲害。

文化共演化理論並沒有預測到這個現象。他們認爲技術和語言的結合應該會加速改變的發生。能夠做出這把手斧的大腦應該是夠大了，而且他們還會彼此學習做手斧的方法。然而，他們並沒有利用這些能力去改進產品。爲什麼他們等了一百多萬年，才突然開始大幅改進技術，從擲矛、到耕田、到蒸氣機、到矽片？

這並不是貶低阿歇手斧。實驗顯示它幾乎沒有改進的空間了，除非發明不鏽鋼。這把宰殺大型動物的工具，只能用骨頭做的「軟槌」小心打造至完美。但奇怪的是，它的主人似乎不認爲這個工具是他的驕傲，每次要用就再做一個新的。在英國薩塞克斯郡的巴克斯葛洛富(Boxgrove)一次出土了二百五十把手斧，顯然是由六名以上慣用右手的人辛苦打造出來的，出土處有一具馬屍，似乎是處理完馬就把工具扔了。這些不能解釋如果他們可以製造一把手斧，爲什麼沒有製造矛、剪刀、短刀和針。[36]

馬瑞克·康恩（Marek Kohn）的解釋是，這些手斧並非實際的工具，而是早期的首飾：男性用來取悅女性的裝飾品。康恩認爲，這手斧有性擇的標記，它們很精緻、對稱，如果只是用來屠宰，不必那麼大費工夫。它們是藝術品，用來討好異性，就像涼亭鳥（bowerbird）搭美麗的涼亭來吸引異性，或是孔雀展示華麗的尾巴一樣。他認爲這解釋了一百萬年的靜止不動。男人想做出一個理想的手斧，而不是最好用的手斧。直到最近，在藝術和手工藝的領域，技巧一直是完美的縮影，而不是創意。女性挑選配偶時，不是看他的發明能力，而是看他的手斧精緻度。也就是說，巴克斯葛洛富最會做手斧的人，在吃完了馬肉大餐後，跟一位能夠生育的女性到樹叢中去辦事，而他的朋友則寂寞鬱悶地拿起另一塊燧石，開始爲下一次的求偶機會作準備。[37]

有些人類學家更說，獵捕大型野獸本身就是性擇。對許多採集狩獵時代的人來說，這是一個非常不經濟的獲取食物的方法，然而男性都花很多時間去打大型獵物。他們似乎更喜歡炫耀偶爾帶回來的長頸鹿腿，勝於塡滿食物的儲藏室，因爲這可以吸引女性的注意。[38]

我很喜歡性擇理論，雖然我認爲它只是故事的一部分。它並沒有解開文化起源的謎題，它只是「大腦文化共演化」的新版本而已。假如它有任何貢獻的話，應該說它使問題更糟。一個舊石器時代的女性如果對她情人手斧的工藝這麼感興趣，她應該對猛瑪象的象牙針或木頭做的梳子這些全新的東西更感興趣（親愛的，我要給妳一個驚喜。噢，又是一把手斧，這正是我一直想要的）。大腦在阿歇手斧出現之前便已急速變大，而且在這段靜止的時間還不斷地變大。假如腦變大是性擇造成的，爲什麼手斧的改變這麼小？不論你怎麼看它，不出聲的阿歇手斧就在那裡，無聲的譴責所有的基因文化共演化理論：大腦一直變大，但是卻沒有得到技術改變的幫助，因爲技術靜止不動。

大躍進

又過了五十萬年，技術開始改進，但是非常緩慢，直到舊石器時代後期革命（Upper Paleolithic Revolution），又稱爲「大躍進」（Great Leap Forward）。大約在五萬年前的歐洲，繪畫、身體裝飾、長途旅行、陶製和骨製的手工藝品、細緻的石頭設計，似乎一下子都如雨後春筍般冒了出來，這個突然性有一部分是錯覺。無疑的，工具的製造在非洲的某個角落已經逐漸在發展，然後才隨著遷徙或戰爭征服傳到別的地方去。莎莉·麥克布利提（Sally McBrearty）和愛立森·布魯克斯（Alison Brooks）認爲，化石記錄支持的是非常緩慢、一點一點的革命，大約在三十萬年前發生於非洲。人們當時已經會使用鋒利的刀和色素。而長途貿易的發明大約是在十三萬年前，因爲在坦尙尼亞的兩處發現了用來製作矛尖的黑曜石（obsidian，火山玻璃）碎片，是來自二百英里外肯亞的大裂谷（Rift Valley）。

在五萬年前的舊石器時代後期突然發生革命，是一個以歐洲爲中心的謎思，因爲在歐洲挖掘的考古學家遠比在非洲的多。然而，還是有一個現象値得注意。在那以前，歐洲的居民在文化上是停滯不前的，而三萬年前的非洲居民也是如此，他們的技術沒有任何進步。在這個時期之後，技術每一年都有改變，文化以前所未有的方式開始累積。文化開始改變，不再等基因了。

在我面前是一個清晰、但有點奇怪的結論，我想文化和史前史的理論家從來沒有正式討論過它。大的腦使人類可以快速改進文化——閱讀、寫作、拉小提琴、學習荷馬的史詩、開車——但是腦是在人類可以做這些之前就已經變大了。累積的文化在人類演化史上太晚才出現，所以不可能塑造我們的思想，更不可能使我們的腦變大；大腦在文化沒有出現前，就已經達到它的頂點了。思考、想像和推理的腦演化，是爲了解決生活上實際的問題，因爲我們是社會性的動物，而不是爲了應付文化的需求。[39]

我要說的是，許多我們感到自傲的大腦特性，是跟文化無關的。我們的智慧、想像力、同理心以及遠見是逐漸出現的，文化並沒有給予幫助；是它們創造出文化，而不是文化創造他們。人類即使從來沒有說過一個字或流行過一種工具，我們可能也一樣會玩、擬定計畫或設計陰謀。假如人類大腦的擴大是爲了應付團體變大以後的社會複雜性——就像鄧巴、尼克・韓福瑞（Nick Humphrey）、安德魯・惠頓（Andrew Whiten）以及其他馬基維利學派（Machiavellian school，譯注：十五世紀義大利的政治家，主張權謀霸術，因此這個學派被認為是為達目的不擇手段）所主張的——那麼即使沒有發明語言或文化，大腦也會變大。[40]

然而，文化的確解釋了人類在生態上的成功。假如人類不能累積想法、交換觀念、綜合各家所長，那麼人就永遠不會發明農耕、城市、醫藥或任何使他們可以統治世界的事。語言和技術的結合，扭轉了人類的命運：文化起飛變成是不可避免的。我們現在生活的富裕應該要感謝我們集體的智慧，而不是個人的聰明。

雖然我們無法解釋集體文化的起源，但是一旦開始進步，它就是自給自足的。人類發明越多的技術，就能得到越多的食物，支持越多的心智，於是人類就越有時間去發明。現在進步變成不可避免的了，因爲文化起飛在世界各地都進行著。寫作、城市、陶藝、農業、金融以及其他很多事物，都同時獨立發生於美索不達米亞、中國和墨西哥。在四億年沒有文化的歷史之後，這個世界突然在幾千年之內出現了三個有文字的文化。還有更多的文化發生在埃及、印度河流域、西非及秘魯，這些文化都是獨立發展出來的。

羅伯·賴特（Robert Wright）寫了一本精彩的書《非零年代》（*Nonzero*）深入討論這個矛盾現象，他的結論是：人口密度影響了人類的命運。一旦各大洲都有了人，人們不能再移民到無人之地時，人口就開始集中到最富饒的地方。當人口密度增加時，就會增加勞力的分工，因而增加技術的發明。人口變成「看不見的大腦」，提供更多的市場給人的原創力去發揮。在那些人口突然減少的地方——例如當塔斯馬尼亞（Tasmania，澳洲東南方的一個離島）與澳洲大陸分離時——文化和技術的進步就突然反轉過來了。[41]

交易與分工

密度本身可能沒有那麼大的關係，而是因爲它所帶來的交易。這是人類成功最主要的原因，我在我的書《德性起源》（*The Origins of Virtue*）中強調，以物易物的發明帶來了勞力的分工。[42]經濟學家海姆·歐裴克（Haim Ofek）認爲：「把舊石器時代前期當作一連串人類成功逃避貧窮的第一個例子並不是不合理的，人類利用貿易和勞力分工達到富裕的目的。」[43] 他認爲這個革命開始時所發明的東西是「專長」，在那之前，即使人們有分享食物和工具，也沒有把不同的工作分配給不同的人做。

考古學家伊安・泰特薩（Ian Tattersall）也同意這個說法：「在早期現代人的社會中所見到的產品多樣性，完全是個人在不同的活動中發揮各自長處的結果。」[44] 那麼，有沒有可能一旦勞力分工和交易出現後，進步就變成不可避免的？這個惡性循環現在還存在於我們的社會中，自古以來皆然，因爲專長能增加生產力，生產力帶來財富，財富使新技術得以發明，新技術又增加專長。就像賴特所說：「人類歷史是在玩更多、更大、更精緻的非零和賽局（non-zero-sum game）。」[45]

只要人類是分開且競爭的團體，只交換年輕的女性，文化改變的速度就會有限制，不論人類的大腦是如何裝備好去計謀、哄騙、說話或思考，也不論人口的密度有多高，這個改變都是有上限的。新的想法必須要從自己家中產生，不能從外面帶進來。成功的發明可能使他的主人消滅敵族，控制全世界。但是新發明的產生是很緩慢的，當貿易出現後——交換貨物、食物、訊息，剛開始是在個人之間，後來擴展到團體之間——一切都改變了。現在，好的工具可以流傳出去，遇見另一個好的工具，兩者會競爭，贏者才可以經由貿易再傳到下一站。總之，文化是可以演進的。

交易在文化演進中所扮演的角色，就好像性在生物演化中所扮演的角色。性把不同身體的新基因送作堆，貿易把不同部落的新文化送作堆。就像性使哺乳類可以結合兩個好的發明（乳汁和胎盤），貿易也使早期的人類將馱獸與輪子結合，發揮更好的效能。

如果沒有貿易的話，這兩者仍然各作各的。經濟學家認爲貿易是最近的發明，因文字而興起，但是所有的證據都指向更早。住在澳洲約克角半島（Cape York Peninsula）的土著（Yir Yoront）老早就用刺魟（stingray）身上的倒鉤與山上的居民換石斧，這種以物易物是在沒有文字以前透過複雜的貿易網路達成的。[46]

允許文化產生的基因

上述這些論點支持文化是逐漸演化的，因爲舊石器時代前期革命並沒有改變人類的心智。文化看起來像二輪馬車，而不是馬本身；是人類大腦改變的結果，而不是原因。鮑亞士認爲你可以用同一付大腦去發明任何文化，他在這一點上是對的。我跟十萬年前非洲祖先的差異，不是在大腦或基因上，而是在累積的知識，因爲我有藝術、文學和技術。我的大腦充滿了這些訊息，而他的大腦中堆滿的是當地的或短暫的知識。獲得文化的基因的確存在，但是他也擁有這些基因。

那麼在二十萬到三十萬年前，究竟是什麼改變使人類可以做到文化起飛？一定是基因的改變，因爲大腦是基因建構的，一定有什麼改變使大腦不同了。我懷疑這不僅是腦的大小改變而已；ASPM 基因的突變使大腦灰質增加了 20%。更可能的應該是大腦電路的改變，使它突然可以有符號和抽象的思考。很可能是 FOXP2 在重新裝配語言器官的路線時，開啓了交易的快速發展。但是這一切似乎得來太容易了，科學家一出手就找到了主要的基因，所以我懷疑 FOXP2 不是答案。我認爲這個改變是發生在幾個基因上，因爲這個起飛非常突然。我想不久的將來科學應該可以知道是哪些基因。

不論這個改變是什麼，它使人類的心智比以前更能欣賞新奇的事物。我們可以開快車，也可以看懂手寫的文字，或是想像負數，這些都不是靠天擇而來的，但是我們都能輕鬆自如地做這些事，爲什麼？因爲有一組基因使我們可以去適應。基因是機器裡的齒輪，不是天上的神仙；它們的工作是盡量吸收環境中的訊息，並將它傳遞下去。基因在我們一生中因外在和內在事件不停的開和關，它不只是攜帶訊息，也會對經驗產生反應。我們該來好好討論一下「基因」這個詞的意義了。

性和烏托邦

假如人性並不會隨著文化改變——這是鮑亞士的中心卓見，考古學家也證明他是對的——那麼反過來說應該也成立：文化並不會改變人的本質（至少影響不大）。這個想法使很多烏托邦的追求者相當苦惱。烏托邦最堅持的想法是：消滅個人主義，使社群中每一個人都共享所有的權利和義務。的確，幾乎找不到一個宗教團體裡面沒有人民公社的成分在內。期待公社文化的經驗可以改變人的行為這個夢想，每幾個世紀就流行一次。從夢想家亨利．聖西門（Henri de Saint-Simon）①和傅立葉（Charles Fourier）②到實際的企業家約翰．諾愛斯（John Humphrey Noyes）③和奧修（Bhagwan Shree Rajneesh）④都是在宣揚摒棄個人主義。艾賽尼教派（Essene）⑤、卡塔爾教派（Cathar）⑥、羅拉德教派（Lollard）⑦、赫斯信徒（Hussite）⑧、貴格會（Quaker）⑨、震顫派（Shaker）⑩以及嬉皮（hippie）都試過這個想法，更別提那些名不見經傳的小公社。他們都有一個共同的結果：沒有一個公社成功。如果仔細去看這些公社瓦解的原因，都不是外面的社會不容許它們存在，而是內在個人主義的緊張所造成的衝突（當然外界的壓力不是沒有，但不是公社瓦解的主因)。47

這些衝突通常來自性，要制約人們去享受自由的愛，消滅他們想要選擇和擁有性伴侶的慾望是不可能的。即使在共享文化的公社環境中長大的第二代，都不可能削弱他們的嫉妒心。事實上，公社裡的孩子嫉妒心更強。有些公社用不准有性行為來維持，如艾賽尼教派和震顫派都是絕對的獨身主義。但是沒有後代，這個公社也就消失了。有的公社則是花了很大的工夫去重新設計性交的規則，如十九世紀的諾愛斯在紐約州的歐奈達(Oneida)公社實行「複式婚姻」(complex marriage)，年紀大的男人只能跟年紀輕的女人性交，年紀大的女人只能跟年紀輕的男人性交，但是不准射精。在奧修的普那社區(Poona ashram，位於印度孟買附近)中，則是施行自由的愛，有一位成員吹噓說：「如果說我們有性交盛宴，那是一點都沒有誇大其詞，這個景象大概自羅馬帝國以來就不曾出現過。」48 但是普那社區和後來的奧瑞崗社區(Oregon ranch)都被嫉妒和仇恨所拆散。這個實驗最後在一連串的醜聞中收場，因為後來奧修在美國的生活奢華，個人擁有九十三輛勞斯萊斯名車，又因謀殺未遂、集體食物中毒、擅自竄改選區、私藏大批軍火等罪名，使他的名譽大受打擊。最後道場被解散，而他本人也因「非法移民」被迫離開美國。

文化改變人類行為的力量是有限的。

譯注：

① 一七六〇～一八二五，法國社會哲學家，法國社會主義創始者，主張由社會中有用的生產階級指導政治，以建立工業的社會。

② 一七七二～一八三七，法國社會主義者，主張把社會分成許多自足的小公社。

③ 一八一一～一八八六，美國宗教與社會改革者，曾設立兩個公社，宣揚完

美主義。

④ 一九三一～一九九〇，印度哲學博士，曾在美國設立奧修國際社區，對西方的新時代運動有深遠的影響。

⑤ 西元前二百年到西元後一百年盛行於巴勒斯坦的猶太教派，他們信仰摩西的十誡，強調禁慾與苦修，他們在死海西岸組成與世隔絕的公社，共享一切財產，死海所發現的經卷很可能是他們所寫的。

⑥ 十二、十三世紀時流行於歐洲被視為異端的一個基督徒組織，這一派信徒譴責世俗，自稱是純潔的，他們看世界只有兩個原則：好（精神上的）與壞（物質和肉體上的）。

⑦ 十四至十五世紀英國宗教改革的一支，由約翰．威克利夫（John Wycliffe）所創，該派敬虔和善，反對羅馬天主教會之腐敗，主張聖經之權威。

⑧ 十五世紀歐洲宗教改革的一派，其領袖為約翰．赫斯（John Huss, 1370-1415），赫斯是捷克之民族英雄，他因反對教會之腐敗，以異教徒之罪名被燒死。

⑨ 十七世紀英國喬治．福克斯（Jeorge Fox）所創立的基督教派，主張絕對的和平主義，曾受迫害，搭乘五月花號移民美國，在羅德島、北卡羅來納、賓州和紐澤西州成立社群，強調生活嚴謹和樸素。

⑩ 一般人對「基督二次降臨教派」的俗稱，因為教徒在作禮拜時會因狂熱情緒而全身震動，原是英國貴格會的一支，在一七七四年跟隨安．李（Ann Lee）來到美國，建立獨身不婚的公社，曾經極度盛行，到十九世紀中葉衰微。

第九章

基因的七個意義

學者只是以圖書館的方式造出另一座圖書館罷了。

——鄧尼特[1]

一個眼看就可以流芳百世的機會被對手搶去已經夠糟了，更糟的是你的對手已經死了十幾年，而且終其一生都生活在修道院的圍牆內。難怪德弗里斯在我的相片中看起來這麼不快樂。一九〇〇年他發表了一個很前衛的理論，他認爲這個理論應該可以使他跟道爾吞（John Dalton）或蒲朗克（Max Planck）齊名。道爾吞曾經說物質是由原子構成的，而蒲朗克則把光看成量子，德弗里斯也有一個量子理論——遺傳是粒子造成的：「生物體的特質是由不同的單位所組成的。」[2]他由一系列很聰明的植物雜交實驗得出這個結論，他甚至看到了一個一百年後才被證明是對的事實。他認爲遺傳的粒子——他把它稱爲「泛生子」（pangen）——並沒有遵循種族的界限，因此，使一種植物多毛的泛生子也會使另一種植物多毛。

換句話說，德弗里斯應該被稱爲基因之父。但是他的論文在法國科學期刊（*Comtes Rendus de l'Academie des Sciences*）上發表後，他很驚訝地接到卡爾・科倫斯（Karl Correns）憤怒的信。科倫斯以前在科學研究上曾經被德弗里斯打敗過，因此他決意要報復。科倫斯很尖酸的指出，雖然德弗里斯的實驗是他自己做的，但是他的結論卻是抄來的——不僅是大綱，連細節都是。被抄襲者是已死多年的莫拉維亞教士，名叫孟德爾。德弗里斯甚至連孟德爾的術語都抄去了，例如隱性和顯性。

知道自己被識破，德弗里斯在發表德文版論文時，特別將孟德爾的名字放在註腳中，心不甘情不願的承認他是重新發現了遺傳定律。更糟的是，連這一點名譽他都得與其他兩個人分享：除了科倫斯之外，還有另一個年輕人叫艾瑞克・柴馬克（Erich von Tschermark）。柴馬克只擅長二件事：以薄弱的證據說服世界他也重新發現了孟德爾定律，還有（後來）以他的吹牛本領爲納粹效勞。因爲德弗里斯自視甚高，這對他的打擊非常大，直到他晚年，他還對世人崇拜孟德爾感到非常厭惡。「這個流行會過去的，」他拒絕爲孟德爾的銅像揭幕。問題是，沒有多少人喜歡德弗里斯；他很挑剔苛求、冷漠高傲、易怒、非常厭惡女性，據說他曾對他女助理的培養皿吐口水。德弗里斯註定要看到他的術語被人改掉。一九〇九年，「泛生子」被改成「基因」，這是丹麥教授威爾漢·約翰生（Wilhelm Johannsen）創出來的字。[3]

德弗里斯是抄襲者嗎？或許他眞的從他的實驗中發現了孟德爾定律，而且是在他從圖書館翻到孟德爾的論文之前。就這一點看來，他發現了一件偉大的事。又或許他認爲他不將孟德爾列入注釋沒有人會知道，畢竟，誰會沒事去唸一本四十年前的布爾諾自然歷史學會的期刊（Proceedings of the Brunn Natural History Society）呢？從這一點看來，德弗里斯是個騙子。但是在科學界這並不令人驚訝，科學家多少會不自覺地貶低前人的貢獻，突顯自己的成就。連達爾文都省略掉許多對他的思想有貢獻的人，包括他自己的祖父在內。事實上，孟德爾也可能從別人那裡借了一些想法。他並沒有提到英國園藝家湯瑪斯·奈特（Thomas Knight）一七九九年的論文，他在那篇論文中描述了將不同種的豌豆進行人工授粉的簡單方法，而且認爲這可能暗示了遺傳機制，甚至說到第二代豌豆的特性重現。奈特的論文也被翻譯成德文，布爾諾大學的圖書館就有這篇論文。[4]

所以，就讓我們把孟德爾放到一旁，單獨來看德弗里斯的「泛生子」吧！德弗里斯對泛生子的定義是，可互相交換的遺傳成分。就像不同的元素是由相同的粒子（電子、中子、質子）以不同的方式組合而成的，不同的物種也是由非常相似的基因以不同的方式組合而成的。

基因的別名

二十世紀的遺傳學家至少用了五個相互重疊的定義來界定基

因。第一個是孟德爾的定義：基因是遺傳的單位，是儲存演化資訊的檔案。一九五三年發現 DNA 的分子結構之後，立刻證實了孟德爾的比喻，因爲它說明基因是可以複製的。詹姆斯・華生（James Watson）和法蘭西斯・克里克（Francis Crick）在《自然》（*Nature*）期刊上非常低調地說：「它沒有逃過我們的注意，我們所假設的特定配對顯示它有重複製造遺傳物質機制的可能性。」[5] 只要遵循配對的規則——A 只能配 T（而不是 C、G 或 A），C 只能配 G（而不是 C、T 或 A）——每個 DNA 分子都能製造出序列完全相同的複製品，這個複製的機器叫做 DNA 聚合酶（polymerase）。因爲這個系統是數位式的，所以它不會失去精確性，又因爲這個系統是可能出錯的，所以它容許演化的變異。孟德爾的基因是個檔案。

第二個定義最近才復出，它是德弗里斯所謂的「可互相交換的遺傳成分」。一九九○年代基因體解碼後最令人震驚的是，人類跟果蠅竟然有這麼多相似的基因。建構果蠅身體藍圖的基因，也是建構老鼠和人類身體的基因，它們都是來自六億年前的共同祖先，叫做圓扁蟲（roundish flatworm）。它們的相似性之高，甚至可以在果蠅發展時用人類的基因來取代替果蠅的對等基因。更令人驚訝的是，果蠅用來學習和記憶的基因，也和人類的相同，都是來自圓扁蟲。動物和植物的基因有點像原子，標準版依照排列組合的不同而造成不同的元素。德弗里斯的基因是可以互相交換的遺傳成分。

第三個定義開始於一九○二年，與德弗里斯同時代的英國醫生阿契巴德・嘉洛德（Archibald Garrod），發現了第一個單一基因疾病，叫做黑尿症（Alkaptonuria，譯注：因病患體內缺乏尿黑酸氧化酶，造成尿黑酸堆積而由尿中排泄出來）。此後，很多人都用基因所引起的疾病來定義基因，即所謂「單一基因單一疾病」(one-gene-one-disease)。這會引起兩種迷思：它忽略掉一個突變基因可能跟很多疾病都有關，而一個疾病也可能與很多基因有關；第二，它暗示基因的功能是防止疾病。這就好像說，心臟的功能是防止心臟病一樣。然而，因爲大部分的遺傳研究都是基於醫學上的需要，單一基因單一疾病的定義方式大概是不可避免的。嘉洛德的基因是疾病的防止者、健康的贈予者。

第四個定義是它的功能。從一開始，研究 DNA 的先驅就明瞭基因有兩個工作：複製自己和透過製造蛋白質來表現自己。嘉洛德認爲基因製造酵素，萊納斯．鮑林（Linus Pauling）則將這點擴大：基因製造所有的蛋白質。在 DNA 雙螺旋結構發現之前四個月，華生提出 DNA 製造 RNA，RNA 製造蛋白質。這個觀念後來被克里克稱爲分子生物學的「中心教條」(central dogma)。從基因流出的訊息不會再回去，就像訊息從廚師到蛋糕，但是不會從蛋糕回到廚師。雖然很多細節——選擇性剪接、垃圾 DNA、轉錄因子，以及最近發現許多基因只製造 RNA，不製造蛋白質，這些基因中有很多都參與蛋白質表現的調節——將原來基因的標準圖像變複雜了，不過中心教條仍然屹立不搖。除了極少的例外，蛋白質負責工作，DNA 儲藏訊息，而 RNA 是它們中間的橋樑，就像華生說的一樣。所以華生和克里克的基因是個食譜。

第五個定義是法國人法蘭索瓦．雅各（Francois Jacob）和傑克斯．莫納德（Jacques Monod）所提出的：基因是開關，所以是生物發育的單位。他們兩人在一九五〇年代發現，乳糖溶液中的細菌會突然開始製造酵素分解乳糖，而且當產量足夠時便會停止製造。原來這個製造酵素的基因會被一種抑制子（repressor）蛋白質關閉，而這個抑制子會被乳糖解除。雅各和莫納德認爲，基因的開關受到蛋白質的控制，而該蛋白質會黏附在基因附近的特定序列上；換句話說，基因上附帶著 DNA 開關。現在我們知道，這些開關叫做啓動子和加強子（enhancer），是胚胎發育的重要關鍵。許多基因需要好幾個活化子（activator）附著到啓動子上，活化子可以有很多不同的排列組合，有些基因可以被不同組的活化子所開啓。因此，同一個基因可以用在不同的物種中，或是身體的不同部位，來產生完全不同的效應，這要視哪些基因同時被活化而決定。例如有一個基因叫做「音速小子」（sonic hedgehog），它在某一個情境下會將附近的細胞變成神經元；在另一個情境下又會使附近的細胞長成四肢。這就是爲什麼以功能來爲基因命名是很危險的，因爲很多基因是多功能的。

突然間，我們有了不同的方式來看待基因：一組發育的開關。所有的細胞都帶有完整的基因組，但是它們在不同的組織中以不同的排列組合而開啓。現在請忘掉基因的序列，最重要的是這個基因如何表現、在哪裡表現，許多生物學家是在這個層次上思考基因的。建構人體需要一系列的開關在對的順序開啓，這些開關能啓動身體的生長與分化。很有趣的是，開關的機制（即轉錄因子）本身也是其他基因的產物。雅各和莫納德的基因是個開關。[6]

自私的基因

然而，說眞的，自從「基因」這個詞在一九〇九年被發明以來，很多科學家都樂於使用這個字，但卻不是指這五個觀念。對他們來說，基因並不是遺傳、演化、疾病、發育或新陳代謝的單位。羅納德·費雪（Ronald Fisher）第一個闡明，演化不過是基因的生存差異罷了。威廉斯、漢米爾頓以及他們的捍衛者道金斯和愛德華·威爾森（Edward O. Wilson）最後把這個觀念清楚展示出來。道金斯說，身體是爲了複製基因所建構出來的暫時工具，基因設定它們生長、覓食、興盛及死亡，但是這一切都是爲了基因的繁殖。身體是基因建構新身體的工具。這樣透過基因的觀點來看生物，是哲學上的突然轉變。

例如，它立刻解釋了亞里斯多德、笛卡兒、盧梭、休姆都沒想到需要解釋的問題：爲什麼人對自己的孩子特別好？人們通常對自己的孩子比對別的大人、別的孩子，甚至比對他自己還要好。二十世紀有一、兩位人類學家想用自私來解釋：你對你的孩子好，是因爲希望你老的時候他們會對你好。但是威廉斯和漢米爾頓的解釋非常天才，完全不必把養育的利他主義拿掉。你對你的孩子好，是因爲你的祖先也對孩子好，所以他們的小孩比較有機會活著孕育下一代。這是因爲他們的基因將身體建構成某個環境，使大人去做生育孩子的事。對孩子好的原因可能在基因上。

這是基因的另一個定義，基因既不是遺傳的單位，也不是新陳代謝的單位，更不是發育的單位，而是選擇的單位。在這個定義中，基因是什麼做成的一點都不重要。它可以是一對眞實的基因，也可以是一個得分。它可以是一系列的基因，也可以是一個基因網路，被許多 RNA 所調整。眞正重要的是，它很可靠地製造一個效應。它是怎麼做到的？怎麼可能有一個基因說：「好好照顧你的下一代！」（當然是用 DNA 的語言），假如眞有這個基因，它怎麼照顧它自己？

這整個觀念（即道金斯的「自私的基因」）對很多人來說就像天方夜譚，他們很習慣以目的論的方式來看事情，他們不能想像一個基因的自私行爲，除非它心目中有個自私的目的。有位批評者說：「基因只是蛋白質的食譜，它們不能自私，也不能不自私；就像原子不能嫉妒，大象不能是抽象的，或餅乾不能有目的一樣！」[7] 但是這個說法錯失了道金斯的重點，因爲對社會生物學家來說，重點是天擇可以使基因作出很像有自私目的在引導的行爲；這只是一個類比，但卻是很有用的類比。一個人的基因使他對他的孩子好，因而使他留下更多的後代，不論這個基因的作用是如何的間接。

現在很容易從華生與克里克的基因，連接到道金斯的基因上。例如在 Y 染色體的上端有一個基因叫作 SRY，這是一個很小的基因，只有六百一十二個字母（都在一段表現子上）——這是一個簡單到不能再簡單的基因了。作爲孟德爾定義的遺傳單位，它可以重複製造六百一十二個字母的段落。作爲華生與克里克定義的新陳代謝單位，它可以轉譯出兩百零四個胺基酸的蛋白質，叫做睪丸決定因子（testis-determining factor）。作爲雅各－莫納德定義的發育單位，它可以在大腦的某些部位開啓，而在老鼠受精後的第十一天，這個基因也會在睪丸短暫開啓幾個小時。作爲德弗里斯定義的可以互相交換的泛生子，在人類、老鼠和所有哺乳類中都有這個基因，它的功能都相同：使身體男性化。作爲嘉洛德定義的疾病單位，它跟好幾種性別異常有關，最著名的是有正常女性身體、但卻有 Y 染色體的人（只是 Y 染色體上的 SRY 基因失去作用），或是有正常雄性身體、但卻沒有 Y 染色體的老鼠（因爲生物學家把一個正常功能的 SRY 基因插入雌性老鼠的基因體中）。概略說來，所有哺乳類的胚胎只要有一個 SRY 基因，就可以變成雄性；只要沒有這個基因的作用，就會變成雌性。

對那些想要知道它如何運作的讀者來說，SRY 基因可能只是做了一個非常簡單的動作：啓動另一個基因 SOX9。就這樣而已。在遺傳上，偶爾會有男性生下來時，兩個 SOX9 基因中有一個失去功能，結果他們會長成女性的身體，但是有骨骼異常，叫短指發育不良症（campomelic dysplasia）。SRY 就像是船長，命令 SOX9 將船開到港口，然後回到就房間去休息。SOX9 是眞正在工作的人，它在睪丸與大腦中開啓或關上各種基因，例如 Lhx9、Wt1、Sf1、Dax1、Gata4、Dmrt1、Amh、Wnt4 和 Dhh 基因。[8] 這些基因又會開始或結束荷爾蒙的製造，而荷爾蒙會改變身體的發育，身體的發育又會影響其他基因的表現。許多基因被證明會對外在環境、飲食、社會情境、學習和文化產生反應，從而發展出男人的特質。然而，在典型的中產階級環境中，所有的男性特質——從睪丸到禿頭到喜歡坐在沙發上喝啤酒按遙控器——都是從單一基因 SRY 發展出來的。如果稱它爲「男性基因」應該一點也不爲過。

所以，你看到 SRY 可以是檔案、食譜、開關、互換單位或是男性製造者，全看你喜歡五個定義中的哪一個。你也可以把它看成選擇的單位，也就是道金斯的自私基因，理由如下。有一個跟男性不可分的下游效應是，這個人很可能愛冒險、有暴力傾向、早夭。一旦男性荷爾蒙睪固酮在青春期後期開始作用，男性早夭率便開始上升，因爲謀殺、自殺、意外死亡和心臟病。即使在西方社會中也是如此——的確，男性和女性死亡率的差異開始變大。在所有的死亡原因中，只有阿茲海默症是女性高於男性。這跟現代生活無關，亞馬遜流域的土著部落裡，一半以上的男性是被謀殺的。男性暴力致死的平均率在採集狩獵社會中，比飽受戰爭分裂的二十世紀德國還高。[9]

這個危險是跟隨男性特質而來的，是作爲男性的代價。冒險犯難是男性的本色——雖然可以用文化來改變，也會因個別差異而有所不同，或是透過科技使它減弱。舊式的達爾文天擇「適者生存」很努力地想解釋這個現象。一個基因的效應如果是提高死亡率，它將會很快導致絕種。但是它沒有的理由很顯著。一個懦弱、不敢冒險的人可能活得較長，但是不一定有較多孩子。如果你是男性，最好的生殖策略便是冒一些險，將幾個男生趕走，吸引幾個女生。假如你很幸運，生在中產階級的美國加州，你可以這樣做而不會眞的遇上死亡；你可能會自尊心受傷或撞壞保險桿，但是你還是會活下去。假如你比較不幸，生在亞馬遜部落，而且是戰士的兒子，那麼你要留下基因的最好方式，便是去殺人而不要被殺。在那個社會裡，殺過人的人比一般人有更多的性伴侶。[10] 不管是哪一種社會，男性在生存上都是不利的，所以天擇的檢驗失敗了。要走出這個兩難的情境，最合理的方式便是去看 SRY 基因，它只要透過大腦和身體的下游效應，使自己可以複製到下一代去，才不管這一代身體的存活率呢！

這是性擇，達爾文另一個常被忽略的理論，它不是適者生存，而是適者生殖：後代子孫越多的人越成功。達爾文認爲它跟天擇一樣重要，在人類身上可能更重要。但是在二十世紀的大部分時間，性擇並沒有引起科學界的注意。經過阿默茲．札哈維（Amotz

Zahavi）和喬弗里・米勒（Geoffrey Miller）的修正後，現代版的性擇理論認爲，雄性動物愛冒險主要是女性基因搞的鬼，它潛意識的計謀讓男性基因經過種種考驗，使她可以確定她爲下一代找到了最好的基因（在一些物種中，男女的角色正好反過來）。即使她是被動地觀看兩個雄性爲她拚個你死我活，但只要跟最後勝利者交配，她就是選擇了好戰的基因給她的下一代。這種性擇可以培育出各種雄性，從兇惡的流氓，到中規中矩的人，到溫柔的照顧者；它也可以同樣對女性作用，假如是由男性操控的話。在一夫一妻制的社會中，如海鴨（puffin）和鸚鵡，兩性都有鮮艷的羽毛來吸引對方。在人類也可以很清楚看到男性傾向選擇年輕、健康、美麗、忠貞的女性，也看到女性偏好選擇強勢、健康、強壯和忠誠的男性。

當雌孔雀選擇尾巴最大、最漂亮的公孔雀時，牠是不自覺地認定這個大尾巴可以測試出男性的基因品質。越多雌性表示喜歡大尾巴，就有越多雄性遺傳到大尾巴，用商業的術語來說：公孔雀基因對製造出一個好的身體還不滿足，它還必須打廣告，讓所有的母孔雀知道。就像牙膏公司最大的開銷是在廣告上，大尾巴花費的代價也不少，但是它是致勝的關鍵。這種裝飾和儀式一看就知道華而不實，好的牙膏眞的會增進你的自信心嗎？（譯注：美國牙膏的廣告詞，因為去除口臭，所以增進你的自信心。）但這卻是雌性在挑選伴侶時區辨基因品質的方法。

所以米勒認爲許多人類的才能——從說故事、到藝術、到爵士樂、到運動的好本事、到慷慨、到謀殺——都不是偶然的，它們是年輕男性到了適婚年齡所展現的求偶方式。米勒指出，人類花很多時間在文化的練習上，如藝術、舞蹈、說故事、幽默、音樂、神話、儀式、宗教和理想，這些很少能強化生存，然而它能強化繁殖成功；這是關乎基因的生存，而不是個體的生存。[11]

基因是本能的單位？這個觀念已經離孟德爾的遺傳粒子相當遠了。人們對基因的許多不同概念的混淆，助長了先天與後天的辯論。你不會在SRY基因上看到「向女性展示男性的品質」這種句子，就像你不會在法拉利跑車的使用手冊上看到「展現男性財富」一樣，但是這並不表示那不是它眞正的目的。法拉利跑車可能有很棒的引擎設計，但它同時也是很棒的性裝飾品。基因也是一樣。

社會生物學

把道金斯的基因看成本能的單位，這個抽象概念第一次引起人們注意，是在威爾森的大書《社會生物學》(*Sociobiology*，譯注：這真的是本大書，不適合傳統書架，也太重，不適合女學生的脊椎，但是它有深遠的影響力，一九七五年此書一出時，幾乎全美國的心理學研究所都採用它作為動物行為的教科書)。威爾森是哈佛教授，螞蟻生態的專家，他很驚奇螞蟻複雜的本能。在完全沒有機會去學習的情況下，昆蟲的行爲是細緻、複雜、有條有理、各司所職，而且每一種昆蟲的特質都不同。螞蟻行爲最令人驚異的地方是，牠們把繁殖後代的責任交給蟻后。大部分的螞蟻是工蟻，永遠不生殖。這個事實曾令達爾文非常困惑，它也令威爾森困惑，因爲它違反了動物生存是爲了生殖的這個教條。

一九六五年的一天，威爾森上了從波士頓開往邁阿密的火車，因爲他答應他太太在女兒小時候不搭飛機。在漫長的十八小時路程中，他讀了英國年輕動物學家漢米爾頓的一篇科學文章。漢米爾頓認爲，這麼多螞蟻、黃蜂、蜜蜂都是社會性動物，最主要是因爲牠們有「單雙套染色體」（haplodiploid）的特殊遺傳規則，使工蟻在基因上跟牠的姐妹比跟牠的小孩更親。所以，用自私基因的術語，牠們扶養蟻后的子女比扶養自己的子女報酬回饋更大。漢米爾頓的目標不只是解釋螞蟻，他想用這個例子來說明，這種準確的遺傳計算可以解釋親屬間所有的合作行爲，因爲這些本能的合作行爲，正好與牠們的基因相似性成正比。換句話說，人會本能地對自己的孩子較好，是因爲他的基因使他這樣做，而他的基因使他這樣做的原因是爲了讓基因生存下去（透過孩子），而不這樣做的基因便被這種基因取代了。

威爾森一開始覺得這篇論文很天真、很愚蠢，就把它丟到一邊，但是他找不出文章的漏洞。當他的火車穿越紐澤西州時，他拿起來仔細再看一遍。到維吉尼亞州時，他對漢米爾頓的假設感到挫折和憤怒。到了佛羅里達州北部時，他的態度開始軟化。到達邁阿密時，他已完全被說服。[12]

漢米爾頓的理論（建構在威廉斯的想法上）對許多動物學家來說，就像在迷途時拿到一張地圖一樣。突然間，他們有個標準可以去判斷動物行爲的解釋通不通：它有利於基因主人的繁殖嗎？道金斯把這個想法擴大運用在他的傑作《自私的基因》中，但是不像威爾森，他只探討動物。道金斯說，人類是這條規則最大的例外，因爲他們有意識的腦使他們忽略自私基因的指令。

威爾森沒有這種禁忌，在《社會生物學》的最後一章，他開始臆測人的行爲可能也是狡詐基因的產物。同性戀也是家族主義（nepotism）的一種形式嗎——因爲基因使沒有孩子的「叔叔」來一起幫忙扶養？倫理學需要演化上的解釋嗎？社會科學會萎縮成爲生物學的一支嗎？[13] 威爾森原本以自然歷史的角度作了許多臆測，但是後來他掉進童年時期阿拉巴馬州浸信會牧師的福音派思想中。他想要扭住宗教的尾巴，更勝於挑戰先天和後天的爭論。[14] 他以爲他對基因如何與後天合作產生人類社會模式的解釋，是很溫和而多元的。除了幾句半馬克斯主義的話之外（他曾說有計畫的社會在未來世紀是不可避免的），他其實沒有什麼政治意圖。但是一九七五年十一月，一場風暴向他席捲而來，讓他十分驚訝。

政治介入

這場風暴開始於一封投給《紐約時報書評》（*New York Review of Books*）的文章，署名爲「社會生物學研究團體」。這個團體的成員共有十六人，其中有兩個是他哈佛大學的同事和朋友古爾德和陸文汀，這篇文章指責威爾森舊瓶新裝：

> 用遺傳學來爲一些既存的特權團體辯護是不對的，這些團體因階級、種族、性別而享有特權。這個理論爲一九一〇年至一九三〇年美國政府的結紮法和限制移民法，提供了不恰當的理論基礎，也替優生政策提供理論基礎，這個政策導至德國納粹建立煤氣室。[15]

這場爭論越演越烈，還上了《時代》（*Time*）雜誌的封面。它很快地變成先天和後天之爭：激進無情的環境論者對上保守倒楣的遺傳學家。威爾森上課時，有人在課堂上監視；哈佛廣場有人散發黑函給學生，指控他主張所有的社會行爲都有基因的成分，包括戰爭、生意上的成功、男性優越感和種族主義。[16]陸文汀指控他反映出「十八世紀中產階級革命的理想」，這是馬克斯主義者最常用的話。[17]一九七九年在華盛頓的一場座談會上，當他等待回應古爾德的談話時，有一群示威者突然潑他一杯冰水。

這個爭論在大西洋的彼端也沒有好到哪裡去，雖然道金斯在《自私的基因》一書中沒有談到人類，只是說意識使人類從基因的控制下得到自由，但是他也被控訴假藉學術之名支持極右派政客。同時，威爾森又出了兩本書來解釋他的看法，但是並沒有說服大部分的反對者，他的遭遇跟哥白尼與達爾文一模一樣：人類不能接受自己從世界的中心被移走。把人類行爲從至高無上的寶座上拉下來，跟螞蟻的行爲相提並論，對很多人來說是一種侮辱。如果威爾森說的是星座（而不是基因）影響人格特質的話，這些人或許不會這麼生氣。一個基因的序列就能決定一個人的社會態度，這種說法聽起來不但荒謬，而且還是一種侮辱。

許多贊成自私基因理論的生物學家也沒有站出來替威爾森說話，引起的不滿與忿恨到今天還存在。有些人覺得威爾森的臆測太天眞、太不成熟，簡直是自找麻煩。也有人爲威爾森的帝國主義思想所困擾，因爲他說生物學很快就可以併呑社會科學的領域，這種誇大的說法似乎沒有經過深思熟慮。更有人只是尋求平靜的生活；替種族主義者辯白，恐怕會連自己也被拖下水。的確，在基因決定的動物和文化決定的人類之間有一個明顯的分野，對許多生物學家來說是天上掉下來的禮物，因爲這使他們很安全：

> 他們可以安心地做他們的學術研究，不必擔心自己會不小心闖

入敏感的社會或政治議題。這使他們安全地越過現代學術生活的政治地雷。[18]

上面這段話是另外兩位前哈佛學者托比和科斯米德所寫的，一九九二年時他們希望從內部重整社會生物學。他們認爲，人類所展現的行爲不一定跟基因有直接的關係，但是行爲背後的心理機制可能跟基因有關。所以，舉個很簡單的例子，尋找「戰爭基因」一定失敗；但是相對的，堅持戰爭是經驗寫在心智白板上的文化產物也一樣愚蠢。然而，人的確有心理機制會以戰爭的方式去應付某些環境，這個心理機制可能是一組基因經過天擇後的結果。托比和科斯米德把這叫做「演化心理學」，它試著融合喬姆斯基的先天論（心智不可能學習，除非它有一些基本的先天知識）與社會生物學的選擇理論（了解心智最好的方式，是了解天擇要它們做什麼）。

對托比和科斯米德來說，這是一套會演變的發展程式，這個程式創造出眼睛、腳、腎臟或大腦中的語言器官。每一個程式需要幾百、甚至幾千個基因的連續整合（許多基因也用在別的程式中）以及環境線索的存在。這是先天和後天的微妙混合，而不是對立：

每一次一個基因被選上，就是一個發展程式的設計被選上；因爲它的結構，這個發展程式與環境的某些層面互動，這使得某些環境特徵與發展有關。所以基因以及與發展有關的環境，兩者都是天擇的產物。[19]

但是環境不是獨立的變項，發展程序的設計限定了環境的效用：蜂王漿使幼蜂長成蜂后，但不會使人類的嬰兒變成女王。對托比和科斯米德來說，基因被設計成期待某個環境因素的出現，以及製造大部分的環境因素。

定義的整合

即使特別強調環境的作用，托比和科斯米德仍然像威爾森和道金斯一樣，碰到同樣的政治問題。社會科學家把他們描繪成極端的先天論者，我認爲這是非常錯誤的解釋。對我來說，托比和科斯米德代表了從天眞的先天論邁向與後天論的整合，他們所創立的演化心理學是先天和後天的解釋都可以接受的新領域。馬丁・戴利（Martin Daly）和馬果・威爾遜（Margo Wilson）用它來解釋殺人和殺嬰的行爲模式；他們看到性擇使青少年變成殺人犯，但是同時環境也扮演了同等重要的角色，因爲要有適當的情境才會引起謀殺的念頭。[20]

演化心理學家莎拉・赫迪（Sarah Hrdy）提出一個假設，她認爲少年被他們的過去「設計」成期待在公社中長大，而不是在家庭中。這種研究不可能畫分先天或後天，因爲這跟兩者都有關。赫迪說：「先天不可能從後天中分離出來，然而人類的想像力卻偏偏驅使我們去把世界做二分法。複雜的行爲（如教養），特別是跟更複雜的情緒（像愛）連結在一起時，絕對不可能全是基因決定或全是環境的產物。」[21]

托比和科斯米德對社會科學最大的不滿，在於他們想要閉門造車，不聽其他的解釋。涂爾幹的名言說：「每當有社會現象被用心理現象直接解釋時，我們就可以確定這個解釋是錯的。社會現象的解釋應該從前面的社會現象去找，而不應該在人的意識狀態去找。」[22]換句話說，他拒絕所有的化約主義。然而，其他科學都很成功的把「較低層」的解釋整合進來，而沒有失去任何東西：心理學借用生物學，生物學借用化學，化學借用物理學。托比和科斯米德想要重新發明心理學，使它借用到基因，並不是像不可避免的人性決定論，而是一個微妙的機制，因祖先選擇從外在環境中抽取經驗而設計出來的機制。

托比和科斯米德基因理論的美妙處在於，它將六個基因的定義整合在一起，並且添加第七個。它是道金斯的基因加上態度（它必須通過各個世代的生存考驗才能傳下去）；它是孟德爾檔案（幾百萬年來的演化適應所得出的智慧都存在基因中）；它是華生和克里克的食譜（從 RNA 製造蛋白質來完成它的作用）；它是雅各與莫納德的發育開關（只有在某個特定組織才會表現出來）；它是嘉洛德的健康給予者（在預期的環境中確保健全的發育）；它是德弗里斯的泛生子（在許多不同的發育程式中可以一用再用，無論是在同一物種還是不同物種）；但是它還有另一個功能，它是從環境中擷取訊息的設備。

SRY 這個Y染色體上的男性基因，一開始可能被社會科學家視爲基因決定論者，我前面說過它啓動一系列的事件，使男性喜歡坐在沙發上喝啤酒看足球賽，而女生喜歡血拚或閒聊。但是換一個方式來看，它是後天最好的僕人。它的工作（加上幾百個下游基因的協助）是從生物體這個房東身上擷取來自生活經驗和生存環境的某些訊息；它擷取男性身體發育所需的食物，擷取男性心理發展所需的社會線索，擷取男性性別偏好養成所需的性別線索，甚至擷取表現現代男性特質所需的科技（玩具槍或遙控器）。它（或是說它所啓動的發展程式）可以因過程中的環境改變而調整方向或作適應。如果將一個中古世紀的歐洲男孩放到現代的美國加州養大，你可以確定他對槍和汽車的興趣會大於劍和馬。SRY 只是戴上光環的後天經驗擷取者。

下面是我寫這本書的主要目的。基因本身是執著的小決定論者，不斷大量生產完全可預期的信息。但是因爲它的啓動子開關需要外界的指示，所以基因的動作絕不是固定不變的。它們是從環境擷取訊息的機制。每一分、每一秒基因在你大腦中的表現型態都在改變，直接或間接對身體外面的事件作反應。基因是經驗的機制。

第十章

矛盾的教訓

何必去跟康德的上帝、自由和永恆爭執？這只是時間的問題，當神經科學家的腦造影技術揭露出製造這些心智結構的生理機制時，這些虛構的錯覺就不攻自破了。

——湯姆・沃爾夫(Tom Wolfe)[1]

當基因被發現時，哲學已經準備好一個位置給它了。它是古代神話所說的命運，是神諭的預言，是占星術的巧合。它是人類的宿命，也是人類的決定者，選擇的敵人。它是人類自由的限制，它是神。

難怪這麼多人反對它。基因被貼上「首要原因」的標籤。現在人類基因體已被解碼，可以看得見基因如何運作，所以人們對基因的恐懼稍微減輕了一點。從先天和後天的辯論中我們可以得到許多教訓，在本章中我將告訴你其中幾個，大部分是正面的。

第一個教訓：基因

第一個教訓，也是最基本的教訓就是，基因是使你可以做什麼，而不是限制你做什麼。基因替生物體創造了新的可能性。催產素感受體基因使動物配對，如果沒有它，草原田鼠就不可能形成配對。CREB 基因使記憶產生，如果沒有它，我們就無法學習和回憶。BDNF 使我們從經驗中計算雙眼像差，如果沒有它，你就不可能這麼容易判斷出深度，擁有立體視覺。FOXP2 讓人類可以學會語言，如果沒有它，你就不會說話。諸如此類。這些新的可能性都受經驗的左右，它並非預先設定好的。基因對人性的規範，就像外加程式對電腦的規範一樣：灌了Word、Powerpoint、Acrobat、Internet Explorer、Photoshop等程式的電腦，可以做的事比沒有這些程式的電腦更多，它可以開啓更多的檔案，找到更多的網站，接受更多的電子郵件。

基因不是神，基因是有條件限制的。它特別擅長做「若……則……」的邏輯命題：若在某個環境中，則以某個方式發展；若最接近的會動物體是有鬍子的教授，則媽媽就是長這個樣子；若在飢荒的環境中長大，則發展另外一種體形。在沒有父親的家庭中長大的女孩，青春期來得特別早，這是某些未知的基因組作用的結果。[2] 我想到現在為止，科學太低估這類基因組的數量，這些基因組可因外在條件調整結果。

所以第一個教訓是：不要害怕基因，它們不是神，它們是齒輪。

第二個教訓：父母親

一九六○年，哈佛大學有位研究生收到心理系主任喬治・米勒（George A. Miller）的一封信，告訴她因爲她的表現不符水準，所以請她退學。多年後，因慢性病在家修養的茱蒂・哈里斯（Judith Rich Harris）接了編寫心理學教科書的工作，遵照當時心理學最強勢的典範——人格及一切都是環境的產物——來編書。但是離開哈佛三十五年後，已經做了祖母的她，寫了一篇文章投到最有權威的《心理學評論》（*Psychological Review*）期刊，登出來時引起一陣騷動，大家很好奇她是誰。一九九七年，憑著這篇論文，她拿到了心理學的大獎：喬治・米勒獎。[3]在這篇文章的一開頭她寫道：

> 父母對孩子的人格發展有長遠的重要影響嗎？本文在檢驗證據後的結論是：「沒有。」[4]

從一九五○年代以來，心理學家便開始研究所謂的「社會化」（socialisation）對孩子的影響。雖然一開始時他們很失望，因爲他們沒有找到父母的教養形態和孩子的人格有什麼相關性，但是後來他們轉向行爲主義的假設（父母用獎賞和懲罰的方式訓練孩子的人格）以及佛洛依德的假設（很多成人的心理問題來自他們的父母）。這個假設已經深入人心，直到現在，有些傳記還會把主人翁的怪異行事方式歸因到他的父母身上（最近出版的牛頓傳記中，就把牛頓精神不穩定的現象歸因到他小時候硬生生與母親分離的緣故，譯注：牛頓是遺腹子，母親再嫁時，把他留給祖父母照顧，十二歲繼父死，母親又回到他身邊）。[5]

持平地說，社會化理論不只是假設，它還提出了證據，顯示孩子長大會像父母：暴力的父母養出暴力的孩子，神經質的父母養出神經質的孩子，憂鬱的父母養出憂鬱的孩子，愛讀書的父母養出愛讀書的孩子等等。[6]

但是哈里斯說，這些證據無法證明任何事。孩子當然會像他們的父母；他們跟父母有很多基因是相同的。當分開長大的雙生子研究報告開始出現後，我們就不能再忽略孩子的個性是在受精的一剎那便決定了，並不是受童年的影響。因爲人格有很高的遺傳性，所以父母和子女之間的相似性很可能是先天的，不是後天的。的確，從雙生子的研究中幾乎看不到共享環境對人格的影響。遺傳的假設其實是個「虛無假設」（null hypothesis，編注：科學推論的過程是先提出虛無假設，再蒐集證據去推翻虛無假設，使對立假設成立，證據不足之前，必須先接受虛無假設，但是可能犯的錯誤便是接受錯的假設），舉證責任應該在環境。假如一項社會化研究沒有控制基因的變項，就不能證明任何事。然而，社會化的研究者仍然一年又一年地發表這些相關性，完全不提對立的假設：基因理論。

社會化理論還說，不同的教養方式會培養出不同的人格：和樂的家庭會養出快樂的孩子；常被擁抱的孩子比較乖；常被毒打的孩子會有敵意……等等。但是這很可能是弄不清原因和結果的關係，你也可以說，快樂的孩子使家庭和樂，乖巧的孩子常被人擁抱，有敵意的孩子常討打。社會學家很喜歡說，好的親子關係有「保護作用」，使孩子不易去吸毒。他們很少說，吸毒的孩子跟父母處不來，所以親子關係疏離。

所以，好的教養方式和某個人格特質的相關，不能用來證明父母塑造孩子的人格，因爲相關不能區辨原因和後果。哈里斯說，社會化不是父母對孩子，而是孩子對他們自己。現在越來越多的證據顯示，社會化理論所假設的父母對孩子的效應，其實是孩子對父母的效應：父母常因孩子的人格特質，而用不同的態度對待他們。

這種態度差異在性別上最顯著了。如果很幸運同時擁有男孩和女孩的父母就知道，他們對男孩和女孩的態度是不一樣的。他們並不需要知道曾經有實驗將女嬰穿上藍色的嬰兒裝，將男嬰換上粉紅色衣服，然後觀察不知情的大人對待嬰兒的方式：他們搔癢逗弄女嬰，抱著拍撫男嬰。但是這些父母也會大聲抗議說，他們對待男孩和女孩不同的原因，是因爲他們原本就不一樣。他們把男孩房間的櫃子裝滿恐龍和刀劍，女孩的櫃子裝滿洋娃娃和衣服，是因爲他們知道這是孩子喜歡的，這是小鬼在店裡一直吵著要買的。父母親可能是以後天來增強先天，但是他們並沒有製造這個差異；他們並沒有強迫孩子接受性別的刻板印象，他們只是對既存的偏好作回應而已。這個偏好並不是先天的，因爲不可能有洋娃娃基因，但是洋娃娃是設計來討好有這個偏好的傾向，就像食物是設計來討好人類的味覺。此外，父母親的反應本身也很可能是先天的；父母很可能在基因上就傾向接受而不是排斥性別典型。[7]

所以，後天的證據並不是排斥先天的證據，先天也不是反對後天的。我剛剛聽到收音機裡的廣播節目在討論，究竟是男孩比女孩對足球有天分，還是他們的父母造成了這個差別。很多人都以爲這種解釋一定是互斥的，沒有人會說這兩者可以同時是對的。

犯罪的父母養出犯罪的孩子。沒錯，但是假如是收養的孩子就不會。丹麥做了一個大型研究，如果好家庭的孩子被另一個好家庭收養，這個孩子有 13.5% 的機會觸犯法律，但是如果養父母有人是罪犯，這個機率只升高到 14.7%。從罪犯家庭出生，被好人家收養的孩子，犯罪的機率跳高到 20%。而當生父母、養父母都是罪犯時，這個孩子變成罪犯的機率就更高了：24.5%。基因使孩子有犯罪傾向，對犯罪的環境起反應。[8]

同樣的，離婚家庭出來的孩子也比較可能離婚——是的，但是只有親生子女才如此。如果他們養父母離婚，這個傾向並不會出現。雙生子研究顯示，離婚並不會受到家庭環境的影響。假如異卵雙生子中有一個離婚了，另一個離婚的機率是 30%，同卵雙生子是 45%。離婚有一半的原因來自基因，一半來自環境。

從來沒有一個國王被剝得這麼乾淨，在哈里斯反駁完社會化的理論後，這個國王是全裸的。對擁有超過兩個孩子的人來說，這些一定都不足爲奇。教養孩子使很多人都大開眼界。想像你是一位訓練人格的總教練，你會發現你的角色只是觀衆兼司機而已。孩子懂得畫分他自己的生活。學習不像背包，可以從一個環境帶到另一個環境；它在每一個情境中都有獨特性。這並不是說父母可以使孩子不快樂——使另一個人受苦是錯的，不論這對人格有沒有影響。長久主張「人會選適合他個性的環境」的兒童心理學家史卡說：「父母最重要的工作是提供支持和機會，而不是去改造孩子不可改變的人格特質。」[9] 當然，可怕的教養方式的確會扭曲孩子的人格。但是我再重複一次，父母的教養就像維他命C，只要它的量夠，多一點少一點都不會有顯著的長期效應。

哈里斯得到噓聲也得到掌聲。一些被她批評的人寫了很多回應，伊蓮娜・麥科比（Eleanor Maccoby）認爲，父母對孩子的人格還是有影響。[10] 他們說，早期的社會化理論太過強調父母決定論，雙生子的資料應該包含進來討論，父母的行爲被孩子所引發的，跟孩子被父母引發的一樣多。他們強調，犯罪的人格即使有一部分是遺傳的，也比較可能在犯罪的環境中表現出來。他們提出最近的一系列研究顯示，不當的教養方式會影響孩子一輩子。例如羅馬尼亞的孤兒即使六個月大就被別人領養了，但是他們一輩子都有比較高的壓力荷爾蒙——腎上腺皮質素（cortisol）。

他們也強調史蒂芬・蘇歐米（Stephen Suomi）的恆河猴實驗，蘇歐米是哈洛的學生，在美國馬里蘭州的國家衛生院建立了自己的猴子實驗室，繼續哈洛的母愛研究。他先選擇性育種出非常神經質的猴子，然後在出生後前六個月都給養母扶養，觀察小猴的個性和社交生活。他發現神經質的小猴被神經質的養母扶養時，小猴長大後會不適應社會，很容易緊張，當他有孩子時也是個不稱職的母親。但是當神經質的小猴被冷靜的養母帶大時，會變得相當正常，甚至可以在社會階層上爬到很高，因爲他可以交到支持他的朋友，而且不怕壓力。雖然牠在先天上有神經質的基因，但是長大後還是可以成爲冷靜、稱職的母親。換句話說，作母親的方式是從牠母親學來的，而不是遺傳來的。

蘇歐米的同事又繼續研究猴子的血清張素運送基因。這個基因的一個版本會對母愛剝奪產生長期的強烈效應，而這個基因的另一版本則對母愛剝奪有免疫力。[11] 因爲這個基因在人類中也有變異，而且這個變異與人格差異有相關，所以這是個重要的發現。轉換成人類的語言就是：有些孩子可以是孤兒，但是這個孤兒經驗對他並沒有傷害；有些孩子則非常需要父母呵護——這個差異是在基因。

因爲引用蘇歐米的實驗，批評哈里斯的人已經把她的話聽進去了。他們開始尋找，父母如何對孩子先天的人格作反應，用他們自己的話說：他們不再認爲父母塑造或決定孩子的人格。現在是後天論者在呼籲修正，基因打敗了佛洛伊德、史金納和華森。（記得嗎？「給我一打健康的嬰兒，在我特定的世界中長大，我可以隨機選定一個孩子，把他訓練成任何我想要的專家——醫生、律師、藝術家、企業家，是的，甚至小偷、乞丐，不論他的天資、興趣、性向、能力、稟賦和種族。」）

教訓：好的父母仍然是重要的。

第三個教訓：同儕

哈里斯在擊潰父母決定論的同時，也建構了另一個替代理論。她認爲環境和基因都對孩子有很大的影響力，但主要是透過孩子的同儕團體。孩子不認爲他們是大人的見習生；他們想要做好孩子的角色，這表示他必須在同儕團體中找到自己的立足之地——跟別人一樣，但是又要有點不一樣；彼此競爭，但又互相合作。他從同儕中習得他的語言和口音，而不是從父母。哈里斯跟人類學家赫迪一樣，認爲早期的人類是團體共同扶養孩子的，即動物學家所謂的合作育幼行爲（cooperative breeding）。孩子生活的自然環境中包含了各個年齡層的孩子，通常都是以性別作分類，男生玩男生的，女生玩女生的。她們認爲應該在這裡（而不是在家庭中）尋找環境和人格的因果關係。

大部分人認爲，同儕壓力迫使孩子跟別人一樣。從中年人的角度回頭看，青少年似乎強烈地想要一模一樣，不論是鬆垮垮多口袋的褲子、露肚臍的上衣或反戴棒球帽，他們都以懦弱的方式臣服於專暴的時尚之下。與衆不同者會被嘲笑，不相同者會被排斥、放逐，青少年的遊戲規則必須被遵守。

從衆行爲（conformity）的確是人類社會的一個特質，不論任何年齡皆如此。團體之間越對立，團員就越遵守自己團體的規範。但是在表面之下還有暗流；在表面上服從部落習俗的背後，人們拚命在尋找個別差異。如果你去檢視任何一個年輕人的團體，你會看到每個人都在扮演不同的角色，那就是自己的特質必須是與別人不同的。每個孩子很快就會了解自己最擅長哪一種角色，是這個團體中的領袖、軍師、搞笑的、保鏢、還是小可愛。當然，這些角色是先天透過後天創造出來的。他會盡力扮演這個角色，發展出更多這方面的能力，而忽略掉他沒有的能力；兇悍的變得更兇悍，搞笑的變得更滑稽等等。因爲他把所選擇的角色扮演得很好，所以這就變成他的專長。哈里斯認爲，這個區辨的傾向最早在八歲左右出現。在那以前，假如你問一群兒童：你們誰最強壯？他們會爭先恐後地說：「我！我！」但是過了八歲以後，你再問同樣的問題時，他們會說：「他。」

這個情形在家庭、學校和街頭幫派中都是如此，演化心理學家法蘭克・薩洛威（Frank Sulloway）說，每一個孩子在家庭中都會找到一個適合他生存的位置，假如老大很負責任、很謹慎，老二常常就是反叛性、吊兒郎當；先天個性上的一點小差異反而會被放大，而不是消除。既使在同卵雙生子中也有這個現象，假如一個雙生子比另一個外向，那麼他們會逐漸擴大這個差異。事實上，心理學家在「外向」這個向度上發現，異卵雙生子的相關性比不同年齡的兄弟姊妹小；年齡越相近，他們越要擴大彼此人格上的差異。在人格的其他向度上也是如此，好像人類有一種傾向要把自己和最親密的朋友區分開來，假如一個很實際，另一個就很浪漫。

我把這叫做人格的阿斯特力克斯（Asterix）理論。這是卡通影片中的一個人物，在羅馬帝國的高盧村莊中，住著一群分工清楚的人物：有一個大力士、一個廚師、一個僧侶、一個吟遊詩人、一個鐵匠、一個魚販，以及一個聰明的點子王：阿斯特力克斯。這個村莊生活很和諧，因爲每個人都尊重別人的長處——除了吟遊詩人以外，他的歌是所有人都討厭的。

第一位注意到人類傾向於發展自己長處的人是柏拉圖，但是眞正把它宣揚出來的是經濟學家亞當・史密斯（Adam Smith）。基於這個觀察，他建構了他的勞力分工理論：人類經濟生產力的秘訣在依各人的長處分配工作然後交換成果。史密斯看到這一點是人和動物最不同的地方，其他動物所做的事都是爲自己的生存，只有人類不是。比如說，兔子是群居的社會動物，但是兔子之間並未有特殊的分工合作。一個人不可能什麼都會，史密斯說：

> 所有的動物幾乎一成年就完全獨立，在他生存的大自然環境中，不會有其他動物來幫忙，每隻動物都必須自給自足，自己保護自己，牠無法從大自然賜給牠的特殊才能中得到任何好處。[12]

史密斯接著指出，這些長處如果不相互交換的話，一點用也沒有：

人類幾乎無時無刻都需要別人的幫助，假如他期待別人基於同情心幫助他，那是在作白日夢。他只有以別人的利益為出發點說動別人，讓他看到這樣做是為了他自己好，他們才會去做。屠夫、釀酒師、烤麵包師傅不是因為他們的慈悲心使我們有晚餐吃，而是為了他們自己的利益。我們告訴自己，他們準備這些食物不是因為他們的人道精神，而是這樣做對他們自己有利。我們不需要告訴他們我們的需求，我們必須以他們自己的利益去說服打動他們。除了乞丐，沒有人會以他同胞的慈悲心為訴求點。[13]

在這一點上，史密斯得到涂爾幹的支持。因為涂爾幹認為勞力分工不只是為了社會和諧，也是道德倫理的基礎，他說：

勞力分工不僅像經濟學家所說的，使每一個人成為交換者，它最主要是創造了一個權利和義務的系統，使這個系統的人永久連繫在一起。[14]

我對這個巧合很感興趣：人類的成人都是專家，人類的青少年都有將自己與別人區分出來的傾向。有沒有可能這兩者是有關聯的？在史密斯的世界裡，人們的專長來自機會：你繼承了你父親的麵包店，或是你去應徵某一個工作。如果你運氣好，你會找到一個適合你天性和長處的工作，但是大部分人是學習去接受他的工作。他們在青少年時期所扮演的角色（搞笑的、兇悍的、領袖的、健談的）都已經拋到腦後了，屠夫、烤麵包師傅、做蠟燭的工人是訓練出來的，不是天生的。就像史密斯說的：「兩個最不相同的人，比如哲學家和搬運工，其差異並不是來自天生，而是來自習慣、習俗和教育。」

但是人類的心智是爲了更新世的草原設計的，不是爲了都市叢林。在那個比較平等的世界中，你的才華可能決定你的工作，因爲所有的人都有同樣的機會。你可以想像一群集獵社會的人，有四個青少年在營火旁追逐遊戲。Og 開始注意到自己的領導能力，因爲每次他建議玩什麼新遊戲別人都沒有異議。Iz 則發現她可以使別人開懷大笑，大家喜歡聽她說故事。Ob 對說話一點天分都沒有，但是如果說到用樹皮編網子去逮兔子，沒有人比他厲害。Ik 已經是卓然出衆的自然博物家，別人都仰賴她來認動物和植物。在幾年之內，每個人都用後天的表現加強先天的能力，直到最後這個長處變成他的專長。當他們成年時，Og 已不再仰賴他的領袖天分，他已經是職業的政治家；Iz 成爲部落的吟遊詩人；Ob 在跟人說話上比以前更糟，但是他現在可以製作出任何工具；Ik 則是博學的科學大師。

他們四人原先在基因上的能力差別可能很小，練習使長處的差異拉大，但是練習本身也是依本能而有所不同。我認爲這是人類獨有的本能，它經過幾萬年的天擇，遺留在年輕人的腦中，在他們的耳畔呼喚著：去喜歡你擅長做的事，去討厭你不擅長做的事——孩子的心中好像一直有這種想法。我認爲培養自己長處的傾向是個本能。你身體內有某種基因會使你對某些事情感興趣；你發現自己比同儕更擅長某件事，就會使你更喜歡做那件事；練習的次數越多，自然會做得更好；做得更好就會更願意去做。就這樣，你替自己在部落中找到生存的位置，變成某方面的專家。後天會增強先天。

那麼，音樂和運動能力是先天的還是後天的？當然兩者都有。不停的練習使你成爲網球名星或小提琴家，但是那些願意練習的人才可以忍受長時間的練習。我最近剛好有機會跟網球明星的父母聊天。她以前就很會打網球嗎？也不盡然，但是她一直很喜歡打，堅持要跟她的兄姐一起練習，要求父母讓她請教練。

教訓：個別差異是興趣增強性向後的產物。

第四個教訓：實力主義社會

當最後一位候選人離開房間之後，主席清一清他的喉嚨。

「嗯，各位同事，我們必須從這三個人之中選一個人，作爲本公司的財務負責人，我們該選誰呢？」

「很容易，」紅髮女士說，「選第一位。」

「爲什麼？」

「因爲她的資格相符，公司需要更多的女性主管。」

「胡說，」胖胖的男士說。「最適合的人是第二位候選人，他的教育程度最高，沒有任何一個學校比得上哈佛商學院。此外，我跟他父親是大學同學，他是上教堂的。」

「哼！」戴厚眼鏡的年輕女士說：「當我問他八乘七是多少時，他說五十四！而且他每次回答問題都答非所問。假如沒有大腦，徒有文憑有什麼用？我認爲最後一位候選人比前面兩位好多了。他口齒清晰、說話溫婉、態度誠懇、回答迅速。沒錯，他沒有上過大學，但是他對數字很有概念。而且他很有個性，很吸引人！」

「或許如此，」主席說，「但是他是黑人。」

問題：在上述的場景中，誰是遺傳歧視者？主席？紅髮女士？肥胖的男士？戴眼鏡的女士？答案：全都是，除了胖子以外，只有他是從後天的理由去歧視。他是眞正擁護白板論的人，相信所有的人生而平等，是後天教養造成性格上的不同。他願意把信心放在教堂、哈佛大學及他的大學朋友上，相信這些可以塑造出正確的人格。主席的偏見是基於膚色的基因，紅髮女士認爲女性被有Y染色體的人歧視，戴眼鏡的年輕女士特意忽略文憑資格，只看天分和人格。後者的歧視比較輕微，但還是遺傳上的：人格的遺傳性很高，她不考慮哈佛畢業的背景，因爲他的後天基因沒有讓他享受到教育的好處，她不認爲他可以被改變。我認爲她跟主席和紅髮女士一樣，都是基因決定論者。當然，我希望她屬意的人拿到這份工作。

每一個工作的面試都是遺傳歧視。即使面試者正確地忽視種族、性別、殘障和外表，只考慮工作能力，他還是有歧視，除非他願意只看資格和背景——但如果是這樣，爲什麼還需要面試？她越是願意容忍窮苦的背景，就越是基因決定論者。此外，面試就是要看看這個人的性格，還記得雙生子研究的教訓嗎：在這個社會裡，人格的遺傳性比智慧還高。

請不要誤解我，我並不是說面試有什麼不對，或是想要知道這個人的人格或天生的能力有什麼不對。我也不是說歧視種族或基因上的缺陷是對的，但是有些基因歧視較能被人接受；例如人格可以，種族就不可以。我是說，假如你要住在實力主義社會中（不靠背景只憑個人實力），那你最好不要只相信後天，不然你會把所有的好工作都給名校畢業的學生。實力主義社會是說，大學和企業應該選擇最好的人才，不管他的生長背景；這表示你必須相信心智的遺傳因素。

我們來看一下美貌。你不需要閱讀科學研究，就知道有些人天生比較美。美貌是有家庭遺傳的，它跟你的臉型、五官、鼻子的大小等等都有關係，這些都是遺傳的。美貌是天生的，但是它也有後天的成分。飲食、運動、衛生習慣和意外事件都可以影響一個人外表的吸引力，髮型、化妝或整型美容也是。如果你有很多錢、很氣派、很多人伺候，即使很醜的人也可以變得有吸引力；好萊塢就不停地證明這一點。而漂亮的人也會因爲貧窮、邋遢和壓力而失去她的美貌。美貌的一些層面深受文化影響，例如在貧窮的國家，胖是美，瘦是醜；但是現在的西方有點倒過來了。美貌的其他方面比較沒有變異性，假如要求不同文化的人從相片來評分女性的美貌，你會很驚訝地發現，大家眼裡的美貌竟有很高的一致性。美國人所選的美貌中國人，會跟中國人選的一樣；而中國人選的美貌美國人，會跟美國人選的一樣。[15]

那麼，去探究哪一方面的美貌是先天的，哪一方面是後天的，豈不是很荒謬嗎？小甜甜布蘭妮（Britney Spears）的美貌有哪些部分是天生的？哪些部分是靠化妝的？這個問題是沒有意義的，因爲後天強化先天，而不是與先天對立。她的髮型加強了她頭髮的美，但是她必須先有一頭秀髮，才能梳這個髮型。你可以打賭，到八十歲時，她的頭髮絕對不及二十歲時吸引人，因爲——因爲什麼？我差一點要寫下歲月不饒人之類的陳腔濫調。但是後來我想到，老化主要是基因的歷程，就跟學習一樣，是基因控制的。隨著老化而消逝的美貌，在每個人身上都是先天和後天交互作用的結果。

很諷刺的是，一個社會越注重平等，先天的因素就越重要。當每個人都分配到同樣多的食物時，身高和體重的遺傳力就會出現；在貧富差距極大的社會中，體重的遺傳力就很低。同樣的，假如每個人都受到同等的教育，那麼最好的工作就會給先天能力最好的人，這就是實力主義社會的意義。

假如每一個聰明的小孩都可以進入最好的大學，找到最好的工作，即使他來自貧民窟，這個世界是不是比較公平呢？把愚蠢的人留在後面不顧公平嗎？那本惡名昭彰的書《鐘型曲線》講的就是這個：實力主義社會並不公平。用財富來分階級的社會是不公平的，因爲有錢人可以買到舒適和特權；但是以智慧來分階級也是不公平，因爲聰明人可以買到舒適和特權。幸好，實力主義社會一直被另一個更強烈的人性所制衡：慾望。假如聰明人可以爬到頂端，他們會利用特權找美女，就像以前的有錢人一樣（也可能有美女自動投懷送抱）。這是一個公平的制衡，因爲漂亮的女人不見得聰明，但她們也不一定就是笨。美貌使聰明才智的社會階層化踩了煞車。

教訓：平等主義者強調先天，勢力小人強調後天。

第五個教訓：種族

跳出物種來看，人類實在非常相似。對黑猩猩或火星人來說，人類的種族差異實在談不上分類的標準。在地理上，沒有明顯的分界說這裡是某一種族的終點，另一種族的起點。不同種族之間的基因差異，跟同一種族個人之間的差異比起來小了很多，反映出今天活著的人類有共同的祖先。從祖先到我們中間大約隔了三千世代。

但是從種族成員的眼光來看時，其他種族就很不一樣了。維多利亞時代的白種人認爲自己比非洲人身價高很多，即使到二十世紀，還是有人想證明白人和黑人之間的差異不只是膚色而已，還顯現在心智上。一九七二年，陸文汀推翻了一個最嚴重的科學種族主義，他顯示個人之間的基因差異比種族之間的差異大。[16] 雖然還是有少數人仍然堅信，他們可以在基因上找到種族歧視的合理化原因，但是科學在推翻種族偏見上的證據，比支持種族偏見的證據多得多。

然而，種族主義一直在政治的議程上出現。即使種族偏見和科學上的理由都已經不流行了，它仍然是政治家熱衷的議題。到上個世紀結束時，社會學家已經小心地暗示了一個令人不安的想法：不論種族的科學研究多麼不正當，種族主義本身可能就在基因上。人類對不同種族的人有偏見是不可避免的，種族主義可能是個本能。

如果你請美國人描述一個人，他們會提到很多特徵，例如胖瘦、人格或嗜好等等，但是有三個顯著的特徵一定會被提到：年齡、性別、種族。「我新搬來的鄰居是個年輕的白種女人。」這好像是人類心智的自然分類法。這個令人沮喪的結論是：假如人這麼自然地意識到種族，人可能天生就是種族主義者。

托比和科斯米德拒絕相信這個說法。作爲演化心理學的開山始祖，他們想的是這個本能是怎麼開始的。他們的推論來自非洲的石器時代，當時種族是個沒有用的辨識方法，因爲絕大部分的人從來沒有見過不同種族的人。相反的，注意到人的年齡和性別是個好用的辨識方法，因爲它可以用來預測行爲。所以演化的壓力就使人的心智有了注意年齡和性別的本能，但是沒有種族。對他們來說，種族會一直出現作爲自然分類法是件很奇怪的事情。

他們推想，或許種族是其他東西的替代者。在石器時代或是更早以前，對陌生者最重要的訊息是：「他是哪一邊的人？」人類社會充滿了各種小圈圈，從部落到幫派到同年齡的朋友。或許種族是聯盟的代表。換句話說，在現代的美國人這麼注重種族，是因爲他們本能地把其他種族認定爲其他部落或聯盟的人。

托比和科斯米德請他們的同事羅伯特・庫茲班（Robert Kurzban）做了一個很簡單的實驗來測試這個演化理論。他們請受試者坐在電腦前面看一系列的圖片，每一張圖片中的人都說一個句子。結束時，受試者面前出現八張圖片和八個句子，請他們配對是哪一個人說哪一個句子。假如都答對了，這個受試者的資料就沒有用，因爲庫茲班只對他們的錯誤有興趣。因爲錯誤可以告訴他，受試者的內心如何將人們分類，例如年齡、性別和種族是很強的線索，受試者會把一個老人說的話配對到另一個老人身上，或是一個黑人說的話配到另一個黑人身上。

現在庫茲班開始加入另一個可能的分類：盟友。受試者只能從圖片中的人物所講的話，得知他是贊成哪一邊的。受試者很快就弄混了贊成同一邊的兩個人。很令人驚奇的是，它取代了因種族而造成的錯誤，但是它對性別錯誤毫無影響。在四分鐘之內，演化心理學家做到了社會科學幾十年來沒有做到的事：使人們忽視種族。使他們忽視種族的方法，是給他們一個更強的線索來形成聯盟。運動迷非常明瞭這個情形：白人的球迷會爲他喜歡球隊的黑人球員加油，甚至當他擊敗對方的白人球員時也會欣喜若狂。

這個研究在社會政策上有很大的意義，它顯示用種族來分類並非不可避免的事。種族主義很容易被跨越種族的聯盟所擊敗，種族主義的態度並沒有什麼難駕馭的。它同時也顯示，越把不同種族的人當作敵對者去歧視他們，種族主義的本能越容易被挑起。另一方面，它顯示性別歧視比較不容易去除，因為人們一直對男人和女人有刻板印象，即使把他們看成同事或朋友，這個刻板印象仍然存在。[17]

教訓：我們對自己的基因和本能越了解，它們就越不會是不可避免的事。

第六個教訓：人格特質

我不喜歡讓讀者覺得太舒服，人格特質的遺傳問題並不會讓政治家比較好過。無知曾經是福氣，現在他們很想念過去那個一視同仁的時代。在二〇〇二年當這項傑出研究發表時，這個天眞的年代就永遠過去了。

這些人是一九七二年到一九七三年間出生在紐西蘭南島丹尼丁市（Dunedin）的孩子，他們從出生後一直到成年都定期接受追蹤。在一千零三十七個嬰兒中，泰瑞・莫菲特（Terrie Moffitt）和艾沙隆・卡斯匹（Avshalom Caspi）挑選了四百四十二個祖父母及外祖父母都是白人的男嬰來研究。這些孩子全是白人，而且社經地位都很相似，其中有 8% 的孩子在三歲到十一歲之間曾受過嚴重虐待，28% 可能受到某種程度的虐待。如同預期，許多受虐兒長大後會出現暴力或犯罪行為，在學校是問題學生或被送管訓，有反社會行為和暴力傾向。如果以過去先天和後天對立的態度來看這個結果，問題就變成：他們這個行為是來自父母對他們的虐待，還是來自他們繼承父母的暴力基因。但是莫菲特和卡斯匹有興趣的是先天和後天的交互作用，他們測試這些孩子的單胺氧化酶基因

（monoamine oxidase A, MAOA），然後跟他們所受的教養相比較。

在 MAOA 基因的上游有一個啓動子，分別是三十個字母的片段重複三次、三次半、四次或五次，重複三次和五次的基因沒有重複三次半和四次的那麼活躍，所以他們把受試者分成 MAOA 基因高活動力組和低活動力組。很奇怪的是，高活動力組的孩子不會受虐待的影響，即使被人虐待，他們也沒有成爲問題兒童。而低活動力組的孩子在被虐待後，較可能出現反社會行爲，在強暴、搶劫和攻擊的行爲上比一般人多了四倍；但是如果沒有被虐待，他們比一般人的反社會行爲少。

換句話說，單是被虐待並不足以構成反社會行爲，還必須要有低活動力的基因；或是說，只有低活動力的基因並不足以構成反社會行爲，還必須要有被虐待的經歷。MAOA 基因與這個現象有關並不令人驚訝，因爲把這個基因剔除的老鼠會有攻擊行爲，把這個基因放回去會減少攻擊性。有一個荷蘭家族有好幾世代的犯罪歷史，他們的 MAOA 基因在犯罪家族成員身上是損壞的，而在沒犯罪的家族成員身上是完好的。但是這個突變非常罕見，不能用來解釋大部分的犯罪。

MAOA 基因在 X 染色體上，而男性只有一個 X 染色體。女性因爲有兩個 X 染色體，所以比較不會受到低活動力基因的影響，因爲她們大部分都至少帶有一個高活動力的基因。但是紐西蘭研究的樣本群中，有 12% 的女孩子有兩個低活動力基因，這些女孩子被診斷爲行爲缺失的機率比較高，假如她們曾被虐待的話。

莫菲特指出，減少兒童虐待是值得政府去投資的目標，不論它有沒有影響人格。她不認爲這個研究對政策有什麼影響，但是不難想像，這種結果給政府很好的理由介入問題少年的生活。它很清楚地指出，不好的基因還得搭配不好的環境才會造成不良少年。對很多人來說，這個消息讓他們鬆了一口氣，但是對一些人來說，它又好像關上了命運的監獄之門。想像你是個受虐家庭的青少年，而社會福利局太晚介入，只要看一個基因的啓動子長度，醫生就可以相當有自信地預測你將來可不可能是反社會份子或是罪犯。你和你的醫生、你的社工人員和你選出的立法委員要怎樣來看待這個訊息？看起來心理治療是不會有用的，以藥物來改變你腦中的神經化學可能有用，許多藥物可以改變單胺氧化酶的活動力。但是藥物可能有危險，也可能沒效。政治家要決定誰有這個權力去做這個測驗和治療，因爲這不只關係著這個人，還關係著未來可能的受害者。

現在科學知道基因和環境之間的關聯，無知不再是道德上的中立，我們是否應該堅持所有可能的人都去做基因篩選，使他們將來不會進監獄？還是說不要讓任何人去做基因檢測？這就是新世紀的諸多兩難之一。莫菲特已經找到另一個血清張素基因突變的例子，也會對環境因素起反應。[18]

教訓：社會政策必須考量到世界上每一個人都是不一樣的。

第七個教訓：自由意志

當一八八〇年代，詹姆士將他的聰明才智用到思考自由意志的問題時，這已經是個古老的難題，史賓諾沙（Spinoza）、笛卡兒、休姆、康德、米爾和達爾文都討論過，但是詹姆士仍然認爲討論得不夠透徹。但即使是詹姆士也只能說：

我只好公開聲明放棄證明自由意志是眞的，我能做到的只是說服你們中間的幾個跟隨我去假設它是眞的。[19]

一百多年以後，事情仍然沒變。雖然哲學家努力要說服世界，自由意志既不是錯覺也不是不可能的事，但是一般人還是跟以前一樣，看不到解決的方法。科學可以斷定一個人行爲的原因，這就已經表示人沒有自我表達的自由。然而他又感到他有選擇下一個行動的自由，就這一點來說，他的行爲又是不可預測的。行爲不是隨機的，所以它一定有原因，假如行爲有原因，那麼它就不是自由的。在所有實用的層面來說，哲學家都沒能清楚地說服一般人這兩者是不抵觸的。史賓諾沙說，人類和一顆滾下山的石頭唯一的差別在於，人類認爲他能控制自己的命運。康德認爲，純粹推理如果想要去了解因果關係，會將自己陷在解不開的矛盾之中，解決的方法唯有假設兩個世界，一個是受自然法則所規範，另外一個受智慧的代理人所統御。洛克說，問一個人有沒有自由意志，就好像問一個人他睡覺快不快，或他的美德是不是四方形一樣的無稽。休姆認爲，我們的行爲要不然就是事先決定的，要不然就是隨機的；如果是前者，我們對它毫無辦法，如果是後者，我們還是一樣束手無策。現在你弄清楚了嗎？[20]

我希望我在本書中已經說服你，訴諸後天不是解決決定論兩難的方式。假如人格是父母、同儕和社會決定的，那麼它還是被決定的，不是自由的。哲學家亨瑞克・華特（Henrik Walter）指出，動物如果是 99% 被基因決定、1% 是牠自己決定，那麼牠還是比 1% 被基因決定、99% 被後天決定的動物享有更多的自由意志。我希望在這一點上，我也說服了你：先天以基因的方式影響行為，它對自由意志並無特別的威脅。從某一方面來講，你的基因對你人格的形成有重要貢獻，這件事應該使你放心，因為人性不受外界影響力滲透的特性，提供了不被洗腦的保障。至少你是被你自己的內在力所決定，而不是被別人的力量所決定。就如以賽亞・柏林（Isaiah Berlin，譯注：英國哲學家和社會歷史學家）以問答的方式說：

我希望我的生活和決定是由我來作主，而不是外在的任何力量。我希望是自己的工具，而不是別人意志的行動。我希望是主體，而不是客體。[21]

順便提一下，發現基因可以影響行為後，有一個謠言傳播得很快，造成律師用基因的理由去替他的當事人開脫刑責。法官大人，這不是他的錯，他犯這個罪不是他的選擇，是他的遺傳宿命，因為這個罪惡是在他的基因之中。但是事實上，眞正用這個理由去辯護的案子非常少，雖然以後頻率一定會增加，但是我看不出任何會動搖司法制度的危機。反正法庭已經很習慣了決定論的各種藉口，律師本來就是以各種理由來為他的當事人強辯，說他會做出這種瘋狂的行為，是因為被他配偶每天嘮叨；說他沒辦法控制自己，是因為他在小時候曾受到非人的待遇等等。甚至連哈姆雷特都用瘋狂、失去理性這個理由，來向雷爾提斯解釋為什麼會殺了他的父親波勒尼爾斯：

凡是我的所做所為，
足以傷害你的感情和榮譽、激起你憤怒的

我現在聲明都是我在瘋狂中犯下的過失。
難道哈姆雷特會做對不起雷爾提斯的事嗎？
哈姆雷特絕對不會。
假如哈姆雷特在失去理智的時候，
做了對不起雷爾提斯的事，
那不是哈姆雷做的，哈姆雷特不能承認。
那麼，是誰做的呢？是他的瘋狂。既然是這樣，
哈姆雷特也是屬於受害的一方；
他的瘋狂是可憐的哈姆雷特的敵人。[22]

基因只是另一個理由罷了。此外，就如平克所指出的，以不能爲行爲負責來爲犯人脫罪，跟他們有沒有自由意志可以選擇他們的行爲是兩回事；這只是怎麼使他們斷念不再做而已。但是對我來說，靠基因辨護仍然很少的主要理由是，它是個無效的辯護。要證明一個承認有天生犯罪傾向的人所犯的罪是可以原諒的，所以這個罪名是不成立的，恐怕很難說動陪審團的心。而且當他被宣判時，假如他宣稱謀殺是他的天性，我想法官也不敢放他出來使他繼續殺人。用基因方式來辯護的唯一可能性，在於承認有罪後逃脫死刑。第一個用基因來辯護的是亞特蘭大的謀殺犯史蒂芬・莫伯利（Stephen Mobley），上訴申請免除死刑。

我下面要做的是一件更有野心的事：說服你自由意志是眞的，不管先天和後天的各種說詞（雖然詹姆士也做不到）。我這樣做不是對偉大的哲學家不敬，而是我認爲自由意志這個問題一直到最近實證的資料出來後，才有被解決的可能性。就好像生命的本質本來

是不可解的問題，直到 DNA 的結構被發現之後才露出曙光。在我們更清楚了解大腦以前，現在來處理自由意志的問題可能時機還未成熟，但是我認爲我們現在已經可以窺視到初步的解決辦法，因爲我們已經了解基因對工作中的大腦的關係。

我從加州神經科學家華特・佛利曼（Walter Freeman）的研究開始，他說：

否認自由意志是來自把大腦看成封閉在線性的因果關係鏈中。自由意志和普遍性的決定論是線性因果關係所導致的不能妥協的兩方。[23]

這個關鍵字是「線性」，佛利曼的意思是單向的因果關係。地心引力使砲彈落下來，但是砲彈不能使地心引力落下來。把所有行爲歸因到線性的因果關係，是人類心智的習慣，很難改變。它是許多錯誤的來源。我不在意那些不存在的歸因錯誤，例如把打雷認爲是天神在釘釘子，或是用占星術去替意外事件找代罪羔羊。我所關心的是另一種錯誤：相信有意圖的行爲一定有線性的原因。這完全是錯覺，心智的海市蜃樓，錯誤的本能。這是一個很有用的本能，讓我們可以把電視上二度空間的影像看成三度空間。天擇使人類心智可以偵察出別人的意圖，使我們更正確預測別人的行爲。我們很喜歡用因果關係的比喻來了解意志，但是它還是一個錯覺。引發一個行爲的原因是循環的，不是線性的系統。

這並不是否定意志。能夠作出自主行爲是既存的現象，我們還可以在大腦中找到它的位置，下面這個簡單的實驗可以告訴你，它位在邊緣系統中。動物前腦的任一部位被切除後，會失去一個特定功能；牠可能會看不見、聽不見或癱瘓不能動，但是牠仍然有意圖。邊緣系統被切除的動物仍然可以聽、看和動，如果餵食牠會吞嚥，但是牠不會自己開始任何一個動作：牠失去了意圖。

詹姆士有一次寫道，他躺在床上告訴自己起來。一開始時，什麼事都沒發生，然後，他沒有注意到什麼時候和怎麼樣，他發現自己在爬起來。他懷疑意識是在支持意志的影響力，但不是意志本身。因爲邊緣系統是個無意識的區域，所以這很有道理。你的大腦決定去做一件事，是在你自己知覺這個意念之前（譯注：這是一個非常重要的概念，有一本中譯本名為《大腦比你先知道》的書，遠哲基金會出版，讀者可去參考以了解這一段作者所欲表達的意思）。班傑明·利比特（Benjamin Libet）用癲癇病人做了一系列實驗，似乎支持這個看法。利比特刺激局部麻醉的癲癇病人的大腦，當他刺激左腦負責右手感覺輸入的區域時，他可以使病人有意識地知覺到有人碰觸他的右手，但是在刺激後半秒才產生這個知覺。當他刺激左手時，他可以得到同樣的反應，再加上一個立即、無意識的反應在右腦的某個區域，那個區域連接到手的神經比較直接、比較快。顯然，大腦接受到感覺並且對這個感覺產生反應，比這個感覺經過處理變成意識的速度快，這表示意圖或意志是無意識的。

對佛利曼來說，線性因果關係的另一可能性是循環因果關係：結果會影響原因。你可以想像有一群鳥沿著海岸飛，每隻鳥都是可以做決定的個體，並沒有領袖。然而牠們一起飛、一起轉彎，看起來好像是有領袖，每隻鳥都互相關聯。究竟是什麼造成這種一致性的飛行呢？想像你自己是一隻鳥，如果你向左轉，你的鄰居就得立刻向左轉。但是你左轉是因為你另一邊的鄰居左轉，而牠左轉是因為你看起來要左轉（雖然你原本沒有要左轉）。第一次，這個小小的改變可能會消失不見，因為你們三個都看到其他鳥的方向而立刻校正過來。但是下一次可能整個隊伍就會左轉，大家形成了習慣。所以要去尋找線性的因果關係是白費力氣，因為第一個原因（你看起來要轉）會受到結果（你的鄰居轉彎）的強烈影響。原因可能仍然向前走，但是這個原因可以反過來影響自己。人類非常執著於線性因果關係，幾乎跳不出這個窠臼。我們發明了許多無稽之談，例如一隻蝴蝶搧動翅膀就會引發一個颶風，徒勞無功地在這種系統中去維持線性關係。

佛利曼並非唯一主張非線性因果關係是自由意志來源的人，德國哲學家華特也認為，完全的自由意志其實是個錯覺，人類的確有小一點的自由意志形式，這是天生的自主反應系統，來自大腦的回饋迴路：一個處理歷程的結果是下一個情況的起點。大腦裡的神經元是在完成送出訊息之前就已收到對方回應，這個回應可以改變送出去的訊息，這個訊息又可以改變反應，一直循環下去。這個想法是許多意識理論的基礎。[24] 現在把它想像成一個有數千個神經元的處理系統，它們同步在溝通。你不會得到混亂的結果，就像一群鳥在飛時也不會是混亂的，但是你會突然從一個形態轉變到另一個形態。你躺在床上醒來時，你的大腦是一個念頭換過一個念頭，但是這些念頭並非全然無關的，它都跟前面的想法有些關聯。於是一個新的想法出現了，取代了你原來在想的東西，一個新的神經活動形態控制了你的意識。突然之間，一個感官的刺激介入：你的鬧鐘響了。另外一個神經形態取代了剛剛的念頭（我該起床了），然後又被另外一個念頭取代（或許還可以再賴幾分鐘）。然後，在你知道你的大腦已經做了決定之前，你發現你在起床。這顯然是意志的行爲，但是看起來好像是鬧鐘在替你作決定。要找出引起這個動作的第一個原因很困難，因爲它深埋在思想和經驗互動的神經迴路中。

即使是基因也是深陷在因果關係的循環中。近年來，大腦科學最重要的發現是：基因和行爲是互爲表裡的。跟學習和記憶有關的 CREB 基因不只是行爲的原因，它同時是行爲的結果；它的啓動子是依外界事件而開關的。那麼它的產物是什麼呢？轉錄因子，一個啓動其他基因啓動子的開關。這些基因改變神經之間的突觸連接，突觸連接的改變又會改變神經迴路，這又會改變 CREB 基因的表現，因爲神經迴路與外界經驗有關，而 CREB 基因又會啓動其他基因，如此循環下去。這就是記憶，但是大腦的其他系統也是一樣。感覺、記憶和動作都透過基因機制互相影響，這些基因不只是遺傳的單位——這樣說完全沒有說到它的重點，基因本身就是將經驗變成行動的機制。[25]

我不敢假裝我替自由意志下了一個很好的定義，因爲我認爲這個定義根本不存在。自由意志是各個神經網路相互影響的總和與乘積，而這些神經元又受到基因之間循環關係的影響。用佛利曼的話來說：「我們每一個人都是意義的來源，是我們大腦和身體內部新結構的泉源。」

在我的大腦中並沒有「我」，只有不停改變的大腦狀態，只有歷史、情緒、本能、經驗和其他人對我們影響的精華，還有機率也軋上一腳。

教訓：自由意志其實就是一個被基因設定、被基因操作的大腦。

結　語

稻草人

死人不會說話，假如地球上還有別的種族，那麼他們並沒有留下後代來替他們發言。我們祖先的好勇狠鬥流傳在我們的骨頭和骨髓中，即使幾千年的和平也不會使它從我們的後代中消失。

——詹姆士[1]

一九〇三年，十二個大鬍子站在那裡拍下了我想像中的這張照片。假如他們真的生在同一個時代，我懷疑他們彼此會談得來。愛損人的華森、教條主義的佛洛伊德、優柔寡斷的詹姆士、迂腐的巴夫洛夫、狂妄自負的高頓、愛炫耀的鮑亞士——他們的先天人格太不相同，他們的後天文化背景差異太大，他們的鬍鬚會糾纏在一起解不開。

或許他們在一開始時可以解開這個先天／後天的結，避免掉一世紀的爭論。他們可以同意達爾文、詹姆士和高頓的人格先天性；同意德弗里斯的遺傳特質；同意克里卜林、佛洛伊德和勞倫茲的早期經驗對心理的影響；同意皮亞傑的發展階段的重要性；同意巴夫洛夫和華森用學習去重塑成人心智的能力；同意鮑亞士和涂爾幹的文化和社會自主權。上述都可能同時爲眞，如果沒有天生的學習能力就不可能學得會，假如沒有經驗，天生能力就不可能表現出來。某一個想法爲眞，並不證明另一想法爲假。

有這個可能性，但是機率很低。即使他們做到這個超人的胸襟，我還是看不出這些哲學家會叫他們的門徒遵守這個契約。不同理論的辯護者還是會很快地發展出敵意，仇視對方；這是人的本性，把人的心理二分爲先天和後天似乎是不可避免的。或許眞如赫迪所說的，二分法是人的本性，在我們的基因之中。二十世紀沒有努力走向光明，反而內鬥，虛耗一百年的時光來爭論先天和後天孰是孰非。要保持中立很困難，那些贏得雙方尊敬的人——例如約翰・史密斯（John Maynard Smith）和貝茲生——也發現這很困難。大多數人落入錯誤的公式，以爲證明一個命題爲眞，就是證明了另一個是錯的；以爲天生的勝利就是後天的失敗，或是後天的勝利就是先天的失敗。即使在他們重複聲明「當然，兩者都對」的同時，很多人仍然不能拒絕這個誘惑，還是把它看成全有或全無，像打戰一樣，不是你死就是我活。我希望我已經在本書中讓你看到，這是多麼錯誤的想法。我希望你越發現基因影響行爲，就越發現它們是透過後天在運作的；你越發現動物可以學習，就越發現這個學習是透過基因達到的。

令人迷惑的是，即使是這場百年戰爭中最兇猛的戰士，也知道這個眞理。下面這些句子全取自這個戰爭中的武士，請你看一下你能分辨得出他是贊成哪一邊的嗎？

我認爲人類是個動態、有創造力的有機體，透過學習的機會和經驗新環境將基因型的效果放大到表現型。[2]

每個人都受到環境，尤其是文化環境，與影響社會行爲的基因之交互作用的塑造。[3]

遺傳影響的不可避免性這個迷思是怎麼跑出來的？[4]

假如我的基因不喜歡，它們可以去跳湖。[5]

到現在爲止，在任何一個可以算是來自基因的生命層面，我們的基因都提供了兩個特殊的能力——一個是救生索，使發展和環境不太能滲透和影響的保護層；另一個是可塑性，隨時因應不可預測環境作出適當反應的能力。[6]

假如我們是先天設定成我們現在的樣子，那麼這些人格特質是不可避免的，我們最多只能疏導它們，但是無法用意志力、教育或文化來改變它們。[7]

生物體的基因就它們影響有機體的行爲、生理和外表型態來說，是同時幫助建構一個環境。[8]

我是化約主義者和遺傳學家，記憶其實就是所有記憶基因的總和。[9]

這些話分別來自布契德、愛德華·威爾森、道金斯、平克、羅斯、史蒂芬·古爾德、陸文汀和杜利，前面四位可以說是極端的遺傳決定論者（至少後面四位會如此認爲）。但是事實上，他們每一個人的基本想法都一樣，他相信人的本性來自先天和後天的交互作用，只是他的對手看法太極端，所以必須去校正他。但是他的對手其實是他想像出來的稻草人。

在先天和後天辯論的歷史上，眞正讓我們看見曙光的偉大實驗是不可能站在任何一邊的。在本書中詳細介紹的實驗——勞倫茲的小鵝、哈洛的猴子、米內卡的玩具蛇、伊瑟爾的田鼠、倪波斯基的果蠅、倫金的線蟲、霍特的蝌蚪、布蘭查德的兄弟、莫菲特的孩子——每個實驗都證明了基因是透過對經驗的反應來作用的。勞倫茲的小鵝是先天設定對環境中的父母產生銘印。哈洛的猴子是先天傾向喜歡某種母親，但是若沒有母愛，也無法恰當地發展出來。米內卡的蛇引發出恐懼的本能，但是只有在跟另一隻猴子的恐懼反應配對後才會出現。伊瑟爾的田鼠先天設定好要墜入愛河，但是也要在對某種經驗產生反應後才會發生。倪波斯基的果蠅眼睛有一些基因，可以因一路上環境的指引而到達大腦。倫金的線蟲在經過訓練後，會改變牠的基因表現。霍特的蝌蚪在神經元的尖端有生長錐，其上的基因可以對外界作反應。布蘭查德的子宮會因前面所懷的兒子，而使下一個兒子成為同性戀。莫菲特的受虐兒有反社會行為出現，但是只有在擁有某一版本的基因時才會如此。這些都顯示基因是敏感度的縮影，是生物擁有彈性的方式，是經驗的僕人。老王（先天對立後天）已死，新王（先天透過後天）萬歲。

注釋

緒論

1. 第一卷，第58行。
2. *Observer*, 11 February 2001.
3. *San Francisco Chronicle*, 11 February 2001.
4. *New York Times*, 12 February 2001.
5. 見 http://web.fccj.org/~ethall/trivia/solvay.htm

第一章

1. 第三幕，第四場。
2. Keynes, R.D. (ed.). 1988. *Charles Darwin's Beagle Diary.* Cambridge University Press.
3. 同上。
4. Keynes, R.D. 2001. *Annie's Box.* 4th Estate.
5. Quoted in Degler, C.N. 1991. *In Search of Human Nature.* Oxford University Press.
6. Quoted in Midgely, M. 1978. *Beast and Man.* Routledge.
7. Budiansky, S. 1998. *If a Lion Could Talk.*Weidenfeld & Nicolson.
8. *Buffon's Natural History* (abridged). 1792. London.
9. Bewick, T. 1807. *A General History of Quadrupeds.* Newcastle upon Tyne.
10. Morris, R. and Morris, D. 1966. *Men and Apes.* Hutchinson.
11. Goodall, J. 1990. *Through a Window.* Houghton Mifflin.
12. 同上。
13. Rendell, L. and Whitehead, H. 2001. Culture in whales and dolphins. *Behavioural and Brain Sciences* 24:309-24.
14. Call, J. 2001. Chimpanzee social cognition. *Trends in Cognitive Science* 5:388-93.
15. Malik, K. 2001. *What Is It to Be Human?* Institute of Ideas.
16. Darwin, C. 1871. *The Descent of Man.* John Murray.
17. Malik, K. 2001. *What Is It to Be Human?* Institute of Ideas.
18. Midgley, M. 1978. *Beast and Man.* Routledge.
19. Zuk, M. 2002. *Sexual Selections.*University of California Press.
20. van Schaik, C.P. and Kappeler, P.M. 1997. Infanticide risk and the evolution of male-female association in primates. *Proceedings of the Royal Society* B:264:1687-94.
21. Wrangham, R.W., Jones, J.H., Laden, G., Pilbeam, D. and Conkin-Brittain, N. 1999. The Raw and the Stolen. Cooking and the ecology of Human origins. *Current Anthropology* 40: 567-94.
22. Ridley, M. 1996. *The Origins of Virtue.* Penguin.
23. Wrangham, R.W. and Peterson, D. 1997. *Demonic Males.* Bloomsbury.

24. Alan Dixson, email correspondence.
25. http://www.blockbondobofoundation.org.
26. Ebersberger, I., Metzier, D., Schwarz, C. and Paabo, S. 2002. Genomewide comparison of DNA sequences between human and chimpanzees. *American Journal of Human Genetics* 70:1490-97.
27. Britten, R.J. 2002. Divergence between samples of chimpanzee and human DNA sequences is 5%, counting indels. *Proceedings of the National Academy of Sciences* 99:13633-5.
28. King, M.C. and Wilson, A.C. 1975. Evolution at two levels in humans and chimpanzees. *Science*188:107-16.
29. Sibley, C.G. and Ahiquist, J.E. 1984. The phylogeny of the hominoid primates, as indicated by DNA-DNA hybridization. *Journal of Molecular Evolution* 20:2-15.
30. Johnson, M.E., Viggiano, L., Bailey, J.A., Abdul-Rauf, M., Goodwin, G., Rocchi, M. and Eichler, E.E. 2001. Positive selection of a gene during the emergence of humans and African apes. *Nature* 413:514-19.
31. Hayakawa, T., Satta, Y., Gagneux, P., Varki, A. and Takahata, N. 2001. Alu-mediated inactivation of the human CMP-N-acetyineuraminic acid hydroxylase gene. *Proceedings of the National Academy of Sciences* 98:11399-404.
32. Ajit Varki, interview. See also Chou, H.-H. *et al.*1998. A mutation in human CMP-sialic acid hydroxylase occurred after the Homo-Pan divergence. *Proceedings of the National Academy of Sciences* 95:11751-6; Gagneux, P. and Varki, A. 2001. Loss of N-glycolylneuraminic acid in humans: mechanisms, consequences, and implications for hominid evolution. *Yearbook of Physical Anthropology* 44:54-69.
33. Hammer, C.J., Tyler, H.D., Loskutoff, N.M., Armstrong, D.L., Funk, D.J., Lindsey, B.R. and Simmons, L.G. 2001. Compromised development of calves (*Bos gaurus*) derived from in vitro-generated embryos and transferred interspecifically into domestic cattle (*Bos taurus*). *Theriogenology* 55:1447-55; Loskutoff, N., email correspondence.
34.「啓動子」這個專有名詞還有另外一個意義。有些生物學家用「啓動子」來指RNA聚合酶被轉錄因子召集後，結合在DNA上的部位。而這裡我所指的是基因的調控部位。
35. Belting, H.G., Shashikant, C.S. and Ruddle, F.H. 1998. Modification of expression and Cis-regulation of Hoxc8 in the evolution of diverged axial morphology. *Proceedings of the National Academy of Sciences* 95:2355-60.
36. Cohn, M.J. and Tickle, C. 1999. Developmental basis of limblessness and axial patterning in snakes. *Nature* 399:474-9.
37. Ptashne, M. and Gann, A. 2002. *Genes and Signals.* Cold Spring Harbor Press; also Alex Gann, interviews.
38. Carroll, S.B. 2000. Endless forms: the evolution of gene regulation and morphological diversity. *Cell* 101:577-80.
39. Coppinger, R. and Coppinger, L. 2001. *Dogs: a Startling New Understanding of Canine*

Origin, Behavior and Evolution. Scribner.

40. Semendeferi, K., Armstrong, E., Schleicher, A., Zilles, K., and van Hoesen, G.W. 1998. Limbic frontal cortex in hominoids: a comparative study of area 13. *American Journal of Physical Anthropology* 106:129-55.
41. Wrangham, R.W., Pilbeam, D. and Hare, B. (unpublished). Convergent paedomorphism in bonobos, domesticated animals and humans: the role of selection for reduced aggression.
42. Wrangham, R.W. asnd Pilbeam, D. 2001, in *All Apes Great and Small*, volume 1; *Chimpanzees, Bonobos, and Gorillas* (ed. Galdikas, B., Erickson, N. and Sheeran, L.K.). Plenum; also Wrangham, R.W. Talk at Cold Spring Harbor, President's Council, May 2001.
43. Quoted in the *New York Times*, 24 September 2002.
44. Bond, J., Roberts, E., Mochida, G.H., Hampshire, D.J., Scott, S., Askham, J.M., Springell, K., Mahadevan, M., Crow, Y.J., Markham, A.F., Walsh, C.A. and Woods, C.G. 2002. ASPM is a major determinant of cerebral cortical size. *Nature Genetics* 32:316-20.

第二章

1. Spalding, D.A. 1873 Instinct: with original observations on young animals. *Macmillan's Magazine* 27:282-93.
2. Myers, G.E. 1986. *William James: His Life and Thought.*Yale University Press.
3. Bender, B. 1996. *The Descent of Love: Darwin and the Theory of Sexual Selection in American Fiction, 1871-1926.*University of Pennsylvania Press.
4. James, W. 1890. *The Principles of Psychology.* Henry Holt.
5. Myers, G.E. 1986. *William James: His Life and Thought.*Yale University Press.
6. Dawkins, R. 1986. *The Blind Watchmaker.* Norton.
7. Dennett, D. 1995. *Darwin's Dangerous Idea.* Penguin.
8. James, W. 1890. *The Principles of Psychology.* Henry Holt.
9. Insel, T.R. and Shapiro, L.E. 1992. Oxytocin receptor distribution reflects social organization in monogamous and polygamous voles. *Proceedings of the National Academy of Sciences* 89:5981-5.
10. Argiolas, A., Melis, M.R., Stancampiano, R. and Gessa, G.L. 1989. Penile erection and yawning induced by oxytocin and related peptides: structure-activity relationship. *Peptides*10:559-63.
11. Insel, T.R. and Shapiro, L.E. 1992. Oxytocin receptor distribution reflects social organization in monogamous and polygamous voles. *Proceedings of the National Academy of Sciences* 89:5981-5.
12. Ferguson, J.N., Young, L.J., Hearn, E.F., Matzuk, M.M., Insel, T.R. and Winslow, J.T. 2000. Social amnesia in mice lacking the oxytocin gene. *Nature Genetics* 25:284-8.
13. Young, L.J., Wang, Z. and Insel, T.R. 1998. Neuroendocrine bases of monogamy. *Trends*

in Neurosciences 21:71-5.

14. Insel, T.R., Winslow, J.T., Wang, A. and Young, L.J. 1998. Oxytocin, vasopressin, and the neuroendocrine basis of pair bond formation. *Advances in Experimental and Medical Biology* 449:215-24.
15. Insel, T.R. and Young, L.J. 2001. The neurobiology of attachment. *Nature Reviews in Neuroscience* 2:129-36.
16. Wang, Z., Yu, G., Cascio, C., Liu, Y., Gingrich, B. and Insel, T.R. 1999. Dopamine D2 receptor-mediated regulation of partner preference in female prairie voles (*Microtus ochrogaster*): a mechanism for pair bonding? *Behavioral Neuroscience*113:602-11.
17. Jankowiak, W.R. and Fisher, E.F. 1992. A cross-cultural perspective on romantic love. *Ethnology* 31:149-55.
18. Insel, T.R., Gingrich, B.S. and Young, L.J. 2001. Oxytocin: who needs it? *Progress in Brain Research*133:59-66.
19. Bartels, A. and Zeki, S. 2000. The neural basis of romantic love. *Neuroreport* 11:3829-34.
20. Carter, C.S. 1998. Neuroendocrine perspectives on social attachment and love. *Psychoneuroendocrinology* 23:779-818.
21. Ridley, M. 1993. *The Red Queen.* Penguin.
22. Tinbergen, N. 1951. *The Study of Instingct.*Oxford University Press.
23. Ginsburg, B.E. 2001. Fellow travellers on the road to the genetics of behavior: mice, rats and dogs. Talk to the International Behavioural and Neural Genetics Society, 8-10 November 2001, San Diego.
24. Konner, M. 2001. *The Tangled Wing: Biological Constraints on the Human Spirit.*2nd edition. W.H. Freeman.
25. Budiansky, S. 2000. *The Truth about Dogs.*Viking Penguin.
26. You can check out such a bull catalogue at www.genusplc.com.
27. Eibl-Eibesfeldt, I. 1989. *Human Ethology.* Aldine de Gruyter; Ekman, P. 1998. Afterword: Universality of emotional expression? A personal history of the dispute. In Darwin, C., *The Expression of the Emotions in Man and Animals* (new edition). Oxford University Press.
28. Buss, D.M. 1994. *The Evolution of Desire.* Basic Books.
29. Buss, D.M. 2000. *The Dangerous Passion.* Bloomsbury.
30. 在網路上到處都可以看到這句話。
31. Diamond, M., 1965. A critical evaluation of the ontogeny of human sexual behavior. *Quarterly Review of Biology* 40:147-75.
32. Colapinto, J. 2000. *As Nature Made Him: the Boy Who Was Raised as a Girl.* HarperCollins.
33. Reiner, W.G. 1999. Assignment of sex in neonates with ambiguous genitalia. *Current Opinion in Pediatrics* 11:363-5. Also article in *The Times* (London), 26 June 2001, by Lisa Melton: Ethics and gender.

34. Lutchmaya, S., Baron-Cohen, S. and Raggatt, P. In press. Foetal testosterone and eye contact in 12 month old human infants. *Infant Behaviour Development* (in press).
35. Connellan, J., Baron-Cohen, S., Wheelwright, S., Batki, A. and Ahluwalia, J. 2000. Sex differences in human neonatal social perception. *Infant Behavior and Development* 23:113-18.
36. Baron-Cohen, S. 2002. The extreme male brain theory of autism. *Trends in Cognitive Sciences* 6:248-54.
37. Baron-Cohen, S. 2002. Autism: deficits in folk psychology exist alongside superiority in folk physics. In *Understanding Other Minds* (ed. Baron-Cohen, S., Tager-Flusberg, H. and Cohen, D.J.), pp. 73-82; Baron-Cohen, S., Wheelwright, S., Skinner, R., Martin, J. and Clubley, E. 2001. The Autism specturm quotient: evidence from Asperger syndrome/high-functioning autism, males and females, scientists and mathematicians. *Journal of Autism and Developmental Disorders* 31:5-17.
38. Baron-Cohen, S., Interview.
39. Frith, C. and Frith, U. 2000. The physiological basis of theory of mind: functional neuroimaging studies. In *Understanding Other Minds*(ed. Baron-Cohen, S., Tager-Flusberg, H. and Cohen, D.J.), pp.334-56.
40. Tooby, J. and Cosmides, L. 1992. The psychological foundations of culture. In *The Adapted Mind* (ed. Barkow, J.H., Cosmides, L. and Tooby, J.). Oxford University Press.
41. Pinker, S. 1994. *The Language Instinct.*HarperCollins.
42. Sharma, J., Angelucci, A. and Sur, M. 2000. Induction of visual orientation modules in auditory cortex. *Nature* 404:841-7.
43. Finlay, B.L., Darlington, R.B. and Nicastro, N. 2001. Developmental structure in brain evolution. *Behavioral and Brain Sciences* 24:263-308.
44. Barton, R.A. and Harvey, P.H. 2000. Mosaic evolution of brain structure in mammals. *Nature* 405:1055-8.
45. Fodor, J. 2001. *The Mind Doesn't Work That Way.* MIT Press.
46. Pinker, S. 1997. *How the Mind Works.*Norton.
47. Lee, D. 1987. Introduction to Plato. *The Republic.* Penguin.
48. Neville-Sington, P. and Sington, D. 1993. *Paradise Dreamed: How Utopian Thinkers Have Changed the World.* Bloomsbury.

第三章

1. Conversation with the author, Montreal, 2002.
2. Galton, F. 1869. *Hereditary Genius.*
3. Candolle, A. de. 1872. *Histoire des sciences et des savants depuis deux siecles.*
4. Galton, F. 1874. *English Men of Science: Their Nature and Nurture.*
5. 《暴風雨》，第四幕，第一場。
6. The text of Mulcaster's 'Positions' can be found at http: //www.ucs.mun.ca / ~wbarker / positions-txt.html.

7.《仲夏夜之夢》，第三幕，第二場。

8. Galton, F. 1875. The history of twins, as a criterion of the relative powers of nature and nurture. *Fraser's Magazine*12:566-76.

9. Gilham, N. 2001. *A Life of Sir francis Galton: From African Exploration to the Birth of Eugenics.* Oxford University Press.

10. Ridley, M. 1999. *Genome.* Fourth Estate.

11. Lifton, R.J. 1986. *The Nazi Doctors*. Basic Books.

12. Wright, W. 1999. *Born That Way.* Routledge.

13. Segal, N. 1999. *Entwined Lives.* Dutton.

14. 關於行爲遺傳學，請見：Plomin, R., DeFries, J.C., Craig, I.W. and McGuffin, P. 2002. *Behavioral Genetics in the Postgenomic Era.* American Psychological Association.

15. Wright, W. 1999. *Born That Way.* Routledge.

16. Faber, S.L. 1981. *Indentical Twins Reared Apart: A Reanalysis.* Basic Books.

17. 有證據顯示異卵雙生子的基因的確比一般兄弟姊妹相似，因爲他們雖然來自不同的精子，但常常是來自相同的卵子。然而，這只是更突顯異卵雙生子在人格上的差異比同卵雙生子大的事實。

18. Bouchard, T.J., McGue, M., Lykken, D. and Tellegen, A. 1999. Intrinsic and extrinsic religiousness: genetics and environmental influences and personality correlates. *Twin Research* 2:88-98; Kirk, K.M., Eaves, L.J. and Martin, N. 1999. Self-transcendence as a measure of spirituality in a sample of older Australian twins. *Twin Research* 2:81-7. McCourt K., Bouchard T.J., Lykken D.T., Tellegen A., and Keyes M. 1999 Authoritarianism revisited: genetic and environmental influences examined in twins reared apart and together. *Personality and Individual Differences* 27:985-1014.

19. Nelkin, D. and Lindee, M.S. 1996. The DNA *Mystique*.W.H. Freeman.

20. Pioneer Fund website.

21. Quoted in Wright, W. 1999. *Born That Way*. Routledge.

22. Pinker, S. 2002. *The Blank Slate*. Penguin.

23. Eley, T.C., Lichtenstein, P. and Stevenson, J. 1999. Sex differences in the etiology of aggressive and nonaggressive antisocial behavior: results from two twin studies. *Child Development* 70:155-68.

24. Mischel, W. 1981. *Introduction to Personality.* Holt, Rinehart and Winston.

25. Thomas Bouchard, interview.

26. Clark, W.R. and Grunstein, M. 2000. *Are We Hard-wired? The Role of Genes in Human Behavior.* Oxford University Press.

27. Bouchard, T.J. Jr. 1999. Genes, environment and personality, pp.98-103 in *The Nature-Nurture Debate* (ed. Ceci, S.J. and Williams, W.M.). Blackwell.

28. Krueger, R. 2001. Talk to the 10th International Congress of Twin Studies, London, 4-7 July 2001.

29. Grilo, C.M. and Pogue-Geile, M.F. 1991. The nature of environmental influences on weight and obesity. *Psychological Bulleticn*110:520-37.

30. Randolph Nesse, email. See also Srijan, S., Nesse, R.M., Stoltenberg, S.F., Li, S., Gleiberman, L., Chakravarti, A., Weder, A.B. and Burmeister, M. 2002. A BDNF coding variant is associated with the NEO personality inventory domain neuroticism, a risk factor for depression. *Neuropsychopharmacology* (in press). Originally published 27 August 2002 at http://www.acnp.org/citations/Npp082902374.
31. Bouchard, T.J. Jr, Lykken, D.T., McGue, M., Segal, N.L. and Tellegen, A. 1990. Sources of human psychological differences: the Minnesota Study of Twins Reared Apart. *Science* 250-223-8.
32. Eaves, L., D'Onofrio, B. and Russell, R. 1999. Transmission of religion and attitudes. *Twin Research* 2:59-61.
33. Tully, T., interview.
34. Turkheimer, E. 1998. Heritability and biological explanation. *Psychology Review* 105:782-91.
35. Zach Mainen, interview.
36. Jensen, A. 1969. How much can we boost IQ and scholastic achievement? *Harvard Educational Review* 39:1-123.
37. Herrnstein, R.J. and Murray, C. 1994. *The Bell Curve: Intelligence and Class Structure in American Life.* Free Press.
38. Posthuma, D., Neale, M.C., Boomsma, D.I. and de Geus, E.J. 2001. Are smarter brains running faster? Heritability of alpha peak frequency, IQ, and their interrelation. *Behavior Genetics* 31:567-79.
39. Thompson, P.M., Cannon, T.D., Narr, K.L., van Erp, T., Poutanen, V.-P., Huttunen, M., Lohnqvist, J., Standerskjold-Nordenstam, C.-G., Kaprio, J., Khaledy, M., Dail, R., Zoumalan, C.I. and Toga, A.W. 2001. Genetic influences on brain structure. *Nature Neuroscience* 4:1253-8; Posthuma, D., de Geus, E.J., Baare, W.F., Hulshoff Pol, H.E., Kahn, R.S. and Boomsma, D.I. 2002. The association between brain volume and intelligence is of genetic origin. *Nature Neurosicence*5:83-4.
40. Turkheimer, E., Haley, A., D'Onofrio, B., Waldron, M., Emery, R.E. and Gottesman, I. 2001. Socioeconomic status modifies heritability of intelligence in impoverished children. Paper at the 2001 meeting of the Behavior Genetics Association annual meeting, Cambridge, July 2001.
41. McGue, M., Bouchard, T.J., Jr, Iacono, W.G. and Lykken, D.T. 1993. Behavior genetics of cognitive ability: a life-span perspective. In *Nature Nurture and Psychology* (ed. Plomin, R. and McClearn, G.E.), American Psychological Association; also McClearn, G.E. *et al.*1997. Substantial genetic influence on cognitive abilities in twins 80+ years old. *Science* 276:1560-3.
42. Eley, T., interview.
43. Dickens, W.T. and Flynn, J.R. 2001. Heritability estimates versus large environmental effects: the IQ paradox resolved. *Psychological Review* 108:346-69.
44. Williams, A.G., Rayson, M.P., Jubb, M., World, M., Woods, D.R., Hayward, M., Martin

J., Humphries, S.E. and Montgomery, H.E. 2000. The ACE gene and muscle performance. *Nature* 403:614.
45. Ridley, M. 1993. *The Red Queen.* Penguin.
46. Radcliffe-Richards, J. 2000. *Human Nature after Darwin.* Routledge.
47. Flynn, J.R. (unpublished). The history of the American mind in the 20th century: a scenario to explain IQ gains over time and a case for the irrelevance of g.
48. For those curious about Galton's unpublished novel, a fuller precis is given in Nicholas Gilham's biography of Galton, cited above.

第四章

1. James, W. 1890. *Principles of Psychology.*
2. Quoted in Shorter, E. 1997. *A History of Psychiatry.* John Wiley & Sons.
3. Fromm-Reichmann, F. 1948. Notes on the development of treatment of schizophrenics by psychoanalytic psychotherapy. *Psychiatry* 11:263-73.
4. Pollak, R. 1997. *The Creation of Dr B: a Biograpby of Bruno Bettelbeim.* Simon & Schuster.
5. Folstein. S.E. and Mankoski, R.E. 2000. Chromosome 7q: where autism meets language disorder? *American Journal of Human Genetics* 67:278-81.
6. James, O. 2002. *They F*** You Up: How to Survive Family Life.* Bloomsbury.
7. The psychiatrist and writer Randolph Nesse calls this the central error of psychiatric research.
8. Cited in Torrey, E.F. 1988. *Surviving Schizopbrenia: a Family Manual.* Harper and Row.
9. Shorter, E. 1997. *A History of Psychiatry.* John Wiley & Sons.
10. Wahlberg, K.E., Wynne, L.C., Oja, H. *et al.* 1997. Gene-environment interaction in vulnerability to schizophrenia: findings from the Finnish adoptive family study in schizophrenia. *American Journal of Psychiatry* 154:355-62.
11. Kety, S.S. and Ingraham, L.J. 1992. Genetic transmission and improved diagnosis of schizophrenia from pedigrees of adoptees. *Journal of Psychiatric Research* 26:247-55.
12. Tsuang, M., Stone, W.S. and Faraone, S.V. 2001. Genes, environment and schizophrenia. *British Journal of Psychiatry*178 (supplement 40):s18-s24.
13. Sherrington, R., Brynjolfsson, J., Petursson, H. *et al.* 1988. Localization of a susceptibility locus for schizophrenia of chromosome 5. *Nature* 336:164-7; Bassett, A.S., McGillvray, B.C., Jones, B.D. *et al.*1988. Partial trisomy of chromosome 5 cosegregating with schizophrenia. *Lancet*1988:799-801.
14. Levinson, D.F. and Mowry, B.J. 1999. Genetics of schizophrenia. In *Genetic Influences on Neural and Behavioral Functions* (ed. Pfaff, D.W., Joh, T. and Maxson, S.C.), pp.47-82. CRC Press, Boca Raton.
15. Mirnics, K., Middleton, F.A., Lewis, D.A. and Levitt, P. 2001. Analysis of complex brain disorders with gene expression microarrays: schizophrenia as a disease of the synapse. *Trends in Neurosciences* 24:479-86.

16. Tsuang, M., Stone, W.S. and Faraone, S.V. 2001. Genes, environment and schizophrenia. *British Journal of Psychiatry* 178 (supplement 40):s18-s24.
17. Mednick. S.A., Machon, R.A., Huttunen, M.O., Bonett, D. 1988. Adult schizophrenia following prenatal exposure to an influenza epidemic. *Archives of General Psychiatry* 45:189-92; Munk-Jorgensen, P. and Ewald, H. 2001. Epidemiology in neurobiological research: exemplified by the influenza-schizophrenia theory. *British Journal of Psychiatry*178 (supplement 40):s30-s32.
18. Davis, J.O., Phelps, J.A. and Bracha, H.S. 1999. Prentatal development of monozygotic twins and concordance for schizophrenia. In *The Nature-Nuture Debate* (ed. Ceci, S.J. and Williams, W.W.). Blackwell.
19. Tsuang, M., Stone, W.S. and Faraone, S.V. 2001. Genes, environment and schizophrenia. *British Journal of Psychiatry* 178 (supplement 40):s18-s24.
20. Deb-Rinker, P., Klempan, T.A., O'Reilly, R.L., Torrey, E.F. and Singh, S.M. 1999. Molecular Characterization of a MSRV-like sequence indentified by RDA from monozygotic twin pairs discordant for schizophrenia. *Genomics* 61:133-44.
21. Karlsson, H., Bachmann, S., Schroder, J., McArthur, J., Torrey, E.F. and Yolken, R.H. 2001. Retroviral RNA identified in the cebrebrospinal fluids and brains of individuals with schizophrenia. *Proceedings of the National Academy of Sciences* 98:4634-9.
22. Impagatiello, F., Guidotti, A.R., Pesold, C. *et al.* 1998. A decrease of reelin expression as a putative vulnerability factor in schizophrenia. *Proceedings of the National Academy of Sciences* 95:15718-23.
23. Fatemi, S.H., Emamian, E.S., Kist, D., Sidwell, R.W., Nakajima, K., Akhter, P., Shier, A., Sheikh, S. and Bailey, K. 1999. Defective corticogenesis and reduction in reelin immunoreactivity in cortex and hippocampus of prenatally infected neonatal mice. *Molecular Psychiatry* 4:145-54.
24. Fatemi, S.H. 2001. Reelin mutations in mouse and man: from reeler mouse to schizophrenia, mood disorders, autism and lissencephaly. *Molecular Psychiatry* 6:129-33.
25. Hong, S.E., Shugart, Y.Y., Huang, D.T., Shahwan, S.A., Grant, P.E., Hourihane, J.O., Martin, N.D. and Walsh, C.A. 2000. Autosomal recessive lissencephaly with cerebellar hypoplasia is associated with human RELN mutations. *Nature Genetics* 26:93-6.
26. Cannon, M., Caspi, A., Moffitt, T.E., Harrington, H., Taylor, A., Murray, R.M. and Poulton, R. 2002. Evidence for early-childhood, pan-developmental impairment specific to schizophreniform disorder: results from a longitudinal birth cohort. *Archives of General Psychiatry*59:449-56.
27. Weinberger, D.R. 1987. Implications of normal brain development for the pathogenesis of schizophrenia. *Archives of General Psychiatry* 44:660-9. Weinberger, D.R. 1995. From neuropathology to neurodevelopment. *Lancet* 26:552-7.
28. Mirnics, K., Middleton, F.A., Lewis, D.A. and Levitt, P. 2001. Analysis of complex brain disorders with gene expression microarrays: schizophrenia as a disease of the synapse. *Trends in Neurosciences* 24:479-86.

29. Horrobin, D. 2001. *The Madness of Adam and Eve.* Bantam.
30. Peet, M., Glen, I. and Horrobin, D. 1999. *Phospholipid Spectrum Disorder in Psychiatry.* Marius Press.
31. Jablensky, A., Sartorius, N., Ernberg, G., Anker, M., Korten, A., Cooper, J.E., Day, R. and Bertelson, A. 1992. Schizophrenia: manifestations, incidence and course in different cultures. A World Health Organisation Ten Country Study, *Psychological Medicine Supplement* 20:1-97.
32. Quoted in Horrobin, D. 2001. *The Madness of Adam and Eve.* Bantam.
33. Stevens, A. and Price, J. 2000. *Prophets, Cults and Madness.* Duckworth, London.
34. Simonton, D.K. 2002. *The Origins of Genius.* Oxford University Press.
35. Nasar, S. 1998. *A Beautiful Mind: a biography of John Forbes Nash Jr.* Faber & Faber, London.

第五章

1. Dawkins, 1981. See http://www.world-of-dawkins.com/Dawkins/Work/Reviews1985-01-24notinourgenes.htm.
2. Singer, D.G. and Revenson, T.A. 1996. *A Piaget Primer. How a Child Thinks* (2nd edition). Plume.
3. Lehrman, D.S. 1953. A critique of Konrad Lorenz's theory of instinctive behavior. *Quarterly Review of Biology* 23:337-63.
4. Tinbergen, N. 1963. On the aims and methods of ethology. *Zeitschrift fur Tierpsychologie* 20:410-33.
5. Schaffner, K.F. 1998. Genes, behavior and developmental emergentism: one process, indivisible? *Philosophy of Science* 65:209-52.
6. West-Eberhard, M.J. 1998. Evolution in the light of cell biology, and vice versa. *Proceedings of the National Academy of Sciences* 95:8417-19.
7. For expample. Oyama, S. 2000. *Evolution's Eye.* Duke University Press.
8. Greenspan, R.J. 1995. Understanding the genetic construction of behavior. *Scientific American*, April: 72-8.
9. Waddington, C.H. 1940. *Organisers and Genes.*Cambridge University Press.
10. Ariew A. 1999. Innateness is canalization: in defense of a developmental account of innateness. In Hardcastle, V. (ed.) *Biology meets Psychology: Conjectures, Connections, Constraints.* MIT Press.
11. Bateson, P. and Martin, P. 1999. *Design for a Life: How Behaviour Develops.* Jonathan Cape.
12. See the review of 'Not in Our Genes' by Richard Dawkins, in *New Scientist*, 24 January 1985. Available online at http: // www.world-of- dawkins.com / Dawkins / Work / Reviews / 1985-01-24notinourgenes.htm.
13. Zhang, X. and Firestein, S. 2002. The olfactory receptor gene superfamily of the mouse. *Nature Neuroscience* 5:124-33.

14. Gogos, J.A., Osborne, J., Nemes, A., Mendelson, M. and Axel, R. 2000. Genetic ablation and restoration of the olfactory topographic map. *Cell*103:609-20.

15. Wang, F., Nemes, A., Mendelsonh, M. and Axel, R. 1998. Odorant receptors govern the formation of a precise topographic map. *Cell* 93:47-60.

16. Holt, C. Lecture to Society for Neurosicences meeting, San Diego, November 2001; Campbell, D.S. and Holt, C.E. 2001. Chemotropic responses of retinal growth cones mediated by rapid local protein synthesis and degradation. *Neuron* 32:1013-26.

17. Tessier-Lavigne, M. and Goodman, C.S. 1996. The molecular biology of axon guidance. *Science*174:1123-33; Yu, T.W. and Bargmann, C.I. 2001. Dynamic regulation of axon guidance. *Nature Neuroscience* 4 (Supplement): 1169-76.

18. Richards, L.J. 2002. Surrounded by Slit-how forebrain commissural axons can be led astray. *Neuron* 33:153-5.

19. Marillat, V., Cases, O., Nguyen-Ba-Charvel, K.T., Tessier-Lavigne, M., Sotelo, C. and Chedotal, A. 2002. Spatiotemporal expression patterns of slit and robo genes in the rat brain. *Journal of Comparative Neurology* 442:130-55; Dickson, B.J., Cline, H., Polleux, F. and Ghosh, A. 2001. Making connections: axon guidance and neural plasticity. *Embo Reports* 2:182-6.

20. Soussi-Yanicostas, N., Faivre-Sarrailh, C., Hardelin, J.-P., Levilliers, J., Rougon, G. and Petit, C. 1998. Anosmin-1 underlying the X chromosome-linked Kallman syndrome is an adhesion molecule that can modulate neurite growth in a cell-type specific manner. *Journal of Cell Sience*111:2953-65.

21. Hardelin, J.-P. 2001. Kallmann syndrome: towards molecular pathogenesis. *Journal of Molecular Endocrinology*179:75-81.

22. Oliveira, L.M., Seminara, S.B., Beranova, M., Hayes, F.J., Valkenburgh, S.B., Schiphani, E., Costa, E.M., Latronico, A.C., Crowley, W.F., Vallejo, M. 2001. The importance of autosomal genes in Kallmann syndrome: genotype-phenotype correlations and neuroendocrine characteristics. *Journal of Clinical Endorcrinology and Metabolism* 86:1532-8.

23. Dawkins, R. 1982. *The Extended Phenotype.*Oxford University Press.

24. Braitenburg, V. 1967. Patterns of projection in the visual system of the fly. I. Retina-lamina projections. *Experimental Brain Research* 3:271-98.

25. Lee, C.H., Herman, T., Clandinin, T.R., Lee, R. and Zipursky, S.L. 2001. N-cadherin regulates target specificity in the Drosophila visual system. *Neuron* 30:437-50; Clandinin, T.R., Lee, C.H., Herman, T., Lee, R.C., Yang, A.Y., Ovasapyan, S. and Zipursky, S.L. 2001. *Drosphila* LAR regulates R1-R6 and R7 target specificity in the visual system. *Neuron* 33:237-48. Also Zipursky, S.L., interview with the author, and talk to Society for Neuroscience, San Diego, November 2001.

26. Modrek, B. and Lee, C. 2002. A genomic view of alternative splicing. *Nature Genetics* 30:13-19.

27. Schmucker, D., Clemens, J.C., Shu, H., Worby, C.A., Xiao, J., Muda, M., Dixon, J.E.

and Zipursky, S.L. 2000. Drosophila Dscam is an axon guidance receptor exhibiting extraordinary molecular diversity. *Cell* 101:671-84.
28. Serafini, T. 1999. Finding a partner in a crowd: neuronal diversity and synaptogenesis. *Cell* 98:133-6.
29. Wang, X., Su, H. and Bradley, A. 2002. Molecular mechanisms governing Pcdh-gamma gene expression: evidence for a multiple promoter and cis-alternative splicing model. *Genes and Development* 16:1890-905.
30. Wu, Q., and Maniatis, T. 1999. A striking organization of a large family of human neural cadherin-like cell adhesion genes. *Cell* 97:779-90; Tasic, B., Nabholz, C.E., Baldwin, K.K., Kim, Y., Rueckert, E.H., Ribich, S.A., Cramer, P., Wu, Q., Axel, R. and Maniatis, T. 2002. Promoter choice determines splice site selection in Protocadherin alpha and gamma Pre-mRNA splicing. *Molecular Cell* 10:21-33.
31. Specter, M. 2002. Rethinking the brain. In *Best American Science Writing 2002* (ed. M. Ridley). HarperCollins.
32. H. C.ine, interview.
33. Gomez, M., De Castro, E., Guarin, E., Sasakura, H., Kuhara, A., Mori, I., Bartfai, T., Bargmann, C.I. and Nef, P. 2001. Ca2+ signalling via the neuronal calcium sensor-1 gene regulates associative learning and memory in C. elegans. *Neuron* 30:241-8.
34. Rankin, C., Rose, J. and Norman, K. 2001. The use of reporter genes to study the effects of experience on the anatomy of an identified synapse in the namatode C. elegans. Paper delivered at the IBANGS conference, San Diego, November 2001.
35. Harlow, H. and Harlow, M. 1962. Social deprivation in monkeys. *Scientific American* 207:136-46.
36. Meaney, M.J. 2001. Maternal care, gene expression and the transmission of individual differences in stress reactivity across generations. *Annual Reviews of Neuroscience* 24:1161-82.
36. Champagne, F., Diorio, J., Sharma, S. and Meaney, M.J. 2001. Naturally occuring variations in maternal behavior in the rat are associated with differences in estrogen-inducible central oxytocin receptors. *Proceedings of the National Academy of Sciences* 98:12736-41.
38. Darlene D. Francis, Kathleen Szegda, Gregory Campbell, W. David Martin, Thomas R. Insel (unpublished). Epigenetic Sources of Behavioral Differences: Mother Nature Meets Mother Nurture.
39. Huxley, A. 1932. *Brave New World.* Chatto & Windus.

第六章

1. *Paradise Regained* (1671), Book 4.
2. Quoted in Nisbett, A. 1976. *Konrad Lorenz.* Dent.
3. Nibett, A. 1976. *Konrad Lorenz.* Dent.
4. Spalding, D.A. 1873. Instinct: with original observations on young animals. *Macmillan's*

Magazine 27:282-93.
5. Bateson, P. 2000. What must be known in order to understand imprinting? in *The Evolution of Cognition* (ed. Heyes, C. and Huber, L.). MIT Press.
6. Gottlieb, G. 1997. *Synthesizing Nature-Nurture: Prenatal Roots of Instinctive Behavior.* Lawrence Erlbaum Associates.
7. Barker, D.J., Winter, P.D., Osmond, C., Margetts, B. and Simmonds, S.J. 1989. Weight in infancy and death from ischaemic heart disease. *Lancet* 8663:577-80.
8. Eriksson, J.G., Forsen, T., Tuomilehto, J., Osmond, C. and Barker, D.J. 2001. Early growth and coronary heart disease in later life: longitudinal study. *British Medical Journal* 322:949-53.
9. Bateson, P. 2001. Fetal experience and good adult design. *International Journal of Epidemiology* 30:928-34.
10. Manning, J., Martin, S., Trivers, R. and Soler, M. 2002. 2nd to 4th digit ratio and offspring sex ratio. *Journal of Theoretical Biology* 217:93.
11. Manning. J.T. and Bundred, P.E. 2000. The ratio of 2nd to 4th digit length: a new predictor of disease predisposition? *Medical Hypotheses* 55:855-7; Manning, J.T., Baron-Cohen, S., Wheelwright, S. and Sanders, G. 2001. The 2nd to 4nd digit ratio and autism. *Developmental Medicine and Child Neurology* 43:160-4.
12. Bischof, H.J., Geissler, E. and Rollenhagen, A. 2002. Limitations of the sensitive period of sexual imprinting: neuroanatomical and behavioral experiments in the zebra finch (*Taeniopygia guttata*). *Behavioral Brain Research*133:317-22.
13. Burr, C. 1996. *A Separate Creation: How Biology Makes Us Gay.* Bantam press.
14. Bailey, M., interview.
15. Symons, D. 1979. *Evolution of Human Sexuality.* Oxford University Press.
16. Blanchard, R. 2001. Fraternal birth order and the maternal immune hypothesis of male homosexuality. *Hormones and Behavior* 40:105-14.
17. Cantor, J.M., Blanchard, R., Paterson, A.D. and Bogaert, A.F. 2002. How may gay men owe their sexual orientation to fraternal birth order? *Archives of Sexual Behavior* 31:63-71.
18. Blanchard, R. and Ellis, L. 2001. Birth weight, sexual orientation and the sex of preceding siblings. *Journal of Biosocial Science*33:451-67.
19. Blanchard, R., Zucker, K.J., Cavacas, A., Allin, S., Bradley, S.J. and Schachter, D.C. 2002. Fraternal bith order and birth weight in probably prehomosexual feminine boys. *Hormones and Behavior* 41:321-7.
20. Blanchard, R., Zucker, K.J., Cavacas, A., Allin, S., Bradley, S.J. and Schachter, D.C. 2002. Fraternal birth order and birth weight in probably perhomosexual feminine boys. *Hormones and Behavior* 41:321-7.
21. Harvey, R.J., McCabe, B.J., Solomonia, R.O., Horn, G. and Darlison, M.G. 1998. Expression of GABAa receptor gamma4 subunit gene: anatomical distribution of the corresponding mRNA in the domestic chick forebrain and the effect of imprinting train-

ing. *European Journal of Neuroscience*10:3024-8.
22. Nedivi, E. 1999. Molecular analysis of developmental plasticity in neocortex. *Journal of Neurobiology* 41:135-47.
23. Huang, Z.J., Kirkwood, A., Pizzorusso, T., Porciatti, V., Morales, B., Bear, M.F., Maffei, L. and Tonegawa, S. 1999. BDNF regulates the maturation of inhibition and the critical period of plasticity in mouse visual cortex. *Cell* 98:739-55.
24. Fagiolini, M. and Hensch, T.K. 2000. Inhibitory threshold for criticalperiod activation in primary visual cortex. *Nature* 404:183-6.
25. Huang, J., interview.
26. Kegl, J., Senghas, A. and Coppola, M. 1999. Creation through contact: Sign language emergence and sign language change in Nicaragua. In *Comparative Grammatical Change: The Intersection of Language Acquistion, Creole Genesis, and Diachronic Syntax* (ed. DeGraff, M.). MIT Press; Bickerton, D. 1990. *Language and Species.* University of Chicago Press.
27. http://www.ling.lancs.ac.uk/monkey/ihe/linguistics/LECTURE4/4 victor.htm. Newton, M. 2002. *Savage Girls and Wild Boys: A History of Feral Children.* Faber & Faber.
28. http://www.ling.lancs.ac.uk/monkey/ihe/linguistics/LECTURE4/4 kaspar.htm.
29. Rymer, R. 1994. *Genie: a Scientific Tragedy.* Penguin.
30. Westermarck, E. 1891. *A History of Human Marriage.* Macmillan.
31. Wolf, A.P. 1995. *Sexual Attraction and Childhood Association: a Chinese Brief for Edward Westermarck.* Stanford University Press.
32. Shepher, J. 1971. Mate selection among second-generation kibbutz adolescents: incest avoidance and negative imprining. *Archives of Sexual Behavior*1:293-307.
33. Walter, A. 197. The evolutionary psychology of mate selection in Morocco-a multivariate analysis. *Human Nature* 8:113-37.
34. Price, J.S. 1995. The Westermarck trap: a possible factor in the creation of Frankenstein. *Ethology and Sociobiology*16:349-53.
35. Thornhill. N.W. 1991. An evolutionary analysis of rules regulating human inbreeding and marriage. *Behavioral and Brain Services*14:247-60.
36. Greenber, M. and Littlewood, R. 1995. Post-adoption incest and phenotypic matching: experience, personal meanings and biosocial implications. *British Journal of Medical Psychology* 68:29-44.
37. Bevc, I. and Silverman, I. 1993. Early proximity and intimacy between siblings and incestuous behavior-a test of the Westermarck theory. *Ethology and Sociobiology* 14:171-81.
38. Deichmann, U. 1996. *Biologists under Hitler.* Harvard University Press.
39. Nisbett, A. 1976. *Konrad Lorenz* Dent.

第七章

1. Turgenev, I. 1861/1975. *Fathers and Sons.*Penguin.

2. Todes, D.P. 1997. Pavlov's physiology factory. *Isis* 88:205-46.
3. Kimble, G.A. 1993. Evolution of the nature-nurture issue in the history of psychology. In *Nature Nurture and Psychology* (ed. Plomin, R. and McClearn, G.E.), American Psychological Association.
4. Frolov, Y.P. 1938. *Pavlov and His School.*Kegan Paul, Trench, Trubner & Co.
5. Waelti, P., Dickinson, A. and Schultz, W. 2001. Dopamine responses comply with basic assumptions of formal learning theory. *Nature*412:43-8.
6. Watson, J.B. 1924. *Behaviorism.*W.W. Norton, New York.
7. Dubnau, J., Grady, L., Kitamoto, T. and Tully, T. 2001. Disruption of neurotransmission in Drosophila mushroom body blocks retrieval but not acquisition of memory. *Nature* 411:476-80.
8. Tully, T., interview.
9. Husi, H. and Grant, S.G.N. 2001. Proteomics of the nervous system. *Trends in Neurosciences* 24:259-66.
10. Watson, J.B. 1913. Psychology as the behaviorist views it. *Psychological Review* 20:158-77.
11. Rilling, M. 2000. John Watson's paradoxical struggle to explain Freud. *American Psychologist* 55:301-12.
12. Watson, J.B. and Rayner, R. 1920. Conditioned emotional reactions. *Journal of Experimental Psychology* 3:1-14.
13. Watson, J.B. 1924. *Behaviorism.*W.W. Norton.
14. Figes, O. 1996. *A People's Tragedy.* Jonathan Cape.
15. Frolov, Y.P. 1938. *Pavlov and His School.* Kegan Paul, Trench, Trubner & Co.
16. Figes, O. 1996. *A People's Tragedy.* Jonathan Cape.
17. All quotations from or about Lysenko are from Joravsky, D. 1986. *The Lysenko Affair.* University of Chicago Press.
18. 同上。
19. 同上。
20. Gould, S.J. 1978. *Ever Since Darwin.*Burnett Books.
21. Pinker, S. 2002. *The Blank Slate.*Penguin.
22. Blum, D. 2002. *Love at Goon Park.*Perseus Publishing.
23. Harlow, H.F. 1958. The nature of love. *American Psychologist*13:673-85.
24. For a review of Mineka's work, see Ohman, A. and Mineka, S. 2001. Fears, phobias and preparedness: toward an evolved module of fear and fear learning. *Psychological Review*108:483-522.
25. Fredrikson, M., Annas, P. and Wik, G. 1997. Parental history, aversive exposure and the development of snake and spider phobia in women. *Behavior Research Therapy*35:23-8.
26. Ledoux, J. 2002. *Synaptic Self: How Our Brains Become Who We Are.*Viking.
27. Ohman, A. and Mineka, S. 2001, Fears, phobias and preparedness: toward an evolved module of fear and fear learning. *Psychological Review*108:483-522.

28. Kendler, K.S., Jacobson, K.C., Myers, J. and Prescott, C.A. 2002. Sex differences in genetic and environmental risk factors for irrational fears and phobias. *Psychological Medicine*32:209-17.
29. Hebb, D.O. 1949. *The Organization of Behavior. A Neuropsychological Theory.*Wiley.
30. Elman, J., Bates, E.A., Johnson, M.H., Karmiloff-Smith, A., Parisi, D. and Plunkett, K. 1996. *Rethinking Innateness.* MIT Press.
31. 同上。
32. Fodor, J. 2001. *The Mind Doesn't Work That Way.* MIT Press.
33. Pinker, S. 2002. *The Blank Slate.* Penguin.
34. Skinner, B.F. 1948/1976. *Walden Two.* Prentice Hall.
35. 見www.loshorcones.org.mx.

第八章

1. *Essay on Human Understanding*, 1692. Which only goes to show that Locke was not the blind blank-slater he has often been made out to be.
2. Kuper, A. 1999. *Culture: the Anthropologists' Account.* Harvard University Press.
3. Muller-White, L. 1998. *Franz Boas among the Inuit of Baffin Island, 1883-1884: Letters and Journals.* University of Toronto Press.
4. Quoted in Degler, C.N. 1991. *In Search of Human Nature.* Oxford University Press.
5. 同上。
6. See *New York Times*, 8 October 2002, p. F3. Also: Sparks, C.S. and Jantz, R.L. 2002. A reassessment of human caranial plasticity: Boas revisited. *Proceedings of the National Academy of Sciences.*8 October. 2002.
7. Freeman, D. 1999. *The Fateful Hoaxing of Margaret Mead: a Historical Analysis of Her Samoan Research.*Westview Press.
8. Durkheim, E. 1895. *The Rules of the Sociological Method.*(1962 edition). Free Press.
9. Pinker, S. 2002. *The Blank State.*Penguin.
10. Plotkin, H. 2002. *The Imagined World Made Real: Towards a Natural Science of Culture.*Penguin.
11. On television programme *The Cultured Ape.*Channel 4. Produced by Brian Leith, Scorer Associates.
12. de Waal, F. 2001. *The Ape and the Sushi Master*. Penguin.
13. Tomasello, M. 1999. *The Cultural Origins of Human Cognition.* Harvard University Press.
14. de Waal, F. 2001. *The Ape and the Sushi Master*. Penguin.
15. Tomasello, M. 1999. *The Cultural Origins of Human Cognition.* Harvard University Press.
16. Tiger, L. and Fox, R. 1971. *The Imperial Animal*. Transaction.
17. Rizzolatti, G., personal communication.
18. Rizzolatti, G. and Arbib, M.A. 1998. Language within our grasp. *Trends in*

Neurosciences 21:188-94.

19. Iacobini, M., Koski, L.M., Brass, M., Bekkering, H., Woods, R.P., Dubeau, M.-C., Mazziotta, J.C. and Rizzolatti, G. 2001. Reafferent copies of imitated actions in the right superior temporal cortex. *Proceedings of the National Academy of Sciences* 98:13995-9.
20. Kohler, E., Keysers, C., Umilta, M.A., Fogassi, L., Gallese, V. and Rizzolatti, G. 2002. Hearing sounds, understanding actions: action representation in auditory mirror neurons. *Science* 297:846-8.
21. Lai, C.s., Fisher, S.E. *et al.*2001. A forkhead-domain gene is mutated in a severe speech and language disorder. *Nature* 413:519-23.
22. Enard, W., Przeworski, M., Fisher, S.E., Lai, C.S.L., Wiebe, V., Kitano, T., Monaco, A.P. and Paabo, S. 2002. Molecular evolution of FOXP2, a gene involved in speech and language. *Nature* 418:869-72.
23. Iacoboni, M., Woods, R.P., Brass, M., Bekkering, H., Mazziotta, J.C. and Rizzolatti, G. 1999. Cortical mechanisms of human imitation, *Science* 286:2526-8.
24. Cantalupo, C. and Hopkins, W.D. 2001. Asymmetric Broca's area in great apes. *Nature* 414:505.
25. Newman, A.J., Bavelier, D., Corina, D., Jezzard, P. and Neville, H.J. 2002. A critical period for right hemisphere recruitment in American Sign Language processing. *Nature Neuroscience* 5:76-80.
26. Dunbar, R. 1996. *Gossip, Grooming and the Evolution of Language.* Faber & Faber.
27. Walker, A. and Shipman, P. 1996. *The Wisdom of Bones.*Weidenfeld & Nicolson.
28. Tattersall, I. Email correspondence.
29. Wilson, F.R. 1998. *The Hand.* Pantheon.
30. Calvin, W.H. and Bickerton, D. 2001. *Lingua ex Machina.* MIT Press.
31. Stokoe, W.C. 2001. *Language in Hand: Why Sign Came before Speech.* Gallaudet University Press.
32. Durham, W.H., Boyd, R. and Richerson, P.J. 1997. Models and forces of cultural evolution. In *Human by Nature* (ed. Weingert, P., Mitchell, S.D., Richerson, P.J. and Maasen, S.). Lawrence Erlbaum Associates.
33. Deacon, T. 1997. *The Symbolic Species: the Co-evolution of Language and the Human Brain.*Penguin.
34. Blackmore, S. 1999. *The Meme Machine*. Oxford University Press.
35. Cronk, L. 1999. *That Complex Whole: Culture and the Evolution of Human Bebavior.* Westview Press.
36. Pitts, M. and Roberts, M. 1997. *Fairweather Eden*. Century.
37. Kohn, M. 1999. *As We Know It: Coming to Terms with an Evolved Mind.* Granta.
38. Low, B.S. 2000. *Why Sex Matters: a Darwinian Look at Human Behavior.* Princeton University Press.
39. Dunbar, R.,Knight, C. and Power, C. 1999. *The Evolution of Culture.* Edinburgh

University Press.
40. Whiten, A. and Byrne, R.W. (eds). 1997. *Machiavellian Intelligence II.* Cambridge University Press.
41. Wright, R. 2000. *Nonzero: History, Evolution and Human Cooperation.* Random House.
42. Ridley, M. 1996. *The Origins of Virture*. Penguin.
43. Ofek, H. 2001. *Second Nature.* Cambridge University Press.
44. Tattersall, I. 1998. *Becoming Human.* Harcourt Brace.
45. Wright, R. 2000. *Nonzero: History, Evolution and Human Cooperation.* Random House.
46. Ridley, M. 1996. *The Origins of Virture.* Penguin.
47. Neville-Sington, P. and Sington, D. 1993. *Paradise Dreamed: How Utopian Thinkers Have Changed the World.* Bloomsbury.
48. Milne, H. 1986. *Bhagwan: The God That Failed.* Caliban Books.

第九章

1. Dennett, D. *Darwin's Dangerous Idea.*Penguin.
2. De Vries, H. 1900. Sur la loi de disjonction des hybrides. *Comptes Rendus de l'Academie des Sciences* (Paris) 130:845-7.
3. Henig, R.M. 2000. *A Monk and Two Peas.*Weidenfeld & Nicolson.
4. Tudge, C. 2001. *In Mendel's Footnotes.*Vintage; Orel, V. 1996. *Gregor Mendel: the First Geneticist.*Oxford University Press.
5. Watson, J.D. and Crick, F.H.C. 1953. Molecular structure of nucleic acid: a structure for deoxyribonucleic acid. *Nature*171:737. Watson, J. with Barry, A. 2003. *DNA: The secret of life.*Knopf.
6. Ptashne, M. and Gann, A. 2002. *Genes and Signals.* Cold Spring Harbor Press.
7. Midgley, M. 1979. Gene Juggling. *Philosophy* 54:439-58.
8. Canning, C. and Lovell-Badge, R. Sry and sex determination: how lazy can it be? *Trends in Genetics*18:111-13.
9. Randolph Nesse, personal communication.
10. Chagnon, N. 1992. *Yanomamo: the Last Days of Eden.*Harcourt Brace.
11. Miller, G. 2000. *The Mating Mind.*Doubleday.
12. Wilson, E.O. 1994. *Naturalist.*Island Press.
13. Wilson, E.O. 1975. *Sociobiology.*Harvard University Press.
14. Segerstrale, U. 2000. *Defenders of the Truth.*Oxford University Press.
15. Anthony Leeds, Barbara Beckwith, Chuck Madansky, David Culver, Elizabeth Allen, Herb Schreier, Hiroshi Inouye, Jon Beckwith, Larry Miller, Margaret Duncan, Miriam Rosenthal, Reed Pyeritz, Richard C. Lewontin, Ruth Hubbard, Steven Chorover and Stephen Gould 1975. Letter to the *New York Review of Books.*13 November 1975.
16. Segerstrale, U. 2000. *Defenders of the Truth.* Oxford University Press.
17. Lewontin, R. 1993. *The Doctrine of DNA: Biology of Ideology.* Penguin.
18. Tooby, J. and Cosmides, L. 1992. The psychological foundations of culture. In *The*

Adapted Mind (ed. Barkow, J.H., Cosmides, L. and Tooby, J.). Oxford University Press.
19. 同上。
20. Daly, M. and Wilson, M. 1988. *Homicide.* Aldine.
21. Hrdy, S. 2000. *Mother Nature.* Ballantine Books.
22. Durkheim, E. 1895. *The Rules of the Sociological Method* (1962 edition). Free Press.

第十章

1. Wolfe, T. 2000. *Hooking Up.* Picador.
2. Ellis, B.J. and Garber, J. 2000. Psychosocial antecedents of variation in girls' pubertal timing: maternal depression, stepfather presence, and marital and family stress. *Child Development* 71:485-501.
3. Harris, J.R. 1998. *The Nurture Assumption.* Bloomsbury.
4. Harris, J.R. 1995. Where is the child's environment? A group socialisation theory of development. *Psychological Review.*102:458-9.
5. Wills, J.E. 2001. *1688: a Global History.* Granta.
6. 但是後來有其他實驗顯示父母與子女之間的顯著負相關：父母會對孩子造成相反的影響。例如嘻皮生的子女後來成爲投資銀行家。
7. Lytton, H. 2000. Towards a model of family-environmental and child-biological influences on development. *Developmental Review* 20:150-79.
8. Mednick, S.A., Gabrielli, W.F. and Hutchings, B. 1984. Genetic influences in criminal convictions: evidence from an adoption cohort. *Science* 224:891-4.
9. Scarr, S. 1996. How people make their own environments: implications for parents and policy makers. *Psychology Public Policy and Law* 2:204-28.
10. Collins, W.A., Maccoby, E.E., Steinberg, L., Hetherington, E.M. and Bernstein, M.H. 2000. The case for nature and nurture. *American Psychologist* 55:218-32.
11. Bennett, A.J., Lesch, K.P., Heils, A., Long, J.C., Lorenz, J.G., Shoaf, S.E., Champoux, M., Suomi, S.J. Linnoila, M.V. and Higley, J.D. 2002. Early experience and serotonin transporter gene variatoin interact to influence primate CNS function. *Molecular Psychiatry* 7:118-22.
12. Smith, A. 1776. *The Wealth of Nations.* London.
13. 同上。
14. Durkheim, E. (1933). *The Division of Labor in Society.* Free Press.
15. Buss, D.M. 1994. *The Evolution of Desire*. Basic Books.
16. Lewontin, R.C. 1972. The apportionment of human diversity. *Evolutionary Biology* 6:381-98.
17. Kurzban, R., Tooby, J. and Cosmides, L. 2001. Can race be erased? Coalitional computation and social categorization. *Proceedings of the National Academy of Sciences* 98: 1538-92.
18. Caspi, A., McClay, J., Moffitt, T., Mill, J., Martin, J., Craig, I.W., Taylor, A. and Poulton, R. 2002. Role of genotype in the cycle of violence in maltreated children.

Science 297:851-4. Also, Terrie Moffitt and Avshalom Caspi, email correspondence. See also the Nuffield Council on Bioethics report (2002). *Genetics and Behavior. the Ethical Context*。哈里斯向我指出，丹尼丁市的研究所得到的相關性，不能斷然假設是因果關係，也有可能是一個尚未發現的基因對兩者同時產生影響。

19. James, W. 1884. The dilemma of determinism. In *The Writings of William James* (ed. McDermott, J.J.). University of Chicago Press.
20. Walter, H. 2001. *Neurophilosophy of Free Will*. MIT Press.
21. Quoted by Walter, H. 2001. *Nurophilosophy of Free Will.* MIT Press.
22. 《哈姆雷特》第五幕，第二場。
23. Freeman, W.J. 1999. *How Brains Make up Their Minds.* Weidenfeld & Nicolson.
24. Francis Crick, interview.
25. Time Tully, interview.

結語

1. James, W. 1906. The moral equivalent of war. Address to Stanford University. Printed as Lecture 11 in *Memories and Studies.* Longman Green & Co. (1911):267-96.
2. Bouchard, T. 1999. Genes, environment and personality. In *The Nature-Nurture Debate: the Essential Readings* (ed. Ceci, S.J and Williams, W.M.). Blackwell.
3. Wilson, E.O. 1978. *On Human Nature.* Harvard University Press.
4. Dawkins, R. 1981. Selfish genes in race or politics. *Nature* 289: 528.
5. Pinker, S. 1997. *How the Mind Works.* Norton.
6. Rose, S. 1997. *Lifelines.* Penguin.
7. Gould, S.J. 1978. *Ever Since Darwin.* Burnett Books.
8. Lewontin, R. 1993. *The Doctrine of DNA: Biology as Ideology.* Penguin.
9. Tim Tully, interview.

科學新視野 3

語言本能：探索人類語言進化的奧祕

The Language Instinct: How The Mind Creates Language

史迪芬・平克／著　洪蘭／譯　定價450元

這本《紐約時報書評》評爲「令人讚嘆、充滿風趣，及無懈可擊的書」，是所有使用語言的人該看的書。史迪芬・平克是舉世聞名的心理語言學家。在本書裡他強調：語言是大腦先天存在的一個配備，就像蜘蛛天生就會結網一樣；語言學習是語言本能的結果，而不是原因。

透過日常生活中的有趣例子，平克探究了有關語言的所有問題：包括語言的運作、計算、改變、演化；嬰兒是如何牙牙學語的；普遍語法的存在證據；洋涇濱語言的演變；語言藍圖的主宰性……。或許有一天，生物技術眞能找到存於腦海裡的文法基因、語言基因。

史迪芬・平克（Steven Pinker），爲麻省理工學院教授、認知神經科學中心主任；他的研究曾獲得多種獎項。平克是公認繼喬姆斯基之後的語言學天才，他也是世界語言學與心智科學的領導人物。《語言本能》甫出版，立即登上《紐約時報》暢銷書榜；同時也奠定了平克在麻省理工學院的地位。

科學新視野 4

揭開老化之謎：從生物演化看人的生命歷程

Why We Age: What Science Is Discovering about the Body's Journey through Life

史蒂芬・奧斯泰德／著　洪蘭／譯　定價300元

人類最長可以活到多少歲？軼史記載爲150歲，但證實爲假。許多科學證據顯示人類最長活不過120歲。人爲什麼會老化？但在了解此問題之前，我們有必要先了解我們的身體如何老化，乃至最終死亡。

史蒂芬・奧斯泰德博士在本書中，以他的專業知識和生花妙筆，從演化生物學、比較動物學、人類學和基礎醫學等領域，帶領我們觀看老化的過程和科學發現，以及駁斥當代許多關於預防老化的種種療法。當然他也提出了符合科學觀點與人體健康的健康長壽方法。本書以其精湛切身的論述，爲國內學者大力推薦，並榮獲1998年《中國時報》年度十大好書。

史蒂芬・奧斯泰德（Steven N. Austad），愛達荷大學動物學教授暨華盛頓大學醫學院教授。他是老化領域的頂尖專家，也是美國公視的科學顧問。定期於《科學美國人》和《自然歷史》等雜誌上發表文章。

科學新視野 15

教養的迷思：父母的教養能不能決定孩子的人格發展？

The Nurture Assumption: Why Children Turn Out the Way They Do

茱蒂・哈里斯／著 洪蘭／譯 定價380元

當孩子們功成名就之時，多少的稱譽是父母們應得的？當孩子們作奸犯科為人唾棄時，父母們應該承受多少的責備？這本震撼人心的書，破除了一些有關親子互動深信不移的論點，並提供了該有的解釋。茱蒂・哈里斯藉由她的口才與機智，說明在孩童的成長過程中，父母的影響力其實很小，眞正具有影響力的是孩童在家庭之外的同儕經驗。雙親並不能教導孩子社會化，是孩子們互相教導的結果。

哈里絲以全新的眼光（加上科學上證據）審視眞實生活中的兒童，並指出「教養的假說」只不過是文化的迷思而已。哈里斯提出的理論，將改變為人父母既有的形象。同時，哈里斯也對父母提出了忠告：你什麼可以做，什麼無法做到；也把父母從「不能培育出自信、快樂、舉止得宜的孩子」的罪惡深淵中解脫出來。

《教養的迷思》的內容涵蓋極廣，從心理學、社會學、人類學、靈長類動物學、演化生物學的觀點，闡明「我是誰」及我們為什麼會如此。

前教育部長曾志朗教授專文推薦。

科學新視野 16

約翰・惠勒自傳——物理歷史與未來的見證者

Geons, Black Holes & Quantum Foam: a life in physics

約翰・惠勒／著 蔡承志／譯 定價400元

約翰・惠勒是一位既務實又具有前瞻性的物理學者。他曾經大膽為文探討時間的終點、物理定律的可易性，以及觀察行動在宇宙歷史的形成過程裡所扮演的角色；他創造了許多新名詞，包括了「黑洞」、「重力電磁體」與「量子泡沫」；他曾經與這個領域裡最優秀的精英份子共同研究，在物理學理最為迷人的領域裡擔任先驅角色。

惠勒在這部動人的傳記裡告訴我們，他在二十七歲之時，與偉大的丹麥物理學者波耳共事，並發展出核分裂理論的歷程，也敘述他是如何在第二次世界大戰時期，在曼哈坦計畫裡擔任要角。惠勒與他的學生里查・費曼共同改寫電磁理論，並提出在時光中回溯移動的構想，隨後費曼還將這個構想發揚光大，並獲得諾貝爾獎。惠勒於一九五〇年代轉而鑽研愛因斯坦的廣義相對論，這套理論在當時只吸引了幾個數學家的注意力，幾乎沒有物理學者感到興趣。惠勒幾乎是隻身扭轉這個現象，他在普林斯頓大學開始傳授相對論，並帶領學生與愛因斯坦茶敘，改變了這個領域。

《科學月刊》創辦人林孝信教授專文推薦。

科學新視野 17

天才費曼：科學與生活的探險家

No Ordinary Genius: The Illustrated Richard Feynman

克里斯多夫・西克斯／著 潘恩典／譯 定價300元

理查・費曼是當代最具個人色彩的科學家。本書將透過感人、有趣的私房小故事，帶你一窺費曼不平凡的一生。費曼有個聰明絕頂的頭腦和一顆赤子之心，他熱愛物理，曾獲得諾貝爾物理獎；但他更熱愛生命中的所有事物。他是個沒有任何架子的人，總是以誠實的態度面對自己、同事或自然。

《天才費曼》除了介紹費曼在科學界和現實生活中的精采冒險，也要讓您看看超過一百張的照片。其中有不少照片是由他的親朋好友提供的。本書訪問的人物包括費曼本人、他的家人、朋友和同事。透過本書，您將會看到一位充滿創造力的偉大科學家是如何從事他的研究和休閒。一般人總認爲科學家是無情的化約論者，只懂得破壞自然的美和神秘感。看過本書，您對科學家一定會有番不同的看法。您將會從費曼的軼事和照片中，感受到他對生命的狂熱。

克里斯多夫・西克斯（Christopher Sykes）是紀錄片製作人，曾爲英國國家廣播公司（BBC）製作數部關於費曼的紀錄片；他在製作過程中，見識到費曼的不凡之處。

科學新視野 18

23對染色體：解讀創生奧祕的生命之書

Genome: the autobiography of a species in 23 chapters

馬特・瑞德利／著 蔡承志、許優優／譯 定價360元

人類的基因組是由23對染色體所組成，也可以說是我們人類的一部自傳。這套基因組採用四個英文字母（A, T, G, C）來組合，我們的DNA總計包含了三十億個這類字母。三百多萬年以來，我們的基因組代代相傳，並經過編輯、刪除、變動與增添。如今，我們已在公元二〇〇〇年首度公開人類基因組的第一部草圖，我們這個世代何其有幸，得以首度閱讀這部超凡的著作，能夠一窺堂奧，增益先人無從想像的識見，並了解何謂生存、人性、意識或疾病。

作者從人類的23對染色體裡各選出一個新發現的基因，述說其故事，並將人類與其遠祖的歷史，由生命誕生之初縷縷道來，鋪陳到未來醫學的啓蒙之際。他羅列了我們與細菌共有的基因，讓我們有別於黑猩猩的基因，讓我們罹患重疾的基因，可能影響我們的智力的基因，賦予我們語言文法能力的基因，指引我們的身體與頭腦發展的基因，讓我們具有記憶力的基因，促使我們展現先天與後天之神妙融合的基因，爲達其自私目的而侵犯我們的基因，相互爭鬥的基因與記載人類遷徙歷史的基因。

科學新視野 19

血液：血液的魔力、戰爭與金錢

BLOOD: An Epic History of Medicine and Commerce

道格拉斯・史塔／著 何美瑩／譯 定價400元

可怕、神祕且居崇高地位的人類血液，自古即被當作具魔力的物質及藥品使用，如今卻成爲龐大、私密且危險的全球貿易中心。血液貿易對人性的衝擊，遠勝其他任何企業——數百萬人的生命因血液及其衍生物得以延長，然而也有數萬人因此喪生。道格拉斯・史塔回顧過往歷史，說明這一切是怎麼發生的。

書中詳述人類歷史上首次輸血手術、二十世紀初血型鑑別開啓成功輸血手術的第一步、凝血方法的發現，以至儲血觀念促使血庫興起。二次大戰時，哈佛研發的「血液分餾」程序，除了製造出許多有用的藥品，也爲日後全球血液貿易打造可供發展的舞台。作者亦細說隨著污染的血液產品散播至各地之愛滋悲劇，並介紹人造血液的最新發展。在這本史塔的最新力著中，他不僅勇於挑戰「血液」這個全球重要的議題，同時深入探索其未來潛藏的危機與希望。

道格拉斯・史塔（Douglas Starr）是波士頓大學科學新聞學研究所學程主任及新聞學副教授，曾爲報社記者及田野生物學家；於許多環境、醫學及科學刊物發表文章；也曾任美國公共電視連播三年的知名健康節目「寶貝您的身體」（Bodywatch）科學編輯；目前與太太及兩個兒子定居於波士頓。

科學新視野 20

當科技變成災難：與高風險系統共存

Normal Accidents: Living with High-Risk Technologies

查爾斯・培羅／著 蔡承志／譯 定價500元

歡迎來到高風險技術領域。或許你已經注意到這類技術有增加的趨勢，這的確是事實。隨著我們的技術進展，戰爭增加，也由於我們入侵大自然的程度愈來愈嚴重，各種系統組織逐漸成形，對系統操作人員、乘客、無辜民衆及未來世代都形成更高度風險的組織亦應運而生。本書著力檢討這類系統，包括核能電廠、化學工廠、航空器與飛航管制、船隻、水壩、核子武器、太空任務與遺傳工程。這類高風險企業多數有發生浩劫的潛在性，如果能夠更深入了解高風險產業的本質，我們或許有能力降低或甚至遏止這些危機。

本書確認風險的兩個向度：複雜性對比線性交互作用及緊密對比鬆散耦合性，並提出一種有力的架構，針對風險及堅決主張要我們承擔這些風險的組織進行分析，爲「意外事故研究里程碑」之作。

查爾斯・培羅（Charles Perrow）是耶魯大學社會學教授，著作包括《對企業的徹底攻擊》、《組織分析：社會學觀點》、《複雜組織：評論集》、《愛滋災難：紐約暨國內組織的失靈現象》等。

科學新視野 21

嗅覺符碼：記憶和欲望的語言

Verborgen verleider：Psychologie van de reuk

派特．瓦潤、安東．馮岸姆洛金、漢斯．迪佛里斯／著

洪慧娟／譯　定價280元

盧梭曾經說道：「嗅覺是記憶和慾望的感覺。」一小塊浸到茶中的瑪德蓮蛋糕氣味則會使普魯斯特有幸福感。每次遇到這種氣味，都會讓普魯斯特憶起所有經歷，氣味促使他找尋逝去的歲月。

現今世界上大約有四十萬種氣味，而每個人亦都有一本嗅覺護照；也就是個人的特殊味道，是我們身體和呼吸氣味的一種形式。嗅覺就像其他感覺一般，幫助我們探索周遭的眞實世界。

嗅覺是神奇的。若沒有氣味、芳香和香味，我們的感覺世界將會變得非常無趣。我們一生中，嗅覺會有什麼樣的改變？嗅覺和性別、年齡、生活型態、職業、種族等因子間，有何種程度的關係？我們如何儲存自己的氣味感受，記憶又是以什麼方式追溯、辨識、回想及描述氣味？本書是嗅覺的文化史、科學史，以及尊重嗅覺的書，以嗅覺體現所有奇觀。

科學新視野 22

狗狗知道你要回家？探索不可思議的動物感知能力

Dogs That Know When Their Owners Are Coming Home: and other unexplained powers of animals

魯珀特．謝德瑞克／著　蔡承志／譯　定價340元

狗兒怎麼會知道主人就要回到家了？貓兒怎麼會在電話響時就知道是主人打回來的？馬如何穿越陌生之地回到從前的馬廄？知名的生物學者魯珀特．謝德瑞克以科學分析方法，有系統的鑽研這些令人不解的動物行爲問題，他深信，我們可以從與我們最親近的動物身上，學到許多有關於生物、大自然與意識的祕密。

本書討論了三類無法解釋的動物感知能力──心電感應、方向感與預警能力。書中描述了各種不可思議的故事，主角包括狗、貓、馬及鳥類與人類之間的心靈感應，同時也提出科學上的統計分析與推論。

謝德瑞克同時具有科學家的心智以及對動物的熱愛，這本書不只能讓我們對動物行爲產生與衆不同的深刻見解，同時也讓我們對傳統科學的思維限制產生質疑。目前最受喜愛也最有價值的動物書籍包括：《哭泣的大象》、《狗兒的祕密生活》，以及《狗不是愛情騙子》等，本書可與之相提並論。

科學新視野 23

腦內藝術館：探索大腦的審美功能

Inner Vision: An Exploration of Art and the Brain

塞莫・薩基／著 潘恩典／譯 定價350元

畢卡索、塞尙與莫內都稱得上是頂尖的神經學家，因爲他們懂得如何以顏色和線條探索頭腦的奧秘，也比大多數人更了解該如何觸動各式各樣的視覺細胞。

頭腦是個奧妙無比的器官，也是緩慢的演化史中最偉大的成就；藝術則豐富了人類的文化，讓人們的生活變得深邃與曼妙。我們常以「筆墨無法形容」來傳達繪畫難以言喻的美，但視覺腦卻仍能欣賞它。

過去，人們從未探討過藝術和頭腦的功能之間的關聯，《腦內藝術館》稱得上是首開先例的嘗試。作者以米開朗基羅、維梅爾、馬格利特、馬列維基和畢卡索等藝術大師的作品爲例，帶領讀者一窺頭腦審美功能的奧秘。《腦內藝術館》中不但提供了美麗的名畫、精闢的見解，作者的文筆也非常自然流暢。它必定會是一本讓科學家和藝術家都愛不釋手的好書。

塞莫・薩基（Semir Zeki）是倫敦大學的神經學教授，也是現代視覺腦研究的先驅。著有《大腦視覺》（*A Vision of the brain*），並與畫家巴爾塔斯合著《尋找本質》（*La Quete de l'essentiel*）。他曾在一九九一年獲得「藝術科學獎」（Prix Science pour l'Art）。

科學新視野 24

極境科學：自然探險與科學研究的交會

Science at the Extreme: Scientists on the Cutting Edage of Discovery

彼得・泰勒／著 邱玉玲／譯 定價400元

《極境科學》這本傑作結合了作者的精湛文筆與令人驚歎的攝影作品，裡面記錄了多項科學上具有歷史重大意義的冒險故事。書中的多位科學家懷抱著科學的使命感，深入世界的最邊緣地帶，進行歷史性的探索。作者將這群膽識過人的專家們，稱爲「極境科學家」，而本書描寫的就是他們的故事。

作者曾和科學家們一起懸掛在吊橋上、攀爬世界最高的樹木、匍匐爬進不斷擠壓的冰河內部，並冒險探測沸騰的活火山口。《極境科學》是一本極爲精緻、豐富的探險文學，書中有超過一百四十張精彩絕倫的照片，不僅能令你大開眼界，更將帶領你進入不可思議的危險邊境。

彼得・泰勒（Peter Lane Taulor）是一位作家，也是探險家兼攝影家。他曾爲科學、自然及探險雜誌拍攝過許多照片，並撰寫文章。沒有在偏遠地區探險時，他住在美國賓州費城的阿迪朗達克山脈。

科學新視野 27

失竊的靈魂：阿茲海默症的遺傳祕密

Decoding Darkness: the search for the genetic causes of Alzheimers Disease

魯道夫・譚茲、安・帕爾森／著 莊雅婷、范嘉榕／譯 定價340元

西元2000年，有1800萬人因老年失智症失去記憶、喪失自主能力，只留下虛無的軀殼活著。現階段的醫學進展能治癒老年失智症嗎？本書位失智症患者透露一線曙光。且聽哈佛大學的神經遺傳學家，訴說這則尋找治病基因與對抗疾病的故事。

全世界估計有四千萬人罹患阿茲海默症，這項不幸的疾病奪走患者的自我意識。在未來二十五年內，罹患阿茲海默症的人數將高過癌症。面對這個定時炸彈，科學家已加緊腳步追蹤這個疾病難以捉摸的病因。經過數十年的努力，我們終於了解此疾病的致病基因與蛋白質，多家製藥公司也競相製造突破性的藥物。本書即敘述這項偉大醫學發現的精彩歷程。

魯道夫・譚茲以偵探小說般的回憶式文體，細膩地描寫許多著名實驗室的內幕與研究者的內心世界，同時也讓讀者更深入體會分子遺傳學的研究風險、阻礙，以及它所帶來的醫學革命，爲許多遺傳家族帶來一線生機。結果證實，類澱粉蛋白的假設是正確的；阿茲海默症和心臟病一樣，也可以有效治療——甚至預防。

陽明大學微免所羅時成教授＆台大醫院神經內科主任葉炳強醫師專文推薦。

科學新視野 28

流行性感冒：1918全球大流行及致命病毒之發現

FLU: The Story of the Great Influenza Pandemic of 1918 and the Search for the Virus that Caused it

吉娜・科拉塔／著 黃約翰／譯 定價320元

1918年，一場可怕的疾病橫掃全世界，造成至少四千萬人喪生。由於這場大流行而死亡的士兵，比第一次世界大戰的傷亡還多，屍橫遍野。這是全世界有史以來最慘烈的一場流行性疾病。

然而，最令人毛骨悚然的是，這場殺戮的幕後主使者，是每年都會來襲、衆所周知的流行性感冒。爲了避免歷史重演，科學家開始研究這種致命的病毒。科學家從幾位受害者的組織中，找到了這種致命的病毒，終於拼湊出罪魁禍首的完整面貌。

作者以生動的筆法，描述這場災難在世界各地引發的不幸故事，以及科學家發現病毒的冒險故事。從流行性感冒的歷史與科學家的最新發現，我們可以更加掌握此流行疾病的面向，並知道如何預防它。

吉娜・科拉塔（Gina Kolata）是《紐約時報》及《科學》雜誌的特約作家，著有《基因複製：從複製羊桃麗看人類的未來》（遠流出版，1998）。曾因科學、醫學、數學的寫作，榮獲多項殊榮。

科學新視野 31

第四級病毒：一對病毒學家與致命病毒的戰爭

Level 4: Virus Hunters of the CDC

約瑟夫・麥科明克、蘇珊・費雪賀區／著　何穎怡／譯　定價350元

面對未知的事情，該害怕、緊張，還是一窺眞相！揭開伊波拉、漢他病毒、愛滋病等高死亡率傳染病的致命原貌。

「病毒是人類的宿敵，遠在人類的祖先尚未出現在地球之前，病毒就已經存在了。病毒沒有思想、沒有感覺，也沒有同情心，它只管在無垠的時間裡大量地繁殖。它的生存策略是那樣的簡單，卻又無懈可擊。」本書是最前線病毒學家的親身經歷，包括麥科明克在美國「疾病控制中心」一手策畫最先進的「熱實驗室」，也包括他們在地球上最原始落後地區追蹤病毒的故事。他們在薩伊、蘇丹的村落，巴西的貧民窟與熱帶雨林，巴基斯坦的荒漠遊牧部落裡，以無窮的好奇心、無畏的勇氣、偵探的技巧與誠摯的熱情追蹤危險的病毒。

約瑟夫・麥科明克（Joseph B. McCormick）是全世界最權威的伊波拉病毒、拉薩病毒專家之一，最早到非洲研究愛滋病，以分離出人類史上最早的愛滋病毒株聞名。

蘇珊・費雪賀區（Susan Fisher-hoch）以「退伍軍人症」、伊波拉熱、拉薩熱的先驅研究聞名。任職「疾病控制中心」期間，赴世界各地調查病毒性出血熱，與麥科明克在一九九二年結婚，目前任教於巴基斯坦阿格汗醫學院。

科學新視野 33

體內小訪客：性、懷孕、分娩的生命奧祕

A Visitor Within: The Science of Pregnancy

大衛・班布里基／著　楊育明、林丹卉／譯　定價320元

當母親懷孕時，她不再是孤單一人，她的體內有了一位小訪客。這位外來的小訪客如何展開生命的旅程？在探索胚胎孕育的過程中，你將發現許多有趣的問題與答案。

每個生命的誕生都是一個小小的奇蹟。我們如何能無中生有，孕育出這些奇妙的小人兒？從兩億隻精子的競賽出發，生殖生物學家大衛・班布里基以動物學的觀點，揭露了人類的生殖奧祕。他解釋了許多由來已久的醫學問題：爲何女人如此特別？胚胎如何暫停母體的月經週期？害喜有什麼演化上的意義？胎兒如何隱藏自己，不被母體的免疫系統攻擊？書中對臍帶血、試管嬰兒等科技議題，亦有深入的剖析。

這是第一本闡述人類懷孕機制的科普讀物。在科學的追尋過程中，我們不僅明白了自己是如何誕生的，也發現了生殖機制背後的生物意義。

台大醫院婦產科謝豐舟醫師＆台大動物系黃火鍊教授專文推薦。

國家圖書館出版品預行編目資料

天性與教養：先天基因與後天環境的交互作用 / 馬特・瑞德利（Matt Ridley）著；
洪蘭譯. -- 初版. --臺北市：商周出版：城邦文化發行, 2004[民93]

面：　　公分.--（科學新視野：45）

譯自：Nature via nurture: genes, experience and what makes us human
ISBN 986-124-222-8（平裝）

1. 人格心理學　2.基因

173.7　　　　93010543

科學新視野45

天性與教養——先天基因與後天環境的交互作用

原著書名／Nature via Nurture: genes, experience and what makes us human
原出版者／Fourth Estate
作　　者／馬特・瑞德利（Matt Ridley）
譯　　者／洪蘭
總 編 輯／林宏濤
責任編輯／蘇奕君

發 行 人／何飛鵬
法律顧問／台英國際商務法律事務所羅明通律師
出 版 者／商周出版
台北市104民生東路二段141號9樓
電話：(02)25007008　傳眞：(02)25007759
e-mail：bwp.service@cite.com.tw
發　　行／英屬蓋曼群島商家庭傳媒股份有限公司城邦分公司
台北市104民生東路二段141號2樓
書虫客服服務專線：(02)25007718　(02) 25007719
劃撥：19863813 書虫股份有限公司
城邦閱讀花園網址：www.cite.com.tw e-mail：service@cite.com.tw
香港發行所／城邦（香港）出版集團有限公司
香港灣仔駱克道193號東超商業中心1樓
電話：(852)25086231　傳眞：(852)25789337
馬新發行所／城邦(馬新)出版集團 Cite (M) Sdn. Bhd.
41, Jalan Radin Anum, Bandar Baru Sri Petaling,
57000 Kuala Lumpur, Malaysia.
Tel: (603) 90578822　Fax: (603) 90576622　Email: cite@cite.com.my

封面設計／李東記
電腦排版／冠玫電腦排版股份有限公司
印　　刷／韋懋實業有限公司
總 經 銷／高見文化行銷股份有限公司
電話：(02)2668-9005　傳眞：(02)2668-9790　客服專線：0800-055-365

■2004年7月1日初版　　printed in Taiwan
■2013年5月23日一版9.5刷
定價320元
 ISBN 986-124-222-8